Gottfried Wenzelmann
Träumen

Gottfried Wenzelmann

träumen

Wie wir von unserem nächtlichen
Kopfkino seelsorglich profitieren können

Bibelzitate wurden folgender Übersetzung entnommen:
Die Bibel nach Martin Luthers Übersetzung, revidiert 2017,
© 2016 Deutsche Bibelgesellschaft, Stuttgart.

Lektorat: Angela Ludwig
Umschlaggestaltung: Fontis Media, René Graf
Satz: Samuel Ryba, SVK
Druck: Finidr, CZ
Printed in the EU

ISBN 978-3-95459-040-7
Bestellnummer 148040

Für kostenlose Informationen über unser umfangreiches
Lieferprogramm an christlicher Literatur,
Musik und vielem mehr wenden Sie sich bitte an:

Fontis Media GmbH, Postfach 2889, D-58478 Lüdenscheid,
fontis@fontis-media.de oder www.fontis-shop.de

Ich widme dieses Buch der Seelsorgearbeit
ICHTHYS *Verein für Seelsorge, Beratung und Lebenshilfe*
(mit der 2015 verstorbenen Gründerin, Christa Weber
und der gegenwärtigen Leiterin, Christiane Sigg)

und den vielen Menschen, die mir ihre Träume
in Seelsorgegruppen und in der Einzelbegleitung
anvertraut haben.

Inhaltsverzeichnis

Zum Geleit

Das neue Buch Gottfried Wenzelmanns will eine Lücke im seelsorgerlichen Handeln in Kirche und Gemeinde schließen. Seine Leitfrage lautet: Welche ungenutzten Chancen bietet die Traumdeutung für die Seelsorge? Gleich aus einem doppelten Grund verwundert die Vernachlässigung der Träume in der seelsorglichen Begleitung heute: Schon ein oberflächlicher Blick in die Bibel zeigt nämlich, dass Träume für das Leben von Menschen häufig eine wichtige Rolle gespielt haben. Überdies gelten seit der Begründung der Psychoanalyse durch Sigmund Freud Träume als Königsweg zum Unbewussten. Erstaunlicherweise haben weder in der seit den 1970er-Jahren vorherrschenden humanwissenschaftlich geprägten Seelsorge noch in der parallel dazu sich formierenden biblischen Seelsorge Träume größere Bedeutung gewonnen. Einzig in der charismatischen Seelsorge wurden von Anfang an Träume berücksichtigt. Weil Charismatiker davon ausgehen, dass der Geist heute nicht anders als in biblischen Zeiten wirkt, erwarten sie seine Hilfe in der Seelsorge auch durch Träume und Visionen. Gottfried Wenzelmann verdankt der charismatischen Seelsorge viel. Die Begegnung mit dieser hat ihn für die Dimension des Traumes im seelsorgerlichen Handeln sensibilisiert.

Immer wieder berichten die biblischen Texte von Träumen und Visionen. Das gilt für das Alte Testament in hervorgehobener Weise – man denke nur an die Josefsgeschichte. Aber auch im Neuen Testament spielen besonders für die Geburtsgeschichten nach Matthäus, für die Apostelgeschichte und für die Offenbarung Träume eine wichtige Rolle. Nach Matthäus führt Gott die an der Geburtsgeschichte beteiligten Personen primär durch Träume: Josef erscheint im Traum der Engel des Herrn, damit er die schwangere Maria nicht verstößt (1,20 ff.); im Traum befiehlt Gott den Weisen aus dem Morgenland, nicht zu Herodes zurückzukehren (2,12); Josef erhält im Traum die Anweisung, nach Ägypten zu fliehen und von dort wieder nach Israel zurückzukehren (2,13; 2,19 f.). Auch in der Apostelgeschichte spielen Träume und Visionen eine wichtige Rolle: In einer Vision wird Petrus auf die Begegnung mit Kornelius vorbereitet (10); Paulus erscheint bei Nacht ein Mann aus Mazedonien – eine Vision, die für den weiteren Weg der paulinischen Missionstätigkeit entscheidend ist (16,9 f.); in Korinth hat Paulus bei Nacht eine Vision des Auferstandenen, die ihn der Beauftragung, das Evangelium zu verkündigen, gewiss machen soll (18,9 f.); während der Schifffahrt nach Rom begegnet Paulus bei Nacht ein Engel und verheißt ihm die Rettung der Mitreisenden (27,23 f.). Die Visionen aus der Offenbarung sollen die Gläubigen in Verfolgungen des endgültigen Sieges Christi versichern.

Neben den biblischen Anstößen verdankt Gottfried Wenzelmanns Entdeckung der Träume für die Seelsorge auch der Psychologie und den unterschiedlichen therapeutischen Schulen wesentliche Einsichten. Es spricht nicht gegen die Integration von Träumen in die Seelsorge, dass diese nicht ausschließlich aufgrund biblischer Motive erfolgt. Erkenntnisse über den Menschen, die auf dem Weg der Wissenschaft neu gewonnen wurden, stellen einen schöpfungsbejahenden Akt dar und können deshalb das seelsorgerliche Handeln bereichern. Träume haben das Potenzial in sich, zu größerer Selbsterkenntnis zu helfen. Schon Jesus war der Überzeugung, dass die Wahrheit den Menschen freimacht (Joh. 8,32). Gottfried Wenzelmann ist überzeugt, dass die Beachtung der Träume eine wesentliche Voraussetzung darstellt, um in der Heiligung voranzukommen. Auch die Tatsache, dass die westlichen Kulturen zunehmend von visuellen Medien geprägt werden und viele Menschen primär über Bilder ansprechbar sind, spricht für die Integration von Träumen in die Seelsorge. Allein verbal übermittelte Botschaften kommen kaum noch an. Angesichts dieser Situation erleichtert die Einbeziehung von Träumen in der seelsorglichen Begleitung es den Hilfesuchenden, vertieften Zugang zum Wirken des Geistes im eigenen Leben zu bekommen.

Im Buch werden auch die Gefahren einer Integration der Träume in das seelsorgerliche Handeln nicht verschwiegen. Der Autor hebt mit Recht immer wieder hervor, dass die Berücksichtigung von Träumen in der Seelsorge ein großes Maß an Sensibilität aufseiten des Seelsorgers und der Seelsorgerin verlangt. Träume sind viel stärker noch als Worte für eine Vielzahl von Deutungsmöglichkeiten offen und können darum auch leichter in die Irre führen. Weil der Traum Tiefenschichten der menschlichen Persönlichkeit aufschließt, die dem Wachbewusstsein verschlossen bleiben, sind die Folgen einer falschen Deutung besonders gravierend. Nicht ohne Grund wird besonders im AT vor falschen Propheten gewarnt, die mit ihren Träumen das Volk zum Übertreten der Gebote Gottes verführen wollen (Jer. 23,25 ff.; 29,8ff.). Die falschen Propheten setzen Träume ein, um Israel zu manipulieren. In Jeremia 23,25 ff. wird der Traum darum sogar scharf abgelehnt. An seine Stelle tritt das gesprochene Wort Gottes.

Gottfried Wenzelmann scheut sich nicht, klare theologische Bewertungen vorzunehmen – sowohl im Hinblick auf die Grenzen psychologischer Traumdeutung als auch im Hinblick auf Versuche, die biblische Rolle von Träumen eins zu eins auf heute zu übertragen. Er vertritt einen integrativen Einsatz, indem er biblische und psychologische Zugangsweisen zu Träumen miteinander ins Gespräch bringt. Dabei kann er zeigen, dass sich beide gegenseitig bereichern können.

Besonders hervorheben möchte ich schließlich die praktische Orientierung des Buches. Es enthält neben den theoretischen Überlegungen eine Fülle von Beispielen, an denen die Bedeutung von Träumen für die Seelsorge veranschaulicht und erläutert wird.

Ich wünsche dem Buch eine weite Verbreitung!

Leipzig, im September 2019
Prof. Dr. Peter Zimmerling

Zur Einführung

Wie kommt ein Pfarrer dazu, sich intensiver mit Träumen zu befassen? Die nächtlichen Gebilde beschäftigen mich inzwischen seit mehr als dreieinhalb Jahrzehnten. Zum ersten Mal habe ich den seelsorglichen Umgang mit Träumen im Mai 1982 erlebt. Damals nahm ich an einer Seelsorgegruppe des Ichthys-Werkes in Görwihl im Südschwarzwald unter der Leitung von Christa Weber und Christoph Häselbarth teil. Nachdem die einzelnen Teilnehmenden beim Frühstück von ihrem Befinden erzählt hatten, konnten sie ihre Träume der zurückliegenden Nacht einbringen. In der Gruppe wurde dann über die Bedeutung der Träume gesprochen. Diese Traumgespräche waren für mich so eindrücklich, dass ich noch heute den einen oder anderen meiner Träume mit seiner Deutung präsent habe.

In den folgenden Jahren habe ich immer wieder an solchen Seelsorgegruppen teilgenommen oder auch Traumgespräche im Rahmen von Einzelbegleitung durch Christa Weber beim Ichthys-Werk erlebt. Das war ebenso hilfreich wie beeindruckend. Es hat mich immer wieder zum Staunen gebracht, wie treffend sich die Seele in ihren Symbolen und Handlungssequenzen äußert. Häufig hatte ich den Eindruck: Die Traumbilder sind so präzise, so treffend, wie sie mein Verstand oder meine Fantasie nie auch nur annähernd konstruieren und konstellieren könnte. Immer wieder habe ich mich durch meine Traumbilder „auf frischer Tat ertappt" gefühlt.

Bei dieser Art der Traumdeutung habe ich hautnah erlebt, wie die Seele im Traum hoch intuitiv arbeitet und was für ein hoch intuitives Geschehen die Deutung und Bearbeitung von Träumen ist. Ein Traum kann nicht mithilfe eines Wörterbuches, das lexikalische Deutungen gibt, erschlossen werden. Das wird uns noch im Laufe dieses Buches beschäftigen. Aber mir wurde auch deutlich, dass Traumdeutung etwas anderes als Willkür oder Beliebigkeit ist. Ich wollte Zusammenhänge entdecken und verstehen lernen, die lehrmäßig in der psychologischen Forschung vertreten werden, und fing an, mich mit psychologischer Fachliteratur zur Frage des Umgangs mit Träumen zu beschäftigen. Dabei wurde mir bald vor Augen geführt, wie vielfältig sich die vertretenen Positionen zum Verständnis und zur Deutung von Träumen darstellen. Hier wird es in den folgenden Darlegungen darum gehen, eine Schneise zur Orientierung zu schlagen.

Aus meiner eigenen Erfahrung heraus wuchs mir der Umgang mit den Träumen mehr und mehr ans Herz. Ich wollte gern an andere weitergeben, was ich selbst als hilfreich erfahren hatte. Als ich in der Zeit meiner Mitarbeit im Lebenszentrum für die Einheit der Christen auf Schloss Craheim zwischen 1999 und 2009 in die Arbeit im Tagungsteam einstieg, wirkte ich in den Tagungen zum Thema Innere Heilung mit. Dabei wurde bald klar: Es bedurfte in diesem Bereich Vertiefungstagungen, die ich zusammen mit Mitarbeitenden des Tagungsteams aufbaute. Seit Ende 2002 gab es dann in Craheim das Angebot von Intensivseelsorgegruppen, die dem ähnelten, was ich beim Ichthys-Werk selbst erfahren hatte. In diesen Gruppen bot ich auch das morgendliche Traumgespräch an. Außerdem gehörte zu meinem Dienst in Craheim die Begleitung einzelner

Ratsuchender, in der auch immer wieder das Gespräch über Träume seinen Platz hatte.

So wuchs ich mehr und mehr in die Traumarbeit in Gruppen und in der Einzelbegleitung hinein. Als dann die Zeit der Mitarbeit auf Schloss Craheim zu Ende ging, tat sich für mich die Möglichkeit auf, diese Arbeit unter dem Dach der Geistlichen Gemeinde-Erneuerung (GGE) im gesamten Bundesgebiet fortzusetzen. Immer wieder erhielt ich von Ratsuchenden in der Einzelbegleitung und in Seelsorgegruppen die Rückmeldung, dass sie das Gespräch über Träume als hilfreich erlebt hatten. Im Herbst 2017 äußerte die Teilnehmerin einer Seelsorgegruppe im Kloster Nütschau in der Rückblicksrunde am letzten Abend sinngemäß: „Gottfried, du hast so viel zu Träumen gelesen und kannst uns helfen, uns unsere Träume verstehbar zu machen. Du solltest ein Buch über den Umgang mit Träumen schreiben." Auf der einen Seite fühlte ich mich geehrt, dass mir so etwas zugetraut wurde. Auf der anderen Seite dachte ich mir (ich habe es an diesem Abend nur vorsichtig angedeutet): Der Aufwand an Arbeit ist für mich zu groß – und winkte innerlich ab. Diese Anregung hatte ich in den folgenden Monaten vergessen. Sie muss aber in meinem Unbewussten doch irgendwie weitergewirkt haben. Einige Monate später wachte ich eines Morgens (ohne einen Traum dazu zu haben) mit der inneren Freude und Gewissheit auf: Doch, ich mache mich an die Arbeit. Das Ergebnis dieser inneren Gewissheit liegt nun mit dieser Veröffentlichung vor.

Für mich stellt die Arbeit mit Träumen ein Teilgebiet der Inneren Heilung dar, daher kann dieses Buch als ergänzender Band zu meinem ersten Buch „Innere Heilung. Theologische Basis und seelsorgliche Praxis"[1] verstanden werden. Für mich sind die Themen Innere Heilung und Traumarbeit bei aller berechtigten Unterscheidung zusammengehörig.

Gliederung und Struktur des Buches

Das Thema dieses Buches spricht vom *seelsorglichen* Umgang mit den Träumen. Dieses Adjektiv bringt eine Eingrenzung und Spezifizierung mit sich. Im Folgenden geht es nicht um eine umfassende psychologische Bearbeitung des Themas. Ich schreibe dieses Buch nicht als Psychologe, sondern als Seelsorger. Zugleich wird sich jedoch zeigen, dass ein seelsorglicher Umgang mit Träumen nicht von psychologischen Einsichten losgelöst möglich ist. Es wird die Frage zu klären sein, wie das Verhältnis von psychologischen Einsichten zum theologischen Grundanliegen im Vollzug seelsorglicher Traumarbeit zu bestimmen ist. In den sechziger bis achtziger Jahren war das Verhältnis von Psychologie und Seelsorge zum Teil von Konkurrenz geprägt. Im seelsorglichen Umgang mit Träumen steht dieses Verhältnis erneut zur Diskussion und wird noch einmal grundlegend zu klären sein. Darum wird es im Abschnitt 1 gehen.

Nach einem kleinen Exkurs in die Schlafforschung und die Neurobiologe (Abschnitt 2) und einer Skizze einiger neuerer Wege der Traumdeutung (Abschnitt 3) entfaltet Abschnitt 4 als erster Hauptteil dieser Arbeit einen Ausschnitt psychologischer Erschließungskategorien, die sich für mich im Laufe der zurückliegenden Jahrzehnte meiner Traumarbeit bewährt haben. Hier habe ich viel von der Traumtheorie und -arbeit C.G. Jungs gelernt. Mir ist klar, dass es sich dabei um nicht mehr als einen Ausschnitt möglicher methodischer Annäherung an die Träume handelt. Der in Traumarbeit spezialisierte psychologische Fachmann wird viele Interventionsmöglichkeiten zur Erschließung von Träumen vermissen. Es ging mir nicht um Vollständigkeit, sondern um eine Darstellung dessen, was sich für mich in der praktischen Arbeit mit Träumen bewährt hat.

In Abschnitt 5 werden dann verschiedene Hinweise zum praktischen Vorgehen in der Arbeit mit Träumen aus psychologischer Sicht gegeben. Dieser Abschnitt endet mit praktischen

Fragestellungen, mit denen eine Annäherung an den konkreten Traum möglich werden kann.

Der erste Hauptteil schließt mit drei Fragen zur Beeinflussbarkeit von Träumen. Die erste bezieht sich auf die Traumlosigkeit: Womit hängt sie zusammen und lässt sie sich beeinflussen? Die zweite Frage schließt sich daran an: Was fördert die Traumerinnerung? Schließlich richtet sich die dritte Frage auf das sogenannte luzide Träumen: Was ist damit gemeint und wie ist es zu beurteilen?

Im zweiten Hauptteil ab Abschnitt 7 wird dann der seelsorgliche Umgang mit Träumen unter der Berücksichtigung theologischer Fragestellungen thematisiert. Den Einstieg bildet ein Überblick über das Verständnis der Träume in vorneuzeitlicher Geschichte (7.1), gefolgt von einem Überblick über Träume und Traumverständnis im Alten und Neuen Testament (7.2). Um die Frage, was unter einem religiösen Traum zu verstehen ist, geht es in Abschnitt 7.3. Da diese Arbeit bestrebt ist, den seelsorglichen Umgang mit Träumen auf einen biblisch-reformatorischen Glauben zu gründen, ist eine Auseinandersetzung mit dem religiösen Gedankengut C.G. Jungs und seiner Schule erforderlich, da dieses sich in psychologischen und theologischen Kreisen großer Beliebtheit erfreut und ein reiches Repertoire an religiösen Fragen anspricht; diese Auseinandersetzung erfolgt in den Abschnitten 7.4.1 bis 7.4.6. Eine entgegengesetzte Einseitigkeit folgt danach mit einem Vertreter eines biblizistischen Traumdeutungsansatzes, mit dem sich der Abschnitt 7.4.7 auseinandersetzt.

Nach diesen Abgrenzungen kommt die biblisch-reformatorische Ausrichtung eines seelsorglichen Umgangs mit Träumen zur Darstellung. Dafür werden Konzepte wie Rechtfertigung und Heiligung in ihrem Bezug zur Traumdeutung bedacht (7.5.1). Anschließend wird der Frage nach der Verantwortung des Träumers für den Inhalt seiner Träume nachgegangen (7.5.2). Im

Abschnitt 7.5.3 wird schließlich die Affinität der psychologischen Erschließungskategorien zum Anliegen der Heiligung in den Blick genommen, die im Glauben an den dreieinigen Gott erkennbar wird.

In manchen christlichen Kreisen übt die prophetische Dimension von Träumen eine große Faszination aus, sodass von einem Streben nach einem derartigen Traumverständnis gesprochen werden kann. Im Abschnitt 7.6 wird dem Recht auf und der Grenze der Offenheit für eine solche Dimension in Träumen nachgegangen. Dabei wird die Unterscheidung zwischen prospektiven, präkognitiven und prophetischen Träumen nahegelegt.

Abschnitt 8 gibt – entsprechend dem Abschnitt 5 unter psychologischem Blickwinkel – für einen seelsorglichen Umgang mit Träumen konkrete Hilfen durch die Nennung verschiedener möglicher geistlicher Fragenstellungen. Sie stellen nicht mehr und nicht weniger als Anregungen dar, die einem verantworteten intuitiven Umgang mit Träumen dienen wollen.

Die einzelnen Abschnitte sind zumeist deduktiv aufgebaut: Sie beginnen im ersten Teil mit einem oder mehreren einleitenden Beispielträumen, die dann im reflektierenden zweiten Teil bedacht werden. Im dritten Teil führe ich noch weitere Beispiele von Träumen zum jeweiligen Thema des Abschnitts an, um das Verständnis zu vertiefen.

Wer will, kann zuerst den jeweils angeführten Traum lesen und dann das Buch schließen, um sich zunächst eigene Gedanken zu einem möglichen Verständnis des jeweiligen Traumes zu machen. Ein Traum hat häufig verschiedene Facetten in seiner Botschaft, die er dem Träumer nahebringen will. Von daher geht es nicht zuerst um die Frage nach richtig oder falsch in der Traumdeutung, sondern eher um die Frage, was mehr oder weniger angemessen erscheint. Auf diese Weise kann der Leser sich bei der Lektüre dieses Buches selbst in der eigenständigen Interpretation von Träumen üben.

Um einer besseren Lesbarkeit willen habe ich zumeist die männliche Form gewählt. Leserinnen und Träumerinnen sind jeweils mit gemeint.

1.
Grundlegende Bemerkungen zum Umgang mit Träumen

Die Schlafforschung der letzten Jahrzehnte hat herausgefunden, dass jeder, der schläft, auch träumt. Die Fähigkeit zu träumen ist jedem Menschen gegeben, auch denen, die sich selten oder nie an ihre Träume erinnern können. Wenn das so ist, dann ist jeder Mensch vor die Frage gestellt: Wie gehe ich mit meinen Träumen um?

Eine immer noch – leider nicht ganz selten – anzutreffende Haltung ist diejenige, die sich sprichwörtlich in dem Satz „Träume sind Schäume" ausdrückt. Eine solche Haltung hat meiner Einsicht nach zwei Gründe:

Der eine hängt mit einer Hilflosigkeit im Verstehen von Träumen zusammen. Wie soll man mit den nächtlichen Symbolen und Sequenzen der Träume umgehen? Diese Hilflosigkeit kann dazu führen, die eigenen Träume zu übergehen.

Den anderen Grund sehe ich in einem intuitiven Widerstand gegenüber der Botschaft der eigenen Träume. Im Traum könnten sich möglicherweise unangenehme Hinweise auf noch unbewusste Nöte, Wahrheiten und Lebenskonflikte zeigen, die der Träumer oder die Träumerin lieber von sich fernhalten will. Oft führen sie immer wieder zu unangenehmen Einsichten, die zum Teil in sehr drastischen, aufwühlenden Bildern verpackt auftreten. Dabei kommen Zusammenhänge ans Licht, die unser Selbstbild und unsere Lebensorientierung infrage stellen und auf Erlebnisse hinweisen, die der Aufarbeitung bedürfen.

Sie unterwerfen immer wieder das Bild, das wir von uns selber haben, einer Prüfung. Sie können Persönlichkeitsfacetten von uns ans Licht bringen, die uns unangenehm oder sogar peinlich sind. Diese Hinweise können so deutlich sein, dass Träumende nach dem Motto reagieren: Ich möchte damit nichts zu tun haben. Manche weichen auf diese Weise einer Selbsterkenntnis aus, die für sie zu schmerzhaft ist – und lassen unbewusst ihre Träume nicht zu.

Allerdings hat dieses verdrängende Ausklammern der Träume neben der verpassten Chance einer vertieften Selbsterkenntnis noch einen weiteren Nachteil: Wie im Laufe dieses Buches gezeigt wird, enthalten Träume auch immer wieder Mut machende Bilder und Botschaften. Diese kommen bei einer grundsätzlichen Ausklammerung der eigenen Träume nicht beim Adressaten an. Wer seine Träume also negiert, verhindert die Möglichkeit der Entfaltung dieser wertvollen Seite der Traumbotschaft.

Hilfreich ist ein dauerhaftes Ausweichen vor den eigenen Träumen also nicht. Die Tatsache, dass unser Gehirn Nacht für Nacht Traumbilder produziert, kann zu der Überlegung einladen, ob hinter der menschlichen Fähigkeit zu träumen nicht ein Sinn stehen könnte, den zu entdecken sich lohnt. Sie kann zur Einladung werden, sich um ein Verstehen der Traumbilder zu bemühen. Wenn wir unangenehmen Dingen nicht ins Gesicht sehen und so tun, als existierten sie nicht, heißt das beileibe nicht, dass sie aufhören zu bestehen. Unterdrückte Dinge leben im Unbewussten weiter und können auf unberechenbare Weise ins Leben hineinwirken.

1.1 Einführung zum psychologischen Umgang mit Träumen

Sehr tiefsinnig heißt es im Talmud: „Ein ungedeuteter Traum ist wie ein ungeöffneter Brief."[2] Greifen wir die Metapher vom „Brief" auf, dann ergeben sich zwei Fragen: Wer schreibt diesen

Brief? Und welchen Inhalt bringt er mir nahe? Auf dem Hintergrund des christlichen Glaubens umfasst die Antwort auf diese Fragen zwei Dimensionen, eine psychologische und eine theologisch-seelsorgliche Dimension. Ich spreche von Dimensionen, weil – wie später noch gezeigt wird – für den christlichen Glauben die Antworten auf die oben genannten Fragen zwar zu unterscheiden sind, trotzdem aber dicht nebeneinanderliegen und wechselseitig aufeinander bezogen sind. Es ist eben nicht so, dass dort, wo das Unbewusste im Spiel ist, Gott auszuklammern wäre. Umgekehrt wäre es auch nicht angemessen zu behaupten, dass dort, wo Gott als Autor des Briefes in den Blick kommt, das Unbewusste nichts mehr zu suchen hätte.

Betrachten wir hier zuerst die psychologische Dimension der Antwort auf die Frage nach dem Autor des Traumbriefes:

Der Psychologe oder Neurologe wird zur ersten Frage sagen: Der Schreiber dieses Briefes ist das Unbewusste. Denn die moderne Traumforschung ordnet die Entstehung der Träume dem sogenannten Unbewussten zu. Dieses umfasst, allgemein ausgedrückt, all das, was zu unserer Persönlichkeit gehört, ihr jedoch nicht oder noch nicht zugänglich ist. So regt der Traum unter psychologischem Gesichtspunkt das Selbstgespräch zwischen Bewusstem und Unbewusstem an. Das Unbewusste teilt sich dem bewussten Ich so mit, dass der wache Mensch seine Botschaft bewusst aufnehmen kann.

Das führt uns zur zweiten Frage nach dem Inhalt des Briefes, der im Traum geschrieben wird. Psychologisch betrachtet ist der Traum eine Sprache in Bildern. Der Traum enthält so etwas wie eine Botschaft, die wie ein Brief „gelesen", also gehört, verstanden und aufgenommen werden will. In diesem Sinn sagt Ulrich Kühn sehr prägnant: „Für mich ist ein Traum:

a) eine Schöpfung des Unbewussten,

b) eine szenische Verdichtung von Sinneseindrücken und

c) eine Symbolisierung von Emotionen."[3]

Diese These von Ulrich Kühn enthält verschiedene wichtige Aspekte zum Verständnis von Träumen:

Zum einen geht sie davon aus, dass das Unbewusste sich in den Traumbildern sehr kreativ äußert. Häufig sind die Traumbilder so gestaltet, dass vieles von dem, was in ihnen passiert, auch in der Alltagsrealität vorkommen könnte. Personen, Gegenstände und Handlungen könnten – mindestens zum Teil – tatsächlich auch so in der Alltagswelt vorkommen. Aber die Kreativität des Unbewussten zeigt sich darin, dass diese alltäglich bekannten Dinge in einer spezifischen Weise verarbeitet, umgestaltet und häufig in einen neuen Kontext gestellt werden. Während die Wirklichkeit ritualisiert und mehr oder weniger berechenbar ist, gilt dies für die Traumwelt nicht.

Zum andern sagt die These von Ulrich Kühn, dass im Traum Sinneseindrücke verarbeitet werden. Diese Eindrücke werden vom Unbewussten ausgesucht und szenisch verdichtet. Was wir sehen, hören, riechen, schmecken oder fühlen, kann im Traum aufgegriffen und verstärkt werden.

Schließlich bemerkt Ulrich Kühn in seiner These, dass Träume eine „Symbolisierung von Emotionen" darstellen. Träume lassen sich als Gesichter unserer Gefühle und der mit ihnen verbundenen Kräfte verstehen. Sie sind Gefühle in (bewegten) Bildern. Von daher gilt: Begegnen wir unseren Träumen, so begegnen wir der Tiefe unseres Lebens, weil Gefühle Lebendigkeit und Tiefe in unser Leben bringen.

Träume sind ein Spiegelbild des Träumers; sie geben ihm ungeschminkt Einblick in sein Leben mit seinen häufig unverarbeiteten Erlebnissen. Sie geben Einblick in die Tiefenschichten unserer träumenden Persönlichkeit. Häufig führen sie vor Augen, was wir im Alltag vermeiden, was an konflikthaften Erlebnissen unverarbeitet geblieben ist oder wo wir einer einseitigen Lebensweise verfallen sind. Manchmal deuten sie auch zukünftige Lebensmöglichkeiten an, weisen auf ungenutzte

Potenziale hin und unterstützen uns dabei, zu einem ganzheitlicheren Leben zu finden. Sie können mahnen oder warnen. So findet sich in Träumen beides: Auf der einen Seite Schreckliches und Gefahrvolles und auf der anderen Seite Schönes und Erfreuliches, was mit unseren Sehnsüchten und Wünschen zu tun haben kann. Sie können uns helfen, auf der psychologischen Ebene tiefer zu unserer Wahrheit zu finden und innerlich mehr ganz, mehr heil zu werden. So sind sie eine Art innerer Begleiter auf unserem Entwicklungsweg der Reifung.

Mit dem allem liefern Träume den Träumenden so etwas wie einen „Diskussionsbeitrag"[4] des Unbewussten, der vom Bewusstsein aufgegriffen werden kann. Somit tragen sie zu einer vertieften Selbsterkenntnis bei, um möglicherweise unsere Lebensorientierung zu korrigieren. Das Spezielle dieses Diskussionsbeitrages besteht darin, dass er im Traum in einer Bildsprache präsentiert wird. Diese Bilder wollen verstanden werden. Und dazu bedarf es der Deutung. Die Frage der Traumdeutung ist entscheidend für die Frage danach, was Träume den Träumenden zu sagen haben.

Vor dem Hintergrund der soeben skizzierten psychologischen Zusammenhänge wird verständlich, warum Reinhold Ruthe und Lydia Ruthe-Preiss etwas überspitzt formulieren können: „Wer nicht träumt, lebt gefährlich."[5] Die Botschaft der Träume will im Leben der Träumenden aufgenommen und dadurch fruchtbar werden. Unter psychologischem Gesichtspunkt ist Ortrud Grön nur zuzustimmen, wenn sie sagt: „Träume können eindeutig sein oder so vielschichtig, dass sie kaum dechiffrierbar erscheinen. Nur eines sind sie nicht: bedeutungslos."[6] Und es wäre mehr als schade, wenn sie von den Träumenden ungehört und in ihrer wachstumsfördernden Dynamik ungenutzt blieben.

1.2 Einführung zum seelsorglichen Umgang mit Träumen

Oben habe ich die psychologische Dimension angesprochen, die auf das Unbewusste verweist. Nun muss die zweite Dimension in den Blick kommen, nämlich die theologisch-seelsorgliche.

Vor dem Hintergrund des christlichen Glaubens könnte man sich ja fragen: Warum sollen wir uns überhaupt mit unseren nächtlichen Träumen befassen, wo es Christen doch um Gott und sein Wort in der Bibel gehen sollte? Gibt es für Menschen, die im christlichen Glauben leben und Jesus Christus nachfolgen wollen, nichts Dringlicheres zu tun als sich mit ihren Träumen zu befassen? Oder anders gefragt: Gilt das, was im Hinblick auf Träume bisher gesagt wurde, nur für diejenigen, die dem christlichen Glauben fernstehen? Man könnte sich dabei auch auf Jeremia 23,25 f. berufen, wo der Prophet sich kritisch gegenüber den königstreuen Propheten äußert, die sich bei ihren Prophetien auf ihre eigenen Träume beriefen: „Mir hat geträumt, mir hat geträumt."

Es geht bei diesen Überlegungen also um die Frage, ob, und wenn ja, wie Gott als Autor des Traumbriefes zu verstehen ist: Lässt er den Traum in einem „unmittelbaren Eingriff" entstehen und was würde das für die Interpretation von Träumen bedeuten? Oder wirkt er irgendwie nur „teilweise" bei der Traumentstehung im Unbewussten mit und was würde das dann für die Arbeit mit Träumen bedeuten? Weil dieses Buch primär vom seelsorglichen Umgang mit Träumen handelt, möchte ich auf die Frage eines geistlich begründeten Umgangs mit Träumen bereits an dieser Stelle ausführlicher eingehen.

Ich beginne mit der These, dass ein spezifisch seelsorglicher Ansatz im Umgang mit Träumen unter dem Anspruch steht, in zweierlei Hinsicht sachgerecht zu sein:

Er hat auf der einen Seite im Hinblick auf psychologische Einsichten zur Traumdeutung sachgerecht zu sein. Die Arbeit mit Träumen in der Seelsorge hat die psychologische Forschung nicht nur als notwendiges Übel zur Kenntnis zu nehmen, sondern verantwortlich einzubeziehen und fruchtbar zu machen. Immer wieder begegnet einem in der Praxis eines seelsorglichen Umgangs mit Träumen, die psychologische Deutungshilfen einbezieht, die Meinung: Das ist doch nur „psychologischer Kram". Mit diesem Urteil im Hinterkopf würde sich ein Christ den Bezug zu einem psychologisch sachgerechten Umgang mit Träumen verstellen.

Auf der anderen Seite hat ein seelsorglicher Ansatz des Umgangs mit Träumen auch im Hinblick auf das Zentrum des christlichen Glaubens sachgerecht zu sein. Es wäre unangemessen, wenn bei einer seelsorglichen Bearbeitung von Träumen der Gottesbezug als „frommes Zeug" praktisch ausgeklammert werden müsste. Ein Christ würde sich dann unkritisch an die Psychologie – egal welcher Schule – verkaufen.

Für einen im dargelegten Sinne doppelt sachgerechten Ansatz bietet sich das Zentrum des christlichen Glaubens an, nämlich der dreieinige Gott. Gehen wir diesem Geheimnis nach und betrachten es im Hinblick auf den seelsorglichen Umgang mit Träumen:

Der *erste Glaubensartikel* im apostolischen Glaubensbekenntnis formuliert: „Ich glaube an Gott den Vater, den Allmächtigen, den Schöpfer des Himmels und der Erde." Die gesamte Schöpfung wird hier als aus dem Willen Gottes entsprungen begriffen. Dazu gehört auch der Mensch. In diesem Sinne beginnt Martin Luther seine Erklärung zum ersten Glaubensartikel mit den Worten: „Ich glaube, dass mich Gott geschaffen hat ..." Und Luther entfaltet in der Fortsetzung: „... mir Augen, Ohren, Vernunft und alle Sinne gegeben hat und noch erhält ..." Wir können unter dem Gesichtspunkt unseres Themas diesen Gedanken dahingehend entfalten, dass Gott uns *mit* unserem Unbewussten geschaffen hat. Auf diesem Hintergrund wäre es befremdlich, wenn er mit unseren Träumen nichts zu tun hätte.

Er hat uns die Fähigkeit mitgegeben zu träumen und uns damit verstehend zu beschäftigen. Und Gott hat den Menschen den Auftrag gegeben, sich „die Erde untertan" (1. Mose 1,28) zu machen. Zu diesem Auftrag gehört das weite Feld der Wissenschaft, auch der psychologischen Wissenschaft. Unter diesem Auftrag kann der Christ offen mit Einsichten der Psychologie – auch denen der Traumforschung – umgehen. Das gilt auch für wissenschaftliche Einsichten, die von Forschern ohne Gottesbezug herausgefunden wurden, sofern sie innerhalb der wissenschaftlich gegebenen Grenzen bleiben. Die psychologische Wissenschaft kann zum Wesen des Menschen unter dem Gesichtspunkt seines Gottesbezugs nichts sagen. Mit dem Gesagten eröffnet sich dem christlichen Glauben vom ersten Glaubensartikel her die Freiheit, sich psychologische Erkenntnisse für den seelsorglichen Umgang mit Träumen fruchtbar zu machen.

Der *zweite Glaubensartikel* spricht das Bekenntnis zu „Jesus Christus, Gottes eingeborenen Sohn" aus. Im Tod Jesu für uns am Kreuz wird der Zustand der Welt und des Menschen unter der Sünde offenbar. Sünde ist Trennung von Gott. Der Mensch und die ganze Welt sind von dieser Trennung betroffen und leben im Aufstand gegen den lebendigen Gott. Von diesem Aufstand ist der Mensch in allen seinen Dimensionen betroffen, also in seiner physischen, psychischen und spirituellen Dimension. Auch die Fähigkeit zur wissenschaftlichen Arbeit ist von der Macht der Sünde bedroht; das gilt auch für die psychologische Wissenschaft. Auch die Fähigkeit des Menschen zu träumen wird immer wieder in diesen Sog der Trennung von Gott hineingezogen. Es gibt keinen Bereich im Menschen, der nicht von der Sünde betroffen wäre. Es ist eine in manchen christlichen Kreisen beliebte Denkfigur, das innerste Selbst, das sich aus dem Unbewussten in Träumen meldet, als einen göttlichen Kern zu betrachten. Unter dem Gesichtspunkt des biblisch-reformatorischen Glaubens ist die Rede vom „göttlichen Selbst" oder vom „göttlichen Kern" des Menschen nicht mitvollziehbar. In der Arbeit mit Träumen werden sich daher immer wieder Spuren der Sünde zeigen, die es in den Blick zu nehmen gilt.

Der zweite Glaubensartikel eröffnet zugleich mit dem Blick für die Sünde die Realität der Erlösung durch Jesus Christus. In seiner Auferweckung hat er die Macht der Sünde überwunden. Diese Realität hat heilvolle Konsequenzen für den Umgang mit Träumen. Der Mensch ist nicht auf die physischen oder psychischen Spuren der Sünde festgelegt. Das gilt zum einen für die selbst vollzogenen Sünden der Träumenden. Zum Beispiel weisen Träume immer wieder auf destruktive Haltungen der Träumenden sich selbst oder anderen gegenüber hin. Zum anderen weisen Träume ebenfalls immer wieder auf erfahrene Sünden der Träumenden hin, die sie von anderen her betreffen und unter denen sie zu leiden haben. Sehr eindrücklich zeigen das Träume, die mit traumatischen Erfahrungen in Verbindung stehen. Wenn im Traum solche Zusammenhänge ans Licht kommen, dann können sie mit der Erlösung durch Jesus Christus in Verbindung gebracht werden. Wo in Träumen Hinweise auf Sünde mit falschen Einstellungen oder Handlungen sich selbst oder anderen gegenüber auftauchen, können sie vor Jesus Christus gebracht werden und so zu einem Weg der Umkehr führen. Wo Träume den Träumer auf durch andere erlittene Sünden und deren Folgen hinweisen, können diese Zusammenhänge – häufig in einem längeren Prozess – in die heilende Gegenwart des auferstandenen Christus gebracht werden. Das Traumgespräch bekommt daher unter dem Blickwinkel des zweiten Glaubensartikels einen realistischen Blick für die von der Sünde geprägten Zusammenhänge sowie für die vergebende, heilende und erneuernde Gegenwart des auferstandenen Gekreuzigten.

Im *dritten Glaubensartikel* bekennt sich die Gemeinde Jesu zum Heiligen Geist. Der Geist Gottes ist der uns gegenwärtig zugewandte und diese Welt erneuernde Gott. Er ist Gott, der auch unsere verborgenen Tiefen gestaltet. Das betrifft die seelsorgliche Arbeit mit Träumen in verschiedener Hinsicht:

Zum einen rechnen Glaubende damit, dass der Heilige Geist bis in das Unbewusste hineinwirkt. Wann und wie das geschieht, steht nicht in der Verfügung der Träumenden oder derer, die die Traumarbeit begleiten. Es ist jedoch immer wieder zu erleben, dass Träume in bildhafter Weise so etwas wie einen Abdruck des Wirkens Gottes durch seinen Heiligen Geist darstellen. Es gibt kein „christliches Unbewusstes". Wir haben mit allen Menschen, auch mit denen, die nicht an Gott glauben, das Unbewusste gemeinsam. Wenn jedoch ein Mensch sein Leben ihm ganz anvertraut, dann vertraut er sich auch mit seinem Unbewussten dem lebendigen Gott an. Hier wird deutlich, dass Gott der Heilige Geist sich in seinem Wirken auf Gott den Schöpfer rückbezieht, dass also der dritte Glaubensartikel auf den ersten bezogen ist. Unter diesem Gesichtspunkt gibt auch der dritte Glaubensartikel eine Freiheit im Umgang mit Einsichten der Psychologie zur Traumdeutung.

Ferner ist dem Artikel über den Heiligen Geist das ganze Gebiet der Offenbarungsträume zugeordnet. Es gibt ernst zu nehmende Berichte von Offenbarungen Gottes in Träumen. Darauf wird im Abschnitt 6.6 eingegangen.

Der Bezug auf den Heiligen Geist setzt zugleich eine Grenze im Hinblick auf einen selbstherrlichen Umgang mit Träumen. Das Wirken des Heiligen Geistes ist nicht machbar. Hier sind die Menschen, die sich auf Gottes Geist verlassen, radikal (= an die Wurzel gehend) vom lebendigen Gott abhängig. Die Begrenzung, die mit dem Bezug auf den Heiligen Geist gegeben ist, macht eine prinzipielle Leugnung der Wirksamkeit Gottes in Träumen unmöglich. Wenn dies von psychologischer Seite her geschähe, müsste das klar als Grenzüberschreitung psychologischer Kompetenz bezeichnet werden.

Weiter können diejenigen, die als Christinnen und Christen Träume in der Traumarbeit einbringen, und diejenigen, die sie zu bearbeiten helfen, mit aktuellen Impulsen des Heiligen Geistes für das Verständnis von Träumen rechnen. Das kann sich zum Beispiel unspektakulär darin ereignen, dass sich in einem Gespräch, in dem der Heilige Geist einbezogen wird, bei einem zunächst unverständlich erscheinenden Traum eine überraschende Klarheit zeigt. Oder es kann durch den Heiligen Geist zu einem deutlichen inneren Eindruck kommen, den ein Ratsuchender oder Begleiter als deutendes Reden Gottes zum Verstehen eines Traumes erlebt.

Schließlich kann der Heilige Geist bewusst erbeten werden, wenn es darum geht, die Einsichten und Hinweise eines Traumes im praktischen Lebensvollzug umzusetzen. Der Heilige Geist bewirkt immer wieder durch Träume Prozesse der Heiligung und Verwandlung in denen, die Jesus nachfolgen. Dieser Zusammenhang wird uns noch im Abschnitt 6.5 ausführlicher beschäftigen.

Fassen wir den Ertrag der theologisch-geistlichen Begründung für das geistliche Verstehen von Träumen und die Verwendung psychologischer Einsichten im seelsorglichen Umgang mit ihnen zusammen:

– Die Begründung ist mit dem Glauben an den dreieinigen Gott gegeben. Gott der Schöpfer hat den Menschen mit dem Unbewussten geschaffen. Er hat ihm die Fähigkeit zu träumen geschenkt. Das schenkt uns die Freiheit, psychologische Einsichten zur Traumdeutung in die seelsorgliche Begleitung einzubeziehen.

– Jesus Christus schenkt mit seiner Erlösung einen nüchternen Blick für die Realität der Sünde sowohl in einer sich selbst überhöhenden Wissenschaft als auch in Träumen. Und er öffnet die Tür zu Heilung, Verwandlungsprozessen und zur Vergebung.

– Der Heilige Geist bezieht sich auf Gottes Schöpfung, wozu auch das Unbewusste und die Träume gehören, und hilft, sie im Sinne der Heiligung aufzugreifen und zu leben. Der Heilige Geist kann darüber hinaus auch Offenbarungsträume schenken, die ein rein psychologisches Verstehen von Träumen übersteigen.

Vor dem Hintergrund des soeben Dargelegten ist nun eine theologisch begründete anthropologische Standortbestimmung möglich. Mit der Grafik versuche ich sie anschaulich zu machen.

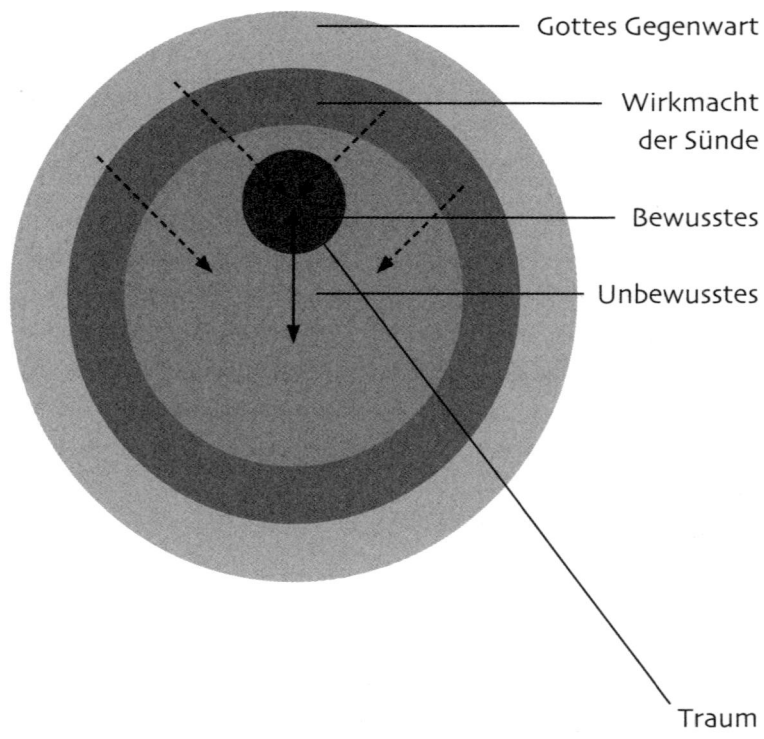

Gottes Gegenwart

Wirkmacht der Sünde

Bewusstes

Unbewusstes

Traum

Die Abbildung versucht, die Verbindung (und Unterscheidung) der psychischen Verfasstheit des Menschen bei gleichzeitiger Bezogenheit auf die Realität Gottes (und der Sünde) im Hinblick auf einen seelsorglichen Umgang mit Träumen zu veranschaulichen:

Der kleinste Kreis stellt das Bewusstsein dar, also das, was sich im Laufe der Entwicklung an Ich-Bewusstsein entwickelt hat. Das Unbewusste umgibt das Bewusstsein als ein größeres Ganzes.[7] Zwischen dem Ich-Bewusstsein und dem Unbewussten besteht ein vielschichtiges Verhältnis von wechselseitiger Beeinflussung. Vielschichtige Eindrücke des täglichen Lebens erreichen das Unbewusste, und umgekehrt kommen Impulse aus dem Unbewussten ins Bewusstsein. Der Doppelpfeil weist auf diesen wechselseitigen Austausch hin. Man kann nun sagen, dass die Träume an der Grenze zwischen dem Ich-Bewusstsein und dem Unbewussten angesiedelt sind. Sie greifen in ihrer Bildwelt Eindrücke des Bewusstseins auf und gestalten sie vom Unbewussten her in spezifischer Weise um.

Das Ich-Bewusstsein und das Unbewusste werden von der Realität Gottes und von der Realität der Sünde umgriffen, in der Grafik mit einem hellen und einem dunkelgrauen Ring symbolisiert. Beide Realitäten stehen in Verbindung mit dem Bewusstsein und dem Unbewussten und wirken auf sie ein; diese Verbindung deuten die gestrichelten Pfeile an. Der helle Ring umgreift den dunkelgrauen: Die Realität Gottes und seine Erlösung überwinden die Realität der Sünde, auch wenn damit die Sünde noch nicht endgültig bedeutungslos geworden ist. Der helle Ring, der den dunkelgrauen umfasst, soll die Wahrheit des paulinischen Wortes aus Römer 5,18 darstellen: „Wo die Sünde mächtig geworden ist, da ist die Gnade noch viel mächtiger geworden."

Freilich ist bei dieser Darstellung eine Abgrenzung nötig: Wenn in der grafischen Darstellung die Realität der Sünde von der Realität Gottes umschlossen dargestellt ist, soll damit nicht gesagt werden, dass das Böse und der Böse in Gott selbst hineingenommen sind. Diese Vermischung von Gut und Böse in Gott wird von Carl Gustav Jung und seiner Schule vertreten; darauf wird in Abschnitt 6.4.1 bis 6.4.6 näher eingegangen. Eine solche Vorstellung entspricht nicht dem biblischen Denken. Ihr soll durch die grafische Darstellung nicht Vorschub geleistet werden; darin liegt eine Grenze der Darstellung. Hier geht es lediglich um die Aussage, dass die Sünde nicht neben oder über Gott steht, sondern ihm untergeordnet ist.

Das soeben Dargelegte hat unmittelbare Folgen für die Arbeit mit Träumen innerhalb der Seelsorge: Diese Arbeit will in einer Wachsamkeit für die Beziehung zur Realität des gegenwärtigen Gottes und zur Realität der Sünde getan werden. In der Symbolwelt der Träume werden sich immer wieder Spuren des Wirkens Gottes und Spuren der Sünde erschließen lassen. Diese Spuren sind zumeist nicht in unmittelbar religiösen Symbolen, sondern häufig in andeutenden Bildern und Handlungszusammenhängen im Traum zu erschließen und warten darauf, aufgegriffen und verarbeitet zu werden.

So können Träume in der seelsorglichen Begleitung eine wichtige Hilfe sein, den roten Faden im (geistlichen) Leben zu finden, zeigen sie doch häufig sehr eindrücklich und einprägsam, wo die Seele der Ratsuchenden steht und was für sie in den Blick zu nehmen ist. Immer wieder ermöglichen Träume beeindruckende Einblicke in das Wesen eines Menschen und zeigen sich dabei in ihren Urteilen als unparteiische Quelle der Information über den Zustand der Seele. Sie weisen ebenso auf Wachstum und Verwandlung wie auf Stillstand und ungesunde Orientierung der Träumenden hin. Es zeigt sich, dass unter geistlichem Gesichtspunkt Gotteserfahrung und Selbsterfahrung zusammengehören; beides ist zwar zu unterscheiden, aber nicht zu trennen. Sehr treffend bemerkt in dieser Richtung

Ulrich Kühn: „Zum ganzheitlichen Glauben gehört demnach, auch das einzubeziehen, was unbewusst ist und etwa durch Träume bewusst werden kann. Ganzheitlich glauben heißt für mich, den verdrängten und abgespaltenen Teilen der Persönlichkeit zu begegnen und – wenn sie ins Bewusstsein drängen – sie nicht länger abzuwehren."[8] Wenn ich offen bin für das, was meine Träume anzeigen, werden sich immer wieder beide Erfahrungsweisen von psychischer Befindlichkeit und geistlicher Realität miteinander verbinden. Das, was ich wahrnehme, will an der Hand Gottes aufgenommen und ausgehalten werden – auch dort, wo es Unangenehmes und Unheiles in mir betrifft. Dieser ehrliche Blick auf sich selbst ist umschlossen vom liebevollen Anblick Gottes, der ohnehin weiß, was in mir alles schlummert. Zugleich gilt: Träume zwingen uns nichts auf und sie legen uns nicht negativ fest. Sie sind eine gute Gabe Gottes auch dort, wo sie uns zu einer nüchternen Selbsterkenntnis aufrufen. Indem wir sie annehmen, helfen sie uns zu geistlichem und menschlichem Wachstum.

2.

Exkurs in die Schlafforschung und Neurobiologie der Träume

Die menschliche Fähigkeit zu träumen ist psychophysisch hochkomplex. Es ist ebenso interessant wie hilfreich, sich einige grundlegende Zusammenhänge dieses Geschehens klarzumachen. Ich bin kein Spezialist in neurologischen Fragen. Deshalb werde ich mich mit den neurobiologischen Zusammenhängen nur so weit befassen, wie es mir für den Zusammenhang dieses Buches relevant erscheint.[9]

2.1 Ein Blick auf die Schlafforschung

In den Fünfzigerjahren des letzten Jahrhunderts hat die Traum- und Schlafforschung entdeckt, dass der nächtliche Schlaf sich in Rhythmen vollzieht. In regelmäßigen Abständen treten Schlafphasen mit raschen Augenbewegungen, die sogenannten REM-Phasen (Abkürzung für *rapid eye movement*) auf. Im REM-Schlaf zeigt sich im Gehirn eine hochfrequente Aktivität, die der im Wachzustand ähnelt. Deshalb bezeichnet man diese Schlafphase auch als „paradoxen Schlaf". Während des REM-Schlafs ist eine vollkommene Entspannung der Muskulatur festzustellen mit Ausnahme der Atem- und Augenmuskulatur. Auf diese Weise kann die hohe Aktivität im Traumgeschehen nicht unbeabsichtigt in Körperbewegungen umgesetzt werden.

Die REM-Phasen, die zehn bis 60 Minuten dauern können, werden von den sogenannten Non-REM-Schlafphasen unterschieden. Ein gesamter Schlafzyklus, der beide Phasen umfasst, dauert ca. 90 Minuten. In der ersten Nachthälfte dominieren der Tiefschlaf-, gegen Ende der Nacht die REM-Phasen. Die Non-REM-Schlafphasen sind von unterschiedlich tiefem Schlaf gekennzeichnet. Mit zunehmender Schlaftiefe sinkt in der Non-REM-Phase die Herzfrequenz ab. Die Schlafforschung hat inzwischen festgestellt, dass wir sowohl in REM-Phasen als auch in Non-REM-Phasen träumen, dass die Träume in den beiden Phasen jedoch eine deutlich andere Qualität haben: Während Träume in der REM-Phase lebendig, bildhaft, emotional und häufig mit dem Vorherrschen des Visuellen verbunden sind, erscheinen Träume in der Non-REM-Phase kürzer, rationaler und logischer aufgebaut. Letztere sind dem Wachdenken ähnlicher.

Zu Testzwecken wurden Schläfer über mehrere Nächte hinweg konsequent geweckt, wenn das EEG (Elektroenzephalogramm) den Beginn eines Traumes anzeigte. Dabei zeigte sich: Wird eine Person über längere Zeit am Träumen gehindert – wohl gemerkt am Träumen und nicht am Schlafen –, treten bei Tage zunächst Ängste, Reizbarkeit, Konzentrationsstörungen, bei längerer Traumverhinderung dann Bewusstseinsstörungen und Halluzinationen auf. Die Testpersonen wurden mehr und mehr depressiv. Die Gefahr, bei einem Verkehrs- oder Arbeitsunfall zu verunglücken, stieg um das 2,5-Fache. Nach etwa spätestens sieben Nächten mit andauerndem Traumentzug erfolgte ein totaler seelischer Zusammenbruch, dem Zustand einer Psychose vergleichbar. Ohne eine lebensbedrohliche Gefährdung der Versuchspersonen zu riskieren, ließ sich das Experiment nicht fortsetzen.

Weiter konnte festgestellt werden, dass diese Personen nach Beendigung der Testphase in den Nächten nach dem Traumentzug eine vermehrte Traumaktivität aufwiesen; in den ersten Nächten stiegen die Traumphasen von vorher 19 auf 28 Prozent. Die Versuchspersonen verschafften sich also, vereinfacht formuliert, so etwas wie einen Ersatz für die in der Nacht zuvor gestohlenen Träume.

Diese Versuche machen auf eindrückliche Weise deutlich, dass die Traumtätigkeit einen Sinn haben muss. Sie ist eine psychische Notwendigkeit für eine Bewusstseinsklarheit im Wachzustand. Allgemeiner gefasst: Körperliches Ausruhen im Schlaf und Träumen sind nicht dasselbe. Das Träumen ist unerlässlich für die Aufrechterhaltung des seelischen Gleichgewichts. Das gilt selbst dann, wenn die Träume nicht erinnert werden können.

2.2 Der neurobiologische Hintergrund von Träumen

Machen wir uns nun noch einige neurobiologische Zusammenhänge klar, die die Traumforschung herausgefunden hat:

Wir wissen heute, dass der Wach- und der Schlafzustand von zwei verschiedenen Gehirnzentren gesteuert werden, die beide im Hirnstamm, dem ältesten Teil des Gehirns, lokalisiert sind. Im Wachzustand ist das Wachzentrum aktiv. Es bewahrt uns, solange es aktiv ist, vor dem Einschlafen. Solange dies geschieht, haben wir auch Zugang zu unserer Motorik. Im Schlafzustand dominiert das Schlafzentrum. Im Schlaf bestehen andere neuronale Verbindungen zwischen einzelnen Hirnregionen und -funktionen als im Wachzustand. Dies möchte ich jetzt skizzieren, weil diese neurobiologischen Einsichten helfen können, ein vertieftes Verständnis für die Bedeutung von Träumen zu erschließen. Am Träumen sind nach Michael Ermann[10] verschiedene Regionen des Gehirns beteiligt:

– Das *Frontalhirn*, also das Stirnhirn: Hier befindet sich in der weißen Substanz oberhalb der Augenhöhlen ein Bündel von Nervenfasern, von dem aus die Traumtätigkeit durch Ausschüttung der Überträgersubstanz Dopamin in den übergeordneten Hirnregionen ausgelöst wird. Diese Substanz motiviert das, was ganz allgemein als Begehren, also die Libido, bezeichnet werden kann. Die Region des Frontalhirns kann man als Motivationssystem bezeichnen.

– Die beiden seitlichen Partien des Gehirns oberhalb der Ohren, die *Temporallappen*: Hier befindet sich die Region, in der Wahrnehmungen zu Gedanken und Erinnerungen weiterverarbeitet und wieder abgerufen werden können. Sie gelten als das Gedächtnis- und Wahrnehmungssystem.

– Das *Zwischenhirn* im Innern, das den Hirnstamm mit dem Neuhirn (der Hirnrinde) verknüpft: In dieser Region sind vornehmlich der Hippocampus, der die Form eines Seepferdchens hat, und die Amygdala, der Mandelkern, an der Gestaltung von Träumen beteiligt, die zum Beispiel für die Affektivität in Träumen zuständig sind. Man kann auch von einem Emotionssystem sprechen.

Es zeigt sich also, dass die psychologisch bedeutenden Gehirnregionen des Begehrens, der (emotionalen) Verarbeitung von Informationen und der Verwaltung der Erinnerungen an Erfahrungen an der Traumentstehung maßgeblich beteiligt sind und hoch differenziert zusammenwirken. Parallel dazu sind die für die motorische Aktivierung zuständigen Regionen beim Träumen deaktiviert.

Neurophysiologisch betrachtet kann man das Gedächtnis als einen dynamischen Zustand von elektrisch messbarer Aktivität verstehen. Träumen führt zu Veränderungen dieses Zustandes, indem funktionelle Verknüpfungen aktiviert oder neu geschaffen werden. Die biologische Basis ist der Transfer von elektrischer Aktivität zwischen den Nervenzellen. Träumen (und Entsprechendes gilt auch für das Lernen) bewirkt eine Veränderung der elektrischen Potenziale des Gehirns. Diese Änderungen können von langer Dauer sein, sind aber zugleich auch veränderbar. Das Gehirn befindet sich demnach – und das gilt auch für die Gehirnaktivität beim Träumen – auf der einen Seite in einem Zustand von relativ hoher Konstanz, auf der anderen Seite kommt es kontinuierlich zu Neuverschaltungen in den Synapsen. Darin ist begründet, dass es bis ins hohe Alter möglich ist, zu lernen.

Veränderung ist einerseits Zuwachs an Neuverschaltungen in den Synapsen, andererseits bedeutet sie Umbau vorhandener Verschaltungen. Durch neue neuronale Verknüpfungen findet im Gehirn während des Schlafs eine sukzessive Umorganisierung statt. Das Träumen verändert also das Gehirn, und diese Veränderung hat wiederum Auswirkungen auf das Träumen. Solche Veränderungen geschehen das ganze Leben lang. Allerdings geschehen sie sehr langsam. Aus diesen Einsichten ergibt sich für das Verständnis der Funktion von Träumen, dass sie als eine besondere Form des Lernens zu sehen sind, die das Gedächtnis sukzessiv modifiziert.

Für das Verstehen der Bedeutung unserer Traumfähigkeit ist die Unterscheidung zwischen zwei Arten von Gedächtnisaktivitäten wichtig:

– das prozedurale (auch „implizite") oder „Prozessgedächtnis"
– das deklarative (auch „explizite") oder „Inhaltsgedächtnis".

Das prozedurale Gedächtnis enthält Wissen über das Wie von Informationen, das deklarative über das Was. Beim Träumen werden zwar beide Arten von Informationen aufgerufen, es überwiegen jedoch diejenigen des impliziten Prozessgedächtnisses. Der Traum interessiert sich sozusagen mehr für die Informationen über das Wie, also den Modus von Erfahrungen, Handlungen und Beziehungen. Diese Informationen sagen uns, „wie etwas geht" oder wie man etwas macht, zum Beispiel wie man lernt, spricht oder sich in Beziehung setzt. Dieses „selbstverständliche" Wissen haben wir uns irgendwann zum Teil in frühester Kindheit angeeignet und wissen doch nicht, wo und wie. Das implizite Gedächtnis arbeitet nicht begrifflich, sondern es ist in somatisch-affektiven Zuständen strukturiert. In ihm lagert auch der wesentliche Teil des Beziehungswissens, das durch frühe Entwicklungsprozesse und Bindungserfahrungen mit den Eltern angelegt ist. Beim Träumen ist das gesamte limbische System mit der Amygdala hoch aktiv. Darin liegt, neurologisch betrachtet, der grundlegende Bezug des Traumes zur Emotionalität begründet. Diese Regionen sind unter anderem für die Basisemotionen wie zum Beispiel Lust, Wut, Furcht, Panik verantwortlich.

Was sagen diese Einsichten über die Bedeutung unserer Fähigkeit zu träumen? Die neurobiologische Funktion der Träume ist in zweifacher Hinsicht zu bestimmen:

Zum einen besteht der wesentliche Nutzen der Träume in der Steigerung der Lern- und Gedächtnisleistung. Schlaf und Traum haben Bedeutung für die Lernfähigkeit und die Gedächtnisbildung. Während des Tages Gelerntes wird nur im Schlaf sicher ins Langzeitgedächtnis überführt und damit wirklich dort integriert. Der Hippocampus, der vielfältig mit dem unser Denken ermöglichenden Kortex verknüpft ist, aktiviert im Schlaf die tagsüber gelernten Inhalte und leitet sie an die Hirnrinde weiter. In dieser internen Nachverarbeitung werden die im Hippocampus nur temporär bewahrten Engramme in den Langzeitspeicher des Kortex überführt. Zugleich werden dabei nicht mehr benötigte Daten gelöscht, was zur Entlastung des Gedächtnisspeichers führt. Spitzer drückt es bildhaft aus: „Der Hippocampus fungiert im Schlaf als Lehrer des Kortex."[11]

Zum andern besteht der Nutzen des Traumes in der emotionalen Neubewertung und Bearbeitung von bereits bestehenden Inhalten. Im Traum können Informationen aus ganz verschiedenen Wahrnehmungs- und Erinnerungsbereichen miteinander neu verknüpft werden. Im Schlaf und Traum herrscht daher eine andere Logik und eine andere Affektivität als im Wachen, die uns nach dem Aufwachen häufig fremd erscheinen. Weil im Traumzustand andere Informationen zugänglich sind, die im Wachzustand nicht zur Verfügung stehen, entwickelt das Gehirn im Traum andere Verarbeitungsstrategien als im Wachzustand. Alte und neuere negative affektgeladene Erfahrungen werden auf diese Weise zur „Wiedervorlage" gebracht, verarbeitet und gespeichert. Dabei werden neue Zusammenhänge innerhalb des vorhandenen Wissens und Sinngebungen von Erfahrungen möglich und zugänglich. In solchen Prozessen können Kindheitserinnerungen mit gegenwärtigen Erfahrungen in Verbindung gebracht werden. Der Schlafende kann auf diese Weise über einen längeren Zeitraum seine Biografie mehrmals durchgehen. Diese Einsicht ist für die Verarbeitung von psychischen Verletzungen und traumatischen Erfahrungen bedeutsam: Träume sind dafür heilsam und lebensnotwendig. Außerdem können so zukünftige Handlungsmuster und -varianten, Entwicklungsrichtungen der Persönlichkeit und schöpferische Ideen entstehen. Neues kann in diesem Prozess zum Vertrauten werden. Von daher kann man das Träumen mit gutem Grund als Gedächtnisarbeit im Schlaf bezeichnen, in dem wichtige Lernprozesse ablaufen. So trägt der Traum dazu bei, die Anpassung an neue Situationen zu verbessern, psychisches Wachstum zu fördern und weitergehende Entwicklungsschritte zu ermöglichen.

Das eine oder andere Ergebnis, das das nächtliche Kopfkino in den vielschichtigen neuronalen Prozessen im Traum hervorbringt, kann und will im Wachzustand fruchtbar werden, indem es vom Bewusstsein aufgegriffen wird. Das soll in den kommenden Abschnitten entfaltet werden.

3.

Verschiedene Wege der Traumdeutung

Die wissenschaftliche Beschäftigung mit Träumen hat vor über hundert Jahren begonnen. Das heißt jedoch nicht, dass die Jahrhunderte davor Träume nicht beachtet worden wären – ganz im Gegenteil. Was all den älteren Traumlehren gemeinsam war, ist ihr zumeist überindividueller Ansatz; das wird uns noch in Abschnitt 6.1 beschäftigen. Sie alle betrachten Träume als Ausdruck transzendenter, schicksalhafter oder mystischer Kräfte. Man sah die Träumenden als Sprachrohr jenseitiger oder überzeitlicher Botschaften. Mögliche individuelle Motive wurden selten in den Blick genommen, weil sie als nicht relevant angesehen wurden. Das Gemeinsame der überindividuellen Traumtheorien ist, vereinfacht formuliert, dass die Träume gleichsam ohne den Träumer gedeutet wurden.

Unter Punkt 1.2 wurde dargelegt, dass ein seelsorglicher Umgang mit Träumen in psychologischer und theologischer Hinsicht sachgerecht sein soll. Soll er in psychologischer Hinsicht sachgerecht sein, muss er die psychologischen Ansätze im Umgang mit Träumen in den Blick nehmen. Dies soll in den folgenden Abschnitten geschehen, indem eine kurze Darstellung der prägenden Schulen gegeben wird. Es kann dabei nur um eher skizzenhafte Einblicke in die Kernanliegen einiger prägender Ansätze gehen, um beispielhaft mitvollziehbar zu machen, welche Ansätze hinter dem hier vorgestellten Umgang mit Träumen stehen.

3.1 Sigmund Freud (1856–1939)

Freud steht für die älteste und damit längste Tradition der modernen professionellen Beschäftigung mit Träumen.[12] Er blickte als Arzt auf den Traum und nahm ihn vorwiegend in seinen Bezügen zur seelischen Krankheit wahr. Das Verständnis der Träume ist bei Freud Teil des von ihm entwickelten Gesamtkonzeptes der Psychoanalyse. In diesem Gesamtrahmen stellte er die Entstehung, Funktion und Bedeutung von Träumen auf eine theoretische Grundlage.

Freud war der Ansicht, dass der Ursprung der Träume die halluzinatorische Erfüllung unbewusster sexueller Wünsche wäre. Der Traum würde dafür Symbole verwenden, die den Träumenden die ganze Unerfreulichkeit all ihrer primitiven sexuellen und aggressiven Triebe verbergen wollten. Um die Träumenden vor der Dynamik der verbotenen andrängenden sexuellen Triebe zu schützen, fungiert, Freud zufolge, der Traum, der im Vorbewussten zwischen den triebhaften Teilen des Unbewussten und dem Bewusstsein liegt, als „Hüter des Schlafes". So bietet der Traum die von Scham besetzten Wünsche nur verschlüsselt dar. Dabei kommt es im Traum zu Symbolbildung, Dramatisierung, Verschiebung (eine Person in der Realität kann durch eine andere ersetzt werden), Verdichtung (zwei getrennte Situationen/Personen können durch eine einzige repräsentiert werden), Umkehrung (ein Mann kann z. B. durch eine Frau dargestellt werden oder umgekehrt) und zur Umwertung von psychischen Werten. Ein Symbol kann also für etwas ganz anderes, ja sogar Gegenteiliges stehen und so den Träumer täuschen. Vor diesem Hintergrund unterscheidet Freud zwischen dem manifesten, also offenkundigen, und dem latenten, also verborgenen Trauminhalt, wobei für ihn der latente Trauminhalt das eigentliche Traumthema enthält, das jedoch unbewusst bleibt. Im manifesten Traum erscheint der latente Trauminhalt zensiert, also von der unbewussten Traumzensur unkenntlich gemacht.

Kennzeichnend für die psychoanalytische Traumdeutung ist die freie Assoziation: Der Träumer soll spontane Einfälle zum Thema und zu den Gestalten des Traums äußern. Auf diese Weise vermag Freud auch Details der Träume in der Deutung zu erfassen. Er leitet so zur Begegnung der Träumenden mit ihrem Traum von innen her an. In der Assoziation und ihrer Deutung durch den Therapeuten ereignet sich die Spurensuche vom manifesten zum latenten Trauminhalt; das ist für Freud die eigentliche Traumarbeit als „Via Regia" (Königsweg) zum Unbewussten.

Was ist nun zum psychoanalytischen Umgang mit Träumen zu sagen?

Der auf den einzelnen Träumer zentrierte Ansatz hat in jedem Fall seine volle Berechtigung; er ermöglichte einen grundlegend neuen Umgang mit Träumen. Das Verständnis des menschlichen Seelenlebens wurde dadurch enorm vertieft. Freud hat das Verständnis für das Unbewusste angestoßen.

Nehmen wir die Grenzen dieses Ansatzes in den Blick, so sind fünf zu nennen:

– Für Freud bleibt der Träumer auf den Fachmann angewiesen. Ohne die „detektivische" Arbeit des Psychoanalytikers ist das tiefere Anliegen des Traums kaum zu erkennen. Dabei kann ein heikles Machtgefälle entstehen: Der Träumer ist dem deutenden Fachmann in gewisser Weise ausgeliefert und es entsteht eine Abhängigkeit zum Experten, wenn der Träumende die „richtige" Deutung seines Traumes erfahren will.

– Der sogenannte manifeste Traum hat nach Freuds Lehre zumeist eine andere Bedeutung als der sogenannte latente Trauminhalt: Dagegen zeigt es sich in der Praxis der Traumdeutung, dass der von Freud als manifest bezeichnete Trauminhalt gerade der eigentliche Inhalt ist. Die Theorie der Verhüllung in Traumbildern hatte geradezu einen schädlichen Einfluss auf den Umgang mit Träumen, weil sie die Vorstellung verbreitete,

Träume seien darauf aus, uns zu täuschen. Wie starr das psychoanalytische Verständnis des Traumes werden kann, zeigt die Äußerung Fritz Morgenthalers: „Das, was im manifesten Traum erinnert wird, kann niemals der Ausdruck des Unbewussten sein."[13] Mit einer solchen starren Theorie tut man den Träumen Gewalt an. Der Traum verbirgt nicht das, was er sagt, sondern er „entbirgt" es in seinen Symbolen und Szenen; er täuscht nicht, sondern offenbart Wahrheit. Verschleierung ist eher eine Funktion der wachen Psyche, nicht die des Traumes.

– Fragen ergeben sich auch im Hinblick auf eine von Freud intendierte einseitige sexuelle Auslegung der Träume: Sicher kommen sexuelle Symbole immer wieder zur Sprache. Aber die Traumdeutung einseitig auf die Verdrängung sexueller Wünsche hin auszurichten, ist für viele Träume unangemessen.

– Freud hat die kausale Annäherung an Träume ins Zentrum seines Interesses gerückt, weil seine ganze psychologische Theorie sich auf das Es konzentriert. Das führt leicht dazu, den möglichen prospektiven, den auf das Zukünftige gerichteten Aspekt in den Träumen zu übersehen. Dieser ist häufig im Hinblick auf Entwicklungsmöglichkeiten der Träumenden sehr fruchtbar.

– Zu den Grenzen des freudschen Umgangs mit Träumen gehört schließlich seine Einstellung zur Religion. Diese Grenze ist gerade vor dem Hintergrund der seelsorglichen Fragestellung dieses Buches zu erwähnen. Es ist, wie weiter unten dargelegt werden wird, sehr angemessen, für religiöse Aspekte in den Träumen bewusst offen zu sein.

3.2 Alfred Adler (1870–1937)

Blickte Freud in seiner Traumdeutung überwiegend in die biografische Vergangenheit des Träumers, interessierte sich Alfred Adler[14] für die zukünftigen Ziele, die sich im Traum zeigen. Adler sieht im Traum eine Bewegung vom Heute zum Morgen und sieht die Beziehungsgestaltung der Träumer als fundamental. Der Begründer der Individualpsychologie befasste sich in diesem Zusammenhang schwerpunktmäßig mit dem Streben nach Macht, der Überwindung des Minderwertigkeitsgefühls und der Bewältigung von Lebensaufgaben. Die Mischung dieser drei grundsätzlichen Lebensabsichten bildet das „Gemeinschaftsgefühl" des Menschen; dieser Begriff ist für die Individualpsychologie grundlegend. Er ist individuell geprägt und wird in dieser Psychologie als der persönliche Lebensstil bezeichnet.

In diesem Rahmen interpretiert Adler die Träume: In seinem Umgang mit Träumen rückte Adler von Freuds Gedanken eines latenten Traumwunsches ab und verstand den manifesten Traum als Ausdruck des Lebensstils. Der Traum setzt den Lebensstil des Träumers in Szene. Man kann sagen, dass der Traum so etwas wie ein bildhafter Kommentar zur aktuellen Lebenssituation des Träumers darstellt. Entsprechend hat die Traumdeutung die Aufgabe, den Lebensstil der Träumenden, gleichsam das Bewegungsgesetz mit seinen in der Kindheit entwickelten Grundmustern, zu erschließen. So sagt der Traum für Adler zentral etwas über unser Denken, Fühlen und Handeln aus. Dabei kommen die Lebens-Grundüberzeugungen und die Ziele ans Licht, die etwas über die Ansichten des Träumers sagen, wie er sein Leben führt und Verantwortung wahrnimmt. Diese Lebens-Grundüberzeugungen können lebensfördernd oder – leider weitaus häufiger – lebensbehindernd wirken. Der Traum kann auf unbewusste neurotische und irrige Ziele hinweisen. Dazu kann die immer wieder auftauchende Strategie gehören, aus einem Empfinden von Minderwertigkeit oder Unvollkommenheit heraus unbewusst überwertige Lösungen anzustreben, um doch noch eine Überlegenheit oder die ersehnte Übervollkommenheit zu erreichen.

Zwei Fragen prägen das individualpsychologisch geführte Traumgespräch:

– In welcher Weise lässt der Traum den Lebensstil des Träumenden erkennen? Was sind seine Lebensziele und Absichten?
– Was sagt der Traum über das Verhältnis des Träumers zur Gemeinschaft?

Mit der Hilfe dieser beiden Fragestellungen sollen die Träumenden dazu geführt werden, neurotische Ziele zu erkennen und einen dysfunktionalen Lebensstil zu verändern.

Was ist zum individualpsychologischen Umgang mit Träumen zu sagen?

– Auf der positiven Seite hat Adler dazu beigetragen, die Engführung, die mit der Traumdeutung Freuds gegeben war, zu überwinden. Viele Träume lassen sich nicht auf ein sexuelles Problem hin deuten. Da erweist es sich als eine hilfreiche Blickerweiterung, in den Träumen den Lebensstil der Träumenden herauszuarbeiten.

– Adler hat ferner mit seiner Traumdeutung die soziale Verfasstheit des Menschen zentral in den Blick genommen. Mangel, Minderwertigkeit und Macht sind Faktoren, die stark emotional besetzt sind und in Träumen auf vielfältige Weise ihren Ausdruck finden.

Blicken wir auf die Grenze der individualpsychologischen Traumdeutung:

– Adlers Deutung der Träume hat eine erneute Einengung mit sich gebracht: Träume alleine unter dem Blickwinkel des Lebensstils und des Gemeinschaftsgefühls zu betrachten, schließt wichtige Bedeutungsgehalte der Träume aus. In Träumen können z. B. Emotionen betreffende Symbole erscheinen, die nicht auf die Hauptthemen der Individualpsychologie zu „trimmen" sind. Gerade Träumen, in denen sich das Elend des Lebens unmaskiert zeigt, kann mit der einengenden Frage nach dem sich zeigenden Lebensstil eine Form von Gewalt angetan werden.

3.3 Carl Gustav Jung (1875–1961)

Die Traumtheorie C.G. Jungs[15] ist vor dem Hintergrund und in Abgrenzung von Freuds Traumtheorie zu verstehen; Jung arbeitete ca. neun Jahre mit Freud zusammen, bis es 1912 zum Bruch zwischen den beiden kam. Dieser Bruch hat mehrere Gründe; führen wir uns die wesentlichen Unterschiede in der Traumtheorie beider vor Augen:

Während Freud sich vorwiegend für Träume kranker Menschen interessierte, waren für Jung die Träume Gesunder ebenso wichtig. Für Freud verhüllten Träume das Unbewusste, während sie für Jung dieses enthüllen; für ihn ist der Traum kein Bilderrätsel, sondern einer noch unbekannten Inschrift vergleichbar. Die Fixierung auf die Deutung von Symbolen sexueller Art konnte Jung nicht mitvollziehen. Die retrospektive, deduktive und kausale Orientierung in der Traumdeutung Freuds schloss für Jung das zielgerichtete, ein Fortschreiten ermöglichendes Potenzial von Träumen aus. Freuds radikale Abgrenzung von religiösen Fragestellungen in der Traumdeutung konnte Jung nicht übernehmen. Vor dem Hintergrund dieser Gegensätze sollen die wesentlichen Einsichten C.G. Jungs im Überblick skizziert werden:

Für den Begründer der analytischen Psychologie stand der Traum in Verbindung mit der Ganzheit des Menschen. Diese Ganzheit sah Jung in gesamtpsychischer Hinsicht im Selbst angelegt, das im Unbewussten eine verborgene Vorstellung, eine Idee des Menschen von sich selbst enthält. In der Entfaltung des Selbst findet der Mensch zu seiner Ganzheit; das ist für Jung der Prozess der Individuation, der vom Selbst initiiert wird. Der Traum stellt in dieser Sicht eine Brücke zwischen dem dar, was wir in unserem täglichen Leben sind, und dem, was wir von unserem Selbst her sein könnten. Er ist also, um mit Jungs Terminologie zu sprechen, eine Botschaft vom Selbst an das bewusste Ich.

Vom Selbst her wird auch einsichtig, warum Jung von der Selbstregulation der Psyche im Traum ausgeht. Der Traum kennt den Weg, weil er vom Selbst gesteuert wird. Damit ist dreierlei gegeben:

– Der Traum ist, vom Unbewussten her gesteuert, kompensatorisch zum Bewusstsein. Kompensatorische Träume bieten dem Träumer an, was seine Lebensorientierung ergänzt und ausgleicht.

– Der Traum bringt in vielfältigen Variationen die Potenziale der Träumenden ans Licht. Er weist auf das hin, was beim Träumer noch ungelebt ist und sein Leben bereichern könnte. Unter diesem Aspekt trägt der Traum zur Selbstfindung und Selbsterweiterung bei.

– Der Traum bildet nicht nur Probleme ab, sondern er ist häufig lösungs- und zielorientiert und damit final ausgerichtet.

In der kompensatorischen Förderung von Potenzialen und Lösungsorientierung entfaltet der Traum die Selbstheilungskräfte der Seele.

In seiner Traumtheorie hat C.G. Jung darauf hingewiesen, dass in Träumen häufig gegengeschlechtliche Anteile auftauchen. Animus bezeichnet laut Jung den männlichen Persönlichkeitsanteil der weiblichen Seele und Anima den weiblichen Persönlichkeitsanteil der männlichen Seele. Die Auseinandersetzung mit dem gegengeschlechtlichen Anteil soll zur bewussten Integration dieser Anteile führen.

Für die Traumdeutung nach Jung ist die Unterscheidung zwischen Persona und Schatten eine wichtige grundlegende Einsicht. Persona bezeichnet bei ihm die Seite unseres Wesens, die wir nach außen zeigen und die gesellschaftlich eher akzeptiert ist. Der Schatten beschreibt die oft ungeliebte Seite des eigenen Wesens, die uns peinlich ist; wir verstecken sie deshalb möglichst vor anderen und auch vor uns selbst. Wie sich die Schattenseiten in Träumen zeigen, werden wir in Abschnitt 4.5 sehen.

Eine weitere Unterscheidung, die Jung in der Traumdeutung eingebracht hat, ist die zwischen der sogenannten Objekt- und der Subjektstufe. Diese Deutungskategorien ermöglichen die Betrachtung eines Traumes aus zwei Perspektiven: Auf der Objektstufe repräsentieren Traumsymbole einen Bezug des Träumers zu Gegenständen der Außenwelt, auf der Subjektstufe repräsentieren die Traumsymbole Persönlichkeitsanteile des Träumers selbst. Auch diese Einsicht Jungs wird uns im Abschnitt 4.3 noch beschäftigen.

Für das Traumverständnis Jungs ist es schließlich wesentlich, auf seine Gedanken zu den von ihm so genannten Archetypen einzugehen: Archetypen sind für ihn Urbilder wie z. B. der alte Weise, die große Mutter oder auch Gott, die in Mythen, Märchen und in Religionen auftauchen. Wenn diese im Traum erscheinen, spricht Jung von einem archetypischen Traum oder auch einem „Individuationstraum", der einen Bezug zu den Kulturgütern der Menschheit aufweist. Solche Träume leisten nach dem Dafürhalten Jungs einen wichtigen Beitrag zur Entwicklung der träumenden Persönlichkeit und sind seiner Meinung nach mit einem richtungsweisenden Sinn verbunden. Zur Erschließung des mythologischen Gehalts von Träumen regte er die „Amplifikation" an, die nach den Assoziationen der Träumenden zu ihrem Traum aus der Literatur, aus Theaterstücken, aus Märchen, der Kunst oder der Bibel fragt oder diese vonseiten des Therapeuten einbringt.

In Verbindung mit den Archetypen unterschied Jung das dynamisch persönliche Unbewusste und das sogenannte kollektive Unbewusste. Während das persönliche Unbewusste die persönlichen Erfahrungen der Träumenden aufnimmt, sind im kollektiven Unbewussten überpersönliche Erfahrungen des „objektiv Psychischen" gespeichert, die für Jung in jeder Kultur existieren und dem Menschen angeboren sind. Letztere beruhen auf der Zugehörigkeit des Einzelnen zur Gattung Mensch, zu bestimmten Gesellschaften und Kulturen mit ihrem allgemein menschlichen Wissen über den Menschen.

Wie ist nun die Traumtheorie C.G. Jungs zusammenfassend zu beurteilen?

Die Traumtheorie C.G. Jungs lässt sich in vielen Punkten als genial bezeichnen. Er hat viele der Engführungen Sigmund Freuds in der Traumdeutung überwunden. Die Unterscheidungen zwischen Persona und Schatten, Animus und Anima, Subjekt- und Objektstufe tragen häufig zu einem differenzierten Verstehen von Träumen bei. Die Kategorien Potenzialität, Komplementarität und Finalität machen die Beschäftigung mit Träumen in hohem Maße fruchtbar. Das alles wird später noch differenzierter zu bedenken sein.

Die Grenzen des jungschen Traumansatzes sehe ich in dreierlei Hinsicht:

– Zum einen ist seine Lehre zu den Archetypen zu hinterfragen. Jung sieht in ihnen universale Grundmotive, die in der Gehirnstruktur vererbt würden. Trotzdem ist festzuhalten, dass diese aus Kultur, Literatur und Religionen erschließbaren Symbole und Motive bestenfalls so etwas wie ein Vorschlag sein können. Ein Traum ist immer zuerst eine persönliche Botschaft an die träumende Person. Die Gefahr bei Jungs Umgang mit Archetypen besteht darin, dass ein „objektiver Deutungssinn" den subjektiven verdrängt; so kann es zu einer Fremdbestimmung der träumenden Person durch den Begleiter und sein archetypisches Denksystem kommen.

– Zum andern trägt das, was Jung zu den Archetypen und zu archetypischen Träumen sagt, zuweilen zu einer Mystifizierung und Verkomplizierung von Träumen bei. Indem er transkulturelle, religiöse und auch okkulte Zusammenhänge einbezieht, geschieht eine Öffnung in Bereiche hinein, die weltanschaulich nicht mehr neutral zu sehen sind.

– Schließlich geht aus der Traumtheorie Jungs hervor, dass er dem Einfluss fernöstlicher Religionsphilosophie näher steht als dem christlichen Glauben. Das zeigt sich deutlich in der geradezu religiösen Aufladung des menschlichen Selbst. Die Verwirklichung dieses Selbst geschieht nicht in der sich abgrenzenden Individualität, sondern durch Auflösung in ein alles umspannendes Sein. Je mehr der Mensch sein Bestreben aufgibt, er selbst sein zu wollen, umso mehr wird er es in einer Alleinheit erleben. Die religiöse Gedankenwelt C.G. Jungs und seiner Schule wird uns noch im Abschnitt 6.4. beschäftigen.

3.4 Fritz Perls (1893–1979)

Perls[16] entwickelte zusammen mit seiner Frau Laura und Kurt Goldstein die Gestalttherapie, in der er sich von der Psychoanalyse abgrenzte. Die Gestalttherapie ist keine analytische, sondern eine integrative Methode, die nicht so sehr nach dem Warum von Problemen fragt, sondern nach dem Wie und Was. So fragt sie z. B. nach der Struktur eines Lebensskripts und danach, wie es neu strukturiert und umgeschrieben werden kann. Diese Therapie leitet an zum Gewahrsein aller gegenwärtigen Gefühle, von Verhaltensweisen und des Kontakts sowohl zu sich selbst als auch zur Umwelt. So vertritt sie einen ganzheitlichen Ansatz und will den Menschen dazu führen, sich zu seiner Ganzheit hin zu entwickeln. Sie ist ein erlebnisaktivierendes Psychotherapieverfahren.

Für die Traumtheorie und -praxis ergibt sich vor diesem grundlegenden Hintergrund Folgendes: Die Gestalttherapie geht davon aus, dass Träume existenzielle Botschaften für die Träumenden bereithalten, die es verstehen zu lernen gilt. Alle Einzelheiten des Traums verkörpern Teile des Selbst, in denen Perls zum einen die unvereinbarten und sich widersprechenden Seiten, zum andern die nicht gelebten und verdrängten Persönlichkeitsanteile sieht, die das Ich bisher verleugnet und vermieden hat. So zeigt der Traum, was der Träumer in seinem Alltag zu leben vermeidet. Die sich widersprechenden und verleugneten Anteile projiziert das Ich des Träumers nach außen und nimmt sie nicht als Teil von sich selbst wahr.

Im Zuge gelingender Traumarbeit geschieht eine zunehmende Auflösung dieser Projektionen. Das Ich soll dabei wieder heimholen, was in seiner Fragmentierung verloren gegangen war. Perls war bestrebt, den Träumer zum unmittelbaren Erleben des Trauminhaltes zu führen, um auf diese Weise die Botschaft des Traumes zugänglich zu machen. Indem der Traum erfahrungsmäßig zugänglich gemacht wird, soll er seine Kraft in der Korrektur und Erweiterung des Lebens entfalten. Noch unverbundene Persönlichkeitsanteile warten seiner Theorie nach darauf, in der Verarbeitung des Traummaterials miteinander verbunden zu werden.

Dazu sind folgende vier Punkte in der Arbeit mit Träumen erforderlich:

Identifizieren,
Ausspielen,
Auseinandersetzen,
Integrieren.

Mit diesen vier Schritten soll der Traum nicht zuerst theoretisch reflektierend angegangen werden, sondern er soll für den Träumer zu einem existenziellen Ereignis werden. Der Träumer soll dafür selbst aktiv werden. Mit diesen Schritten setzt der Träumer seinen Traum in Szene. Dabei werden Blockaden erlebt und prozesshaft gelöst. Im Darstellen und Nacherleben jeder Traumgestalt kann der Träumer diesen Gestalten begegnen, das Abgespaltene integrieren und zur seelischen Stärkung finden. Die Traumarbeit als Selbsterfahrung im Dienst seelischer Gesundheit und Stabilität führt den Träumer mehr und mehr zu seiner Ganzheit.

Die Gestalttherapeutin Brigitte Holzinger zeigt sehr konkret, wie bei dieser Therapie in der Traumarbeit vorgegangen wird[17]:

„1) Wir fordern den Patienten auf, den Traum in der Ich-Form, in der Gegenwart zu erzählen, als ob der Traum gerade passieren würde.

2) Als zweiten Schritt machen wir den Patienten zum Bühnenregisseur: Mach dir doch bitte eine Bühne für deinen Traum zurecht. Sprich bitte als die Traumfigur in der Gegenwart, als ob der Traum jetzt, im Hier und Jetzt, geschehe. Nimm der Reihe nach alle Rollen der Personen und Gegenstände ein, die in deinem Traum vorkommen. Erzähle, was du erlebst und wie dir in diesen Rollen zumute ist.

3) Als dritten Schritt zentrieren wir zwei Traumfiguren, die den Hauptkonflikt verkörpern.

4) Der Träumer spricht in der Gegenwart aus, was sein Kontrahent zu ihm vorher im Rollenspiel gesagt hat, in seinem jeweils angebrachten Alter, in der ihm angemessenen Sprache. Er spricht in der Ich-Form: ... Die Rollenspiele werden fortgesetzt, bis der verbale Ausdruck sich mit dem empfundenen Gefühl deckt und der Erzähler [...] dessen gewahr wird.

5) Was sich als Hauptgefühl herauskristallisiert hat, wird der Situation angemessen ausgedrückt und mit der Therapeutin anschließend besprochen."

Wie ist die gestalttherapeutische Traumtheorie F. Perls zusammenfassend zu beurteilen?

Wer sich auf diesen Ansatz mit den eigenen Träumen einlässt, wird zu einer sehr tief gehenden Begegnung mit sich selbst geführt. Dabei wird der träumenden Person nichts von außen übergestülpt. Die Erschließung der Träume geschieht aus dem Inneren heraus.

Außerdem kann ein Traum mit der gestalttherapeutischen Methodik sehr differenziert und detailreich angeschaut werden. Der Traum kann sich hierbei sehr ausführlich „aussprechen" und seine Botschaft differenziert mitteilen. So können beim Träumer Wandlungsprozesse in Gang kommen.

Als Grenze sind folgende Aspekte zu nennen:
– Träume werden zu einseitig als Problemanzeiger verstanden. Das in ihnen enthaltene Potenzial kommt zu kurz. Häufig ist der in das weitere Leben des Träumers weisende, der sogenannte final-prospektive Aspekt ein möglicher wichtiger Entwicklungshinweis.

– Außerdem ist die Stärke des gestalttherapeutischen Umgangs mit Träumen zugleich auch seine Schwäche: Wer einen Traum mit dieser Methodik bearbeiten will, benötigt sehr viel Zeit. In der Praxis steht diese oft gar nicht zur Verfügung. Von daher wird diese Methodik in der Praxis nur mehr partiell zum Einsatz kommen, ohne die Möglichkeit, sie *in extenso* anzuwenden.

3.5 Was aus der Vielzahl der traumtheoretischen Ansätze für die Praxis der Traumdeutung erfolgen kann

Am Ende des kleinen Überblicks über verschiedene Traumtheorien – und dieser Überblick ließe sich problemlos noch erweitern – stellt sich die Frage: Welche Theorie und Deutungsmethode erfassen den Traum richtig?

Doch diese Frage ist falsch gestellt. Sie führt in die Irre, weil mit der Frage nach Richtig und Falsch eine Exklusivität der einzelnen Theorien herbeigeführt wird. Wird die einzelne Theorie mit einem Anspruch vertreten, der den anderen Theorien ihre Berechtigung nicht zugestehen kann, entstehen Probleme, die sich ohne einen solchen Anspruch nicht ergäben. Es gibt nicht die allein richtige Methodik. Ann Faraday hat sicher recht, wenn sie pointiert sagt: „Keine Theorie kann für sich allein der Fülle von Träumen gerecht werden ...“[18] Welche Probleme durch einen massiven Exklusivitätsanspruch entstehen, hat der Bruch zwischen Sigmund Freud und Carl Gustav Jung gezeigt; die geradezu dogmatisch anmutende Position Freuds hat diesen Bruch unausweichlich gemacht.

Wir haben bei den oben skizzierten vier Traumtheorien jeweils Stärken und Schwächen betrachtet. Die Traumtheorien mit ihrer unterschiedlichen Methodik können sich ergänzen. In der Praxis zeigt sich, dass Träume mit verschiedener Methodik zugänglich gemacht werden können. Traumtheorie und Methodik sollen zum Traum passen und nicht umgekehrt. Entscheidend ist allerdings nicht eine bestimmte Methodik, sondern die Erschließung des Traums für den Träumer, sodass es bei ihm zu einem Aha-Erlebnis und durch das Verstehen des Traumes zu (im Kontext des christlichen Glaubens geistlichen) Wandlungsprozessen kommt.

Bei der Beantwortung der oben gestellten Frage kommt hinzu, dass in der Handhabung der Traumdeutung der Subjektivität eine legitime Rolle zukommt: Das gilt für die Subjektivität sowohl der Person, die therapeutisch oder seelsorglich begleitet, als auch für die der träumenden Person. Beide haben ihre eigene Prägung und Ausbildung. Beide stehen vor der Aufgabe, einen Weg zum Traumverständnis zu finden, der ihnen jeweils am angemessensten erscheint. Für Therapeuten und Seelsorger ist entscheidend, dass ihr Umgang mit den Träumen in die gesamte Behandlungskonzeption – für den Seelsorger kommt hier der Glaube ins Spiel – integriert ist. In der Seelsorge hat dieser Umgang dem Ratsuchenden, dem Seelsorger und der seelsorglichen Situation gerecht zu werden. Die legitime Subjektivität ist von der Gefahr des Subjektivismus zu unterscheiden: Während der Subjektivismus eine Form von Willkür im Umgang mit Träumen mit sich bringt, achtet legitime Subjektivität auf eine verantwortlich reflektierte Entscheidung für – oder auch gegen – eine Traumtheorie und die dazugehörige Methodik.

4.
Psychologische Erschließungskategorien im Umgang mit Träumen

Im Abschnitt 2 hatte ich die These aufgestellt, dass der seelsorgliche Umgang mit Träumen nicht nur unter theologischem, sondern auch unter psychologischem Aspekt sachgerecht sein muss. Nachdem im vorhergehenden Abschnitt 3 ein Überblick über wichtige Traumtheorien gegeben wurde, ist nun in diesem Abschnitt auf Erschließungskategorien der Träume unter praxisrelevantem Gesichtspunkt einzugehen. Abschnitt 5 wendet sich dann Fragen individueller Zugänge zu den Träumen und konkreten Fragen ihrer Erschließung zu. Die Erschließungskategorien bieten eine Art Raster, wie Träume betrachtet werden können. Sie stellen so etwas wie einen Werkzeugkasten zur Verfügung, mit dem ein Traum bearbeitet werden kann. Die individuellen Zugänge zum konkreten Traum verbinden dann die Erschließungskategorien mit konkreten Schritten oder Schrittfolgen. Die Frage nach den Erschließungskategorien und den individuellen Zugängen stehen in wechselseitiger Beziehung zueinander: Die Klärung allein der Erschließungskategorien könnte in der Gefahr stehen, zu unkonkret und allgemein zu bleiben. Die Überlegungen allein zu den individuellen Zugängen könnte zu einer Art von Deutungskasuistik oder Interpretationsmethodismus führen. Indem in den folgenden Ausführungen beides in Beziehung zueinander gesetzt wird, soll ein Raum des Verstehens von Träumen eröffnet werden, der Weite und Konkretion miteinander zu verbinden vermag.

In der Darstellung der Erschließungskategorien werde ich induktiv vorgehen: Ich werde zu Beginn jedes Punktes mit einem oder (wo es sich aus sachlichen Gründen empfiehlt) zwei beispielhaften Träumen beginnen und eine Deutung skizzieren. Anschließend wird die zur jeweiligen Kategorie gehörige Theorie dargelegt. Abschließend werde ich zu den meisten Erschließungskategorien noch weitere Beispiele anführen, die der Vertiefung der dargelegten Theorie dienen.

4.1 Symbole – ihr Verständnis und ihre Bedeutung für Träume

In ein Seelsorgegespräch brachte eine Frau einen Traum ein, den sie vorweg kommentierte: „Mit dem Traum kann ich gar nichts anfangen." Sie erzählte:

„Ich träume von einem Wald und komme an eine Lichtung. Da sehe ich, dass ein grünes Netz alles überzieht. Ich denke mir, dass dieses Netz doch alles Leben unter sich erstickt. Ich beginne damit, das Netz einzurollen. Da kommen plötzlich Bedenken in mir auf: Darf ich dieses Netz beseitigen? Dient es nicht zum Schutz der Pflanzen und des Waldes? Ich fühle mich ratlos. Dann kommen mehrere Leute ziemlich schnell in meine Richtung gerannt; ich habe Angst, dass sie mich überrennen. Ich ducke mich schnell weg; die Leute scheinen mich nicht zu sehen. Ich überlege mir, dass ich nach Hause zu meinem Ehemann gehe, um mit ihm darüber zu sprechen, ob das Netz zum Wald gehört oder nicht."

Im Gespräch über diesen Traum fragte ich die Träumerin, was sie mit „Wald" verbinde. Sie empfand ihn als etwas Schönes. Sie hält sich gerne in Wäldern auf. Wir kamen im Gespräch darauf, dass ein Wald mit Leben zu tun hat. Als Anregung deutete ich ihr an, dass der Wald auch ein Symbol für das Unbewusste sein könne. Die Lichtung könne dann ein Bild dafür sein, dass Licht in ihre Seele hineinkommt.

Als sie an der Lichtung angekommen war, machte sie im Traum eine wichtige Entdeckung: Sie merkte, dass alles mit einem grünen Netz überzogen war. Ich regte die Träumerin an, sich in das Bild des Netzes hineinzuspüren. Im Traum hatte die Träumerin den wichtigen Eindruck, dass das Netz die entstehenden Pflanzen und Bäume am Wachstum hinderte. Angestoßen durch dieses Bild sprachen wir darüber, dass die Träumerin eine sehr lebensverneinende Frömmigkeit in ihrer Herkunftsfamilie erlebt hatte. Gegen eine ehrliche und freie Meinungsäußerung wurde Gott so ins Spiel gebracht, dass bei ihr ein überempfindliches, schlechtes Gewissen entstanden war. Es handelte sich hierbei eindeutig um religiösen Missbrauch im frommen Gewand.

Wir kamen darauf, dass die Farbe Grün eine Farbe des Lebens ist. Sie passte sehr gut zum Leben des Waldes. Die Seele hatte nun bewusst die Farbe des Lebens als Farbe für das Netz gewählt. So wurde deutlich: Bei der Farbe des Netzes handelte es sich um ein Imitat des Lebens. Die lebenszerstörende religiöse Gesetzlichkeit wurde ja als Wille des „guten Gottes" ausgegeben. Deshalb war es für die Träumerin so schwer, sich gegen diesen religiösen Missbrauch zu wehren. Statt Leben zu unterstützen, verhinderte das Netz im Traum die Entfaltung des Lebens. Das war ein sehr sprechendes Bild dafür, wie ihre Seele die Religiosität in ihrer Herkunftsfamilie erlebt hatte.

Die Fortsetzung im Traum zeigte eine spontane gesunde Beurteilung der Lage: Sie dachte im Traum ganz richtig, dass dieses Netz alles Leben unter sich erstickt. Eine Seite in ihr wollte das Netz spontan beseitigen und sie begann es einzurollen. Aber da kamen ihr Bedenken. Eine andere Seite in ihr stellte ihre spontane gesunde Reaktion infrage. Diente dieses Netz nicht dem Schutz der Pflanzen und des Waldes? So drückte der Traum plastisch die Pattsituation der anstehenden Auseinandersetzung mit der überkommenen Religiosität in ihrer Seele aus. Wenn sich in ihr Gedanken meldeten wie: „Ich will diese gesetzliche und bedrückende Religiosität nicht mehr", dann meldete sich im nächsten Augenblick der Einwand: „Wenn ich mich dagegen wehre, werde ich dann nicht an Gott und seinem Willen schuldig?" Auf diese Weise konnte sich die gesunde Kraft zum Ausstieg aus der fehlgeleiteten Religiosität in ihr nicht entfalten. Diese seelische Pattsituation drückte der Traum beeindruckend treffend im Gefühl der Ratlosigkeit aus.

Der Traum fand seine Fortsetzung in den vorbeirennenden Menschen. Ich fragte die Träumerin, was ihr dazu einfalle. Sie sagte, dass sie sich in ihrem Beruf immer wieder von Menschen überrannt fühle. Sie sähen sie nicht als Mensch, sondern nur als kompetente Frau in ihrem Beruf. Ich gab der Träumerin als Anstoß zur Überlegung noch mit, dass diese vorbeirennenden Menschen auch symbolisieren könnten, dass es in ihr Anteile gebe, die sie überrennen.

Wir gingen auch auf ihre Reaktion im Traum auf die vorbeirennenden Menschen ein: Sie suchte Deckung. Wir überlegten, ob möglicherweise eine andere Reaktion angemessen sein könne, z. B.: sich zu zeigen und bewusst den eigenen Raum einzunehmen. Der Traum wies mit diesem Bild auf den fehlenden Schutzraum für die Träumerin hin, an dem zu arbeiten sie herausgefordert ist.

Sehr originell und zugleich verheißungsvoll war der Schluss des Traumes: Die Träumerin entschloss sich, zu ihrem Ehemann nach Hause zu gehen. Sie wollte mit ihm darüber sprechen, ob das Netz legitimerweise zum Wald gehöre oder ob es beseitigt werden solle. Ich fragte sie, wie ihr Mann zur Befreiungssehnsucht ihrer Seele stehe. Sie sagte, dass er sie darin unterstütze. Da merkte die Träumerin, dass der Traum sie auf ihren Mann als unterstützendes „Übergangsobjekt" hinwies. Sicher ging es dabei um eine Übergangslösung, weil die Träumerin eingeladen war, zu einer eigenständigen inneren Stärke zu finden; es wäre nicht gesund, wenn sie für eine innere Erlaubnis zu einer erwachsenen, befreiten Religiosität auf Dauer von einer äußeren Autorität abhängig wäre, selbst wenn es ihr eigener unterstützender Ehemann ist. Aber in ihrer gegenwärtigen Entwicklungsphase würde ihr Mann hilfreich für sie sein, ihre innere verurteilende Stimme zu relativieren. Ihr Traum ermutigte sie, mit ihrem Mann über diese Zusammenhänge zu sprechen. Am Ende meinte die Träumerin, dass diese Deutung für sie „total stimmig" sei.

Was ich in Variationen in der Begleitung von Ratsuchenden mit Träumen häufig erlebe, ist die einleitende Bemerkung: „Mit diesem Traum kann ich gar nichts anfangen." Dem Wald und Netz, der Lichtung, dem Grün, den rennenden Menschen und sogar ihrem eigenen Mann im Traum als Unterstützer konnte die Träumerin zunächst keinen Sinn abgewinnen. Die Fremdheit der Träume hängt wesentlich mit ihrer speziellen Art zu „denken" zusammen. Sie drücken sich in einer besonderen Symbolsprache aus, die erschlossen werden will. Deshalb beginne ich den Abschnitt über die Erschließungskategorien der Träume mit einer Reflexion über das Verständnis von (Traum-)Symbolen.

Der Begriff „Symbol"[19] kommt sprachlich vom griechischen Verb *symballein* (= sich unterreden, vergleichen, zusammentreffen) und bedeutet nach seinem ursprünglichen Sinn zusammenwerfen, zusammenfallen, zusammenfügen; das *Symbolon* ist demzufolge das Zusammengeworfene. Im Symbol kommen zwei Dinge zueinander und bilden eine neue Einheit; in ihm werden die materielle und die geistige Wirklichkeit aufeinander bezogen. So weist das Symbol als sichtbares Zeichen über sich selbst hinaus auf eine hinter ihm stehende Realität. Es ist damit ein Sinnbild, das nicht für sich selbst steht, sondern Träger einer Bedeutung ist, die auf ein von ihm Unterschiedenes hinweist. Dadurch sind inhaltliche Selbstständigkeit des Symbolisierten und gleichzeitige assoziative Nähe zu ihm miteinander verbunden. Der Sinn eines Symbols ist eine Mitteilung ohne Worte, wobei das Symbol für sich selbst spricht. Es will beim Betrachter, dem Adressaten, etwas bewirken.

Diese allgemeinen Gedanken zum Wesen von Symbolen gilt es nun in Richtung auf ihre Funktion und ihr Verständnis in Träumen zu spezifizieren:

– Im Traum geschieht eine Kommunikation zwischen dem *Unbewussten* und dem *Bewussten*. Beide Ebenen des Bewusstseins stehen sich wie zwei Welten gegenüber. Die Traumsymbole können als Grenzgänger zwischen diesen beiden Welten bezeichnet werden; sie bilden eine Brücke zwischen dem uns vertrauten Bewusstsein und dem uns häufig fremden Unbewussten. Auf der einen Seite treiben sie ihre Wurzeln bis in die geheimsten Tiefen der Seele. Auf der anderen Seite sind sie für das Wachbewusstsein zugänglich; sie machen unsagbare Zusammenhänge des Unbewussten in Bildern sagbar. Im Traumsymbol überschneiden sich die Vorstellungsbereiche des Unbewussten und des Bewusstseins in einer Weise, die für den Träumer fassbar werden kann.

– Traumsymbolen ist eine *Vielschichtigkeit* und eine *Gegensätze vereinigende* Fähigkeit eigen. Darauf weist Verena Kast in sehr umfassender Weise hin: „Symbole haben mindestens einen Doppelsinn: sie verschleiern und offenbaren, verbergen und enthüllen, sind regressiv und progressiv, erinnern und entwerfen; im Symbol ist Reminiszenz und Antizipation, Erinnerung und Erwartung zu finden."[20] Das alles bringt das Unbewusste mit einer gegenüber unserem rationalen Denken völlig anderen Logik und Sprache und mit einer völlig anderen Wahrnehmung zum Ausdruck. Während die Sprache nur erklären und die Oberfläche des Verstehens berühren kann, wird durch Symbole eine Ahnung von vielschichtigen Zusammenhängen des Unbewussten geweckt. Was hinter den Traumsymbolen geahnt und angesprochen wird, ist zum Teil so weit gefächert und umfangreich, dass es manchmal nicht leicht in rationale Sprache übersetzt und verarbeitet werden kann. Die Weite und Offenheit des Bedeutungsspektrums von Symbolen lädt dazu ein, sich immer wieder neu mit ihnen zu beschäftigen und auch neue Bedeutungen zu finden.

Als Beispiel für die Vielschichtigkeit der Bedeutung von Symbolen greife ich auf den als Einführungsbeispiel angeführten Traum zurück: „Wald" ist ein sehr bedeutungsreiches Symbol. Es umfasst auf der Bildseite eine Vielgestaltigkeit von Leben; dazu gehört die Vielfalt der Bäume, Pflanzen, Tiere usw. Außerdem laufen im Wald unzählige Entwicklungen gleichzeitig bei den Bäumen und anderen Lebewesen ab. Diese Vielgestaltigkeit im Sinnbild „Wald" entspricht der Vielgestaltigkeit des zum Teil noch unbewussten Lebens der Träumerin.

– Traumsymbole sind *Bedeutungsträger* im Dienste des Unbewussten, die – darauf hat C.G. Jung hingewiesen – als Transformatoren psychischer Energie aus den Tiefen der Psyche dienen. Sie vergegenwärtigen Inhalte, die letztlich adäquat nur in den vom Unbewussten konstellierten Bildern ausgesagt werden können. Der Übersetzungsvorgang ins Bewusstsein, der nötig ist, macht die Bilder des Traums nicht überflüssig. Die Symbole bleiben vielmehr gerade als spezifische Bilder des Unbewussten der träumenden Person in ihrer Lebendigkeit und unvertretbaren Aussagekraft erhalten. Die in den Symbolen angezeigten Inhalte wollen umfassend erschlossen und im Wachbewusstsein in das Ich integriert werden. Sie erschließen sich jedoch nur denen, die sich mit ihnen auseinandersetzen und sie auf sich wirken lassen.

Im Eingangstraum ist die Botschaft sehr eng mit dem Bild des Waldes verwoben. Würde aus diesem Bild nur die Botschaft herausdestilliert: „Es geht um deine Lebensentfaltung", so wäre das eine abstrakte Verkürzung der nuancenreichen Traumbotschaft. Das mit dem „Wald" Symbolisierte ist so beschaffen, dass es nicht in direkter Weise definitorisch, sondern nur in umschreibender Art und Weise vermittelt werden kann. – Was in der Beschäftigung mit Traumsymbolen immer wieder auffällt, ist die Tatsache, dass in ihnen häufig Material aus *alltäglich erscheinenden Erfahrungen* aufgegriffen wird. Erst bei eingehender Beschäftigung mit ihnen zeigt sich, dass sie über die Alltäglichkeit hinaus auf im Unbewussten verankerte Zusammenhänge hinweisen. Der Traum zeigt den Träumenden den Zustand ihrer Seele in Bildern und eröffnet ihnen gleichsam kommentierende Anmerkungen zu ihrer Lebenslage.

Als Beispiel für einen mit einer alltäglichen Erfahrung verbundenen Traum will ich einen sehr kurzen Traum einer Träumerin anführen. Sie erzählt:

Ich bekomme einen Mantel. Er ist schön und passt, als ob er maßgeschneidert wäre.

Man möchte zu diesem Traum kommentieren: Alltäglicher geht es kaum noch – und dann könnte man den Traum beiseitelegen. Die Träumerin hat das nicht gemacht, weil, so erzählte sie im Gespräch über diesen Traum, sie dieses Symbol innerlich sehr angesprochen habe. Sie habe im Traum ein spürbares Gefühl des Schutzes und der Geborgenheit unter diesem Mantel empfunden und fand ihn von der Aufmachung her auch schön. Sie habe in ihrer Kindheit viel innere Einsamkeit und Ungeschütztheit erlebt. Mehrere Wochen nach dem Traumgespräch telefonierten wir noch einmal. In diesem Gespräch kam die Träumerin noch einmal auf ihren Traum vom Mantel zu sprechen. Sie sagte, dass sie dieses Gefühl des Schutzes noch weiterhin habe. Sie könne die Geborgenheit in Gottes Gegenwart vor dem Hintergrund dieses Traumes für sich immer wieder fassen und innerlich erleben. In dieser Wirkung des Traumes wurde eindrücklich der über die Alltäglichkeit hinausgehende im Unbewussten begründete Zusammenhang greifbar.

– Außerdem sind Traumbilder eine *Sprache der Gefühle*. Der Traum transformiert Emotionen und Stimmungen, Konfliktherde und positive Gefühle in sinnliche Wahrnehmungen, in Ereignisse in der Außenwelt. Unsere tiefsten Empfindungen werden im Traum bildhaft zur Sprache gebracht. Das führt im Erleben der Träume dazu, dass diese Bilder die Träumer immer wieder mit emotionaler Intensität erfassen. Die Aufladung mit einem hohen Gefühlswert wirkt nicht selten faszinierend auf das Bewusstsein. In der Symbolsprache der Träume sind die dominierenden Kategorien Intensität und assoziative Bildgestaltung, nicht Raum und Zeit.

Im eingangs erwähnten Traum kann man sich das Symbol als Sprache der Gefühle am Bild des grünen Netzes vor Augen führen: Die Träumerin könnte sich in die Bäume, Sträucher und Pflanzen unter dem Netz hineindenken. Oder sie könnte sich in ihrer Vorstellung selbst unter das Netz begeben. So kann sie erfassen, welches Gefühl für ihre Seele mit dem Leben unter ihrem inneren Netz verbunden ist. Hier kann sich für sie der Zugang zur Bedrückung oder Lebensverengung öffnen. Das alles theoretisch vermitteln zu wollen, würde notwendigerweise blass und abstrakt bleiben. Das Bild des Netzes ist sehr gefühlsbeladen, obwohl es beim ersten Betrachten nicht so erscheint.

– Traumsymbole haben eine *individuelle Bedeutung*. Immer wieder ist versucht worden, den Symbolen einen überindividuellen Sinn abzugewinnen. Als Beispiel dafür will ich Ausführungen von Leon Altmann nennen, der sich als Schüler Freuds versteht: „Wasser, insbesondere Eintauchen, bedeutet immer Schwangerschaft und Geburt. Gleichzeitig hat Wasser und alles, was fließt, eine orale Bedeutung und ist unmittelbar mit Fantasien und Erlebnissen des Urinierens verbunden. Die Heimsuchung durch Würmer und Insekten bedeutet Samen und Schwängerung. Schlaf, Schweigen, in die Erde steigen, an Größe verlieren, Reisen (besonders westwärts) und in einer

Nebelhülle verschwinden sind alles symbolische Varianten des Todes. ... Körperteile und -zonen entlehnen ihre Symbolisierung der Natur: Landschaften, Berge, Hügel, Täler, Wälder und blühende Gärten kommen oft vor. Höhlen erinnern an Körperhöhlen; Simse und Überhänge in Architektur und Natur, ebenso Schwestern und Früchte, stehen für Brüste. Alle Gegenstände mit Spalten oder solche, in die man eindringen kann, symbolisieren die weiblichen Genitalien. Das Hufeisen stellt ihre Form, Juwelen ihren Wert dar. Muscheln und der Mund sprechen für sich. Öfen und Schränke bedeuten mehr den Uterus als die Vagina. Gehölz und Unterwäsche stehen für die Genitalien ganz allgemein. Treppen, Leitern, Flure und Tunnels kommen im Traum oft für die weiblichen Genitalien vor."[21] Lässt man diese Zeilen auf sich wirken, so wird man hier von einer ins Gesetzliche gehenden Generalisierung in der Deutung von Traumsymbolen sprechen müssen. Vergleichbare Symboldeutung findet sich leider auch in christlichem Kontext; das wird in Abschnitt 6.4.7 angesprochen. Bei einem solchen Umgang mit Symbolen werden diese zu einer Allegorie, bei der einem Element der Bildebene eine willkürliche Bedeutung auf der Übertragungsseite zugeordnet wird, die keinen inneren Zusammenhang mit der Bildebene erkennen lässt.

Demgegenüber halte ich es für angemessener, Traumsymbole in erster Linie auf eine individuelle Bedeutung für die Träumenden „abzuklopfen". Symbole sind subjektiv, weil sich ihre Bedeutung in den Träumen je nach Kontext und individuellen Kombinationen verändert. Jeder Traum ist eine einmalige Schöpfung. Wer bei sich selbst oder in der Begleitung anderer die Möglichkeit hat, mehrere Träume zu bearbeiten, wird feststellen, dass jeder Träumer *seine* Bilder, *seine* Symbole darlegt, die in seinen Träumen häufiger erscheinen. Man kann hierbei von einer Art seelischem Fingerabdruck in den Traumsymbolen einer Person sprechen. Allein deshalb dürfen Träumer der

Deutungsmacht ihrer Träume mit ihren individuell konnotierten Symbolen nicht beraubt werden. Sehr ausgewogen urteilt Ulrich Kühn: „Der subjektive Sinn, die individuelle Deutung des Träumers geht jeder Art von Fremddeutung oder Zuschreibung voraus. ... Gleichwohl kann ein Traumsymbol auch eine überindividuelle Bedeutung erlangen. Als ein sehr typisches Beispiel gilt das Traumsymbol ‚Kind‘.“[22]

In der Praxis wird sowohl der Ratsuchende als auch der Begleitende von den jeweiligen Symbolen ausgehend assoziieren und deuten. Der Begleiter hat bei der Deutung die größere Erfahrung und die Freiheit von Widerständen voraus, der Ratsuchende seine besondere Nähe zum eigenen Traum. Für die Erschließung der Bedeutung eines Symbols ist es hilfreich, sich seinen bildhaften Aspekt bewusst zu machen.

Ich füge nun noch einige Träume an, durch die das zu den Symbolen Gesagte exemplarisch erweitert und vertieft wird.
– Ein häufig in Träumen erscheinendes Symbol ist das Haus. Eine Träumerin, aus deren Traum ich hier einen Ausschnitt aufnehme, erzählt:

Ich verkaufe unser Haus an zwei junge Männer. Ich frage, wie alt sie sind. Ich schätze sie ungefähr so alt wie unsere Kinder und erwähne ihr Alter. Sie sind 30 und 44 Jahre alt ... Der Garten ist noch nicht angelegt und so rutschen sie den großen Berg Erde aus der ersten Etage herunter, wie es früher unser Sohn tat. Durch große Schlammlöcher laufen sie, und es stört sie nicht, sie genießen es eher.

Die Träumerin war in der Realität dabei, das im Traum erscheinende Haus zu renovieren. Im Traumgespräch sagte sie, dass sie die beiden jungen Männer im Traum sympathisch fand. Sie seien etwa so alt wie zwei ihrer eigenen Kinder. Ich stellte der Träumerin die Frage, wie es für sie wäre, dass sie im Traum ihr Haus verkaufen wollte. Sie sagte spontan und entschlossen: „Das würde ich nie machen!" Ich wies sie darauf hin, dass sie im Traum gerade das gemacht habe. Diese auffallende Diskrepanz brachte sie ins Nachdenken. Ich gab der Träumerin die Anregung, dass ihr Haus ein Bild für ihre eigene Seele sein könne. Durch diesen Hinweis hatte sie ein Aha-Erlebnis: Sie hatte in den vor dem Traum liegenden Wochen ziemlich viel Arbeit mit der Renovierung ihres Hauses gehabt. Zusätzlich war sie noch durch die Krankheit eines engen Verwandten bis an ihre Grenzen gefordert. Durch das alles war sie strukturell überfordert. Sie hatte nicht mehr auf sich selbst und ihre eigenen Bedürfnisse geachtet. Sie stand in akuter Gefahr, ihre eigene Seele im Einsatz für andere und für die Renovierung ihres Hauses zu verkaufen. Die beiden Männer im Traum hatte sie nicht gekannt. Die Träumerin befremdete das Herunterrutschen der beiden im Schlamm; es war nicht sonderlich erwachsen, auch wenn diese Männer 30 und 44 Jahre alt waren. Wie wir weiter unten noch sehen werden, bietet es sich bei unbekannten Personen im Traum an, sie als Anteile der träumenden Person zu verstehen. Ich sagte der Träumerin, dass die beiden Männer für Anteile stehen könnten, die nicht wirklich verantwortlich sind. Außerdem spielten sie an Schlammlöchern, bei denen die Gefahr des Ausrutschens und Absinkens bestand. Der Träumerin wurde durch diesen Traum klar, dass sie ihr (Seelen-)Haus behalten und bewusster Verantwortung für sich übernehmen sollte.

Das Haus gehört auch zu den vielschichtigen und variablen Symbolen: Es kann als kleines, als großes oder als Hochhaus, als eigenes oder fremdes, als altes oder neues Haus usw. erscheinen. Die verschiedenen Möglichkeiten werden vom Unbewussten gestaltet und wollen im individuellen Bezug zur träumenden Person aufgenommen und bearbeitet werden.

– Zu den häufig im Traum erscheinenden Symbolen gehören auch Fahrzeuge. Ein Träumer erzählt:

Ich gehe mit anderen Leuten aus der Gemeinde zu einer Veranstaltung auf einem Hügel. Als ich oben am Hügel ankomme, sehe ich, dass zwei Autos, die beide mir gehören, auf der Straße vor dem gemeindlichen Versammlungsgebäude stehen. Das eine Auto ist ein Pkw, das andere ein Lastwagen. Ich frage mich, wie ich zwei Autos zugleich fahren kann. Ich rede mit einem befreundeten Kumpel. Er ist bereit, den Lastwagen zu fahren. Wir kommen dann auch wieder den Berg herunter. Dann spreche ich mit einer Tante von mir, die ich jedoch in der Realität nicht kenne. Sie sagt, dass sie beim Kauf von Autos für sich selbst und für ihre Familie immer eine Nummer kleiner nehmen würde. Sie macht das aus Sparsamkeitsgründen.

(Aus Platzgründen beschränke ich mich auf die zentralen Motive dieses Traums.)

Im Gespräch zeigt sich der Träumer besonders bewegt von den zwei Autos. Es war für ihn eine ihn beklemmende Überforderung, nun für zwei Autos verantwortlich zu sein. Wörtlich sagt er mit einem Unterton der Verzweiflung: „Das bekomme ich einfach nicht hin. Was soll ich da nur machen?" Ich sage ihm, dass ein Auto ein Symbol für sein Ich sein könnte. Da steht ihm deutlich vor Augen, dass er sich immer wieder mit Entscheidungsschwierigkeiten herumschlägt; er erlebt diese Entscheidungssituationen als Dilemma. Der Träumer bekommt mit diesem Traum vor Augen geführt, was es heißt: „Zwei Seelen wohnen, ach, in meiner Brust" (Goethe). Außerdem ist der zweite Wagen ein Lastwagen. Ich frage den Träumer, wo er Lasten trägt. Er sagt, dass er gerne bei anderen mitträgt, wenn er etwas von deren Lasten mitbekommt. So zeigt der Traum ihm unmissverständlich, was die faktische Entscheidungsverweigerung mit seinem Leben macht: Sie zerreißt ihn.

Außerdem sprechen wir über die Haltung der Tante, was diese verkörpert: Sie wählt immer wieder für sich ein kleineres Auto, als eigentlich für sie oder für ihre Familie angemessen wäre. Ich frage den Träumer, wie er mit sich selbst umgeht. Er nimmt sich tendenziell anderen gegenüber mehr zurück, wenn es um seine eigene Position und seine eigenen Bedürfnisse geht. Ich weise ihn auch darauf hin, dass das sparsame kleinere Auto auch auf emotionale Sparsamkeit hinweisen könne. Da wird ihm bewusst, dass er seine Gefühle immer wieder sehr zurückhält. Außerdem fällt es ihm schwer, sich etwas zu gönnen, wenn es genuin um ihn selbst geht. Der zweite Teil des Traums lädt ihn ein, den Umgang mit sich selbst und mit anderen bewusster, offener und großzügiger zu gestalten, indem er seine Gefühle besser wahrnimmt und sie angemessen mitzuteilen lernt.

Fahrzeuge im Traum gehören auch zu den vielschichtigen, bedeutungsweiten Symbolen: Kleine oder große Autos, Lastwagen oder Bus, Fahrrad oder Zug – alle diese Fahrzeuge können sich mit ganz individuellen Hintergründen der Träumenden verbinden und somit eine ganz spezifisch eingefärbte Botschaft transportieren. Bei Autos kann die Frage fruchtbar sein, wer am Steuerrad sitzt. Wenn Bus oder Bahn im Traum auftauchen, kann die Frage für das Verständnis weiterhelfen, welche Rolle die Gemeinschaft mit anderen spielt. Bei Zug und Straßenbahn ist es naheliegend zu fragen, wie vorgezeichnet der Träumer seinen Weg lebt oder empfindet. Ein Fahrrad im Traum kann die Frage anregen, wie es dem Träumer damit geht, seinen eigenen Raum einzunehmen.

– Eine ganze Traumwelt öffnet sich mit den Symbolen von Tieren. Der nächste Traum ist ebenso kurz wie vielschichtig. Eine Träumerin bringt folgenden Traum:

Ein Krebs kommt auf mich zu. Ich nehme ihn in beide Hände und drehe ihm den Körper ab.

Im Traumgespräch fragte ich die Träumerin, welche Assoziationen sie zum Krebs habe. Sie sagte spontan: „Der zwickt einen, und das spürt man deutlich. Krebse sind für mich abstoßend." Außerdem sprachen wir darüber, dass Krebse sich häufig verkriechen. Ich regte an, dass sie sich dem Krebs, symbolisiert durch einen Stuhl, einmal gegenübersetzen solle. Auf diese Weise könne sie mit ihm ins Gespräch kommen. Der Gedanke daran stieß sie spontan eher ab, auf Zureden von mir ließ sie sich dann aber doch darauf ein. Das Gespräch zwischen der Träumerin und dem Krebs kam jedoch nur zögerlich in Gang, obwohl die Träumerin ansatzweise auf dem Stuhl des Krebses treffende Gedanken zu den Aggressionen äußerte. Sie stieß sich einfach zu sehr am Bild des Krebses.

Wir brachen den Dialog ab und gingen in die Reflexion. Ich fragte die Träumerin ganz direkt danach, wie es ihr mit ihren gesunden Aggressionen[23] ergehe. Sie sagte ehrlich, dass sie sich ihrem Mann gegenüber lieber fügen würde. Es falle ihr schwer, zu ihren eigenen Gedanken über eine ihr wichtige Angelegenheit zu stehen und für sie einzutreten. Sie überließe dann „um des lieben Friedens willen" die Entscheidung ihrem Mann. Ich sagte ihr, dass das für sie selbst und ihren Mann auf Dauer alles andere als förderlich wäre, wenn sie ihre gesunden Aggressionen an ihren Mann delegiere. Das leuchtete ihr ein. Sie erkannte durch ihren Traum: Ihre Seele hatte für ihre eigenen Aggressionen den Krebs gewählt, der sich tendenziell versteckt. Aber zugleich war der Krebs in ihrem Traum auf sie zugegangen; ihre gesunden Aggressionen wollten zu ihr kommen. Es war für ihr eigenes Leben nicht gut, wenn sie ihre eigenen Aggressionen vernichtete, ihnen „den Hals umdrehte". Ihre Aggressionen warteten auf eine tiefere Integration.

Die Tierwelt bietet für die Traumsymbole einen beinahe unbegrenzten Fundus: Häufig tauchen Hunde auf, die den Träumer vor die Frage nach dem Umgang mit seiner triebhaft-ursprünglichen oder auch aggressiven Seite stellt. Löwe, Bär und Tiger können ebenfalls Fragen in Bezug auf mögliche Aggressionen des Träumers aufwerfen. Vögel können als Raubvögel auch den Blick auf die eigene Aggressivität oder als Singvögel den Blick auf die Gefühlswelt des Träumers lenken.

Um allerdings nicht durch die Hintertür doch wieder einer Deutungskasuistik zu verfallen, ist der Hinweis wichtig, dass die Assoziationen der träumenden Personen zu den in ihren Träumen erscheinenden Tieren entscheidend sind. Außerdem ist auch das Verhalten des jeweiligen Tieres im Traum sowie das szenische Umfeld für die Deutung zu beachten.

– Flugträume gehören bei nicht wenigen Träumern zum festen Repertoire. Eine Träumerin war von einem ihrer Flugträume befremdet. Sie erzählte:

Ich sitze auf einem Flugzeug, das sich im Flug befindet. Ich befinde mich vorne über dem Cockpit außen auf dem Rumpf. Hinter mir sitzen noch weitere Personen, aber ich sitze vorne allein. Ich denke mir, dass es die anderen hinter mir besser haben als ich allein vornedran. Eigentlich hätte ich gerne einen Griff zum Festhalten, aber ich habe leider keinen und fühle mich ängstlich. Dann landen wir auf einem Flugplatz. Als wir unten ankommen, machen mir die Leute, die uns auf dem Boden empfangen, Vorwürfe, dass ich so ängstlich gewesen sei.

Im Gespräch über den Traum fragte ich die Träumerin, was ihr zu diesem Traum einfalle. Sie sagte, dass es für sie sehr bedrohlich gewesen sei, ganz vorne – und das noch außen – auf dem Flugzeug zu sitzen. Und sie fühlte sich auf dem exponierten Platz vor allen anderen mitfliegenden Leuten sehr allein.

Sie hatte den Eindruck, dass alle anderen sich in ihrem sicher dürftigen Schutz befanden. Im Gespräch wurde ihr gefühlsmäßig zugänglich, dass sie im Traum sehr ungeschützt war. In ihrem Leben fühlte sie sich bereits als Kind immer wieder von den Eltern zu wenig unterstützt und geschützt und hatte sich daran gewöhnt, sich in vielen Situationen allein durchzuschlagen. Außerdem wurde der Träumerin bewusst, dass sie keinen Griff auf ihrem Sitzplatz hatte. Sie versuchte immer wieder alles „im Griff" zu haben. Sie bemerkte, dass ihr Traum diese sprichwörtliche Wendung in Szene gesetzt hatte.

Ich fragte die Träumerin, was ihr zum Fliegen im Traum einfalle. Sie hatte keine einschlägigen Assoziationen dazu, aber auch keine Angst vor dem Fliegen. Ich erwähnte ihr gegenüber, dass manchmal das Fliegen im Traum ein Bild sein könne für Abheben und ob ihr dazu etwas einfalle. Da meinte sie, dass sie immer wieder sehr hohe Ansprüche an sich selbst habe. In dieser Hinsicht wolle sie hoch hinaus. Aber das mache sie zuweilen abgehoben von der Realität und unterstütze das Gefühl des Alleinseins. Das trug in ihrem täglichen Leben zu ihrer Angst bei zu versagen.

Schließlich gingen wir im Gespräch auf den Schlussteil des Traums ein, der Landung auf dem Boden. Hier bekam sie im Traum Vorwürfe für ihre Angst. Die Träumerin stellte bei sich immer wieder eine Tendenz zur Selbstkritik fest. Sie begann zu verstehen, dass die Angst vor Überforderung, die ihr früher zugemutet wurde und die bis heute Teil ihres Lebens war, sehr wohl berechtigt war. Der Vorwurf im Traum – und in ihrem gegenwärtigen Leben – war und ist alles andere als hilfreich. Die Traumbotschaft konnte sie für sich mit der Einladung zusammenfassen, mehr zur Entspannung zu finden.

Flugträume können zwei grundlegende Bedeutungsrichtungen annehmen: Sie können die träumende Person auf der einen Seite darauf hinweisen, dass sie in irgendeinem Bereich

abzuheben droht. Dann besteht die Einladung darin, auf guten
Bodenkontakt der Seele zu achten. Flugträume können auf der
anderen Seite aber auch ein erhebendes oder erfreuliches Gefühl symbolisch darstellen. Dann kann der Traum auf einen
beflügelnden Lebenszusammenhang hinweisen.

4.2 Das innere Kind im Traum

Das sogenannte innere Kind ist thematisch eigentlich Teil des
vorhergehenden Punktes über das Thema Symbole. Ich widme
ihm aber einen eigenen Punkt, weil ich dieses Traummotiv für
sehr hilfreich halte. Es taucht in vielen Träumen auf. Immer
wieder kommen Träumende durch dieses Symbol an entscheidende Fragen ihres Gefühlslebens heran. Außerdem bieten
meine Frau und ich Seelsorgegruppen zum Thema „Begegnung
mit dem inneren Kind" an. Sicher hängt es damit zusammen,
dass uns sehr viele Träume im Umfeld dieser Thematik in der
Traumarbeit erzählt werden.

Ich beginne dieses Thema wieder mit einem Traum. Eine
Träumerin bringt, innerlich bewegt, folgenden Traum:

*Mein Sohn soll ins Bett. Ich möchte ihn mit und in Ruhe ins Bett
bringen, weil ich auch zeitiger ins Bett möchte. Aber er will nicht,
rennt herum. Er möchte, dass ich Spendengelder für arme Kinder
gebe. Er legt sein Spenden-Portemonnaie und eine Liste auf den
Tisch und bettelt immer wieder um Geld. Ich verspreche, ihm am
nächsten Morgen Geld zu geben, und lobe ihn für sein Engage-
ment. Aber auf mein Bitten, ins Bett zu gehen, hört er überhaupt
nicht. Ich habe im Traum einen Vortrag über Selbstfürsorge gehört
und in meinem Herzen war ein so wohliges Gefühl nach meinem
Gebet. Dieses Gefühl geht durch das Verhalten meines Sohnes
verloren. Wütend hebe ich meinen Sohn hoch und knalle ihn auf
den Fußboden. Sofort tut es mir leid und ich laufe zu ihm, aber er*

rennt um den Tisch herum. Meine Kraft verschwindet, während ich meinem Sohn hinterherrenne, zu schnell.

Im Traumgespräch wandten wir uns ausführlich ihrem Sohn mit seinem Verhalten zu. In der Erinnerung der Träumerin war er als Kind sehr umgänglich gewesen. Der Träumerin fiel auf, dass er im Traum sehr aufgedreht gewesen war. Ich wies sie darauf hin, dass ihr Sohn im Traum für ihr Inneres Kind stehe. Wir sprachen darüber, dass ein Kind sich vor allem in Situationen aufgedreht zeigt, in denen es nicht genügend Aufmerksamkeit erhält oder gelangweilt ist. Die Träumerin hatte selbst als Kind wenig Zuwendung erfahren. Als erwachsene Person lebte sie in ständiger Selbstbeherrschung. Das aufgedrehte Kind könne ein Schattenkindanteil sein. Das Kind hatte im Traum noch eine andere Seite: Es war anderen Bedürftigen gegenüber sehr zugewandt. Und das war eine Seite, die die Träumerin auch selbst deutlich ausgeprägt lebte. Sie selbst wandte sich anderen viel mehr zu als sich selbst. Ihr Sohn bettelte im Traum um Geld. Hier wurde angedeutet, dass die Zuwendung zu anderen mit Selbstwert verbunden war.

Die Träumerin lebte in einem lebendigen persönlichen Glauben. Sie wollte sich ihr wohliges Gefühl nach ihrem Gebet nicht nehmen lassen. Aber dann rastete sie im Traum richtig aus: Als ihr Sohn sich nicht fügte, behandelte sie ihn extrem gewalttätig. Sie war sich auch selbst gegenüber sehr ungeduldig. Hier wies der Traum in einem drastischen Bild darauf hin, dass ihr Glaube noch auf eine tiefere Verbindung mit ihrem verletzten inneren Kind wartete. Es tat ihr dann sehr leid, aber ihr inneres Kind rannte vor ihr davon. Sie erreichte es nicht; ihre Kraft schwand im Traum, bevor sie es ergreifen konnte. Der Traum lud sie mit der drastischen Szene ein, sich bewusst ihrem inneren Kind zuzuwenden. So konnte das Gegeneinander zwischen der erwachsenen Träumerin und ihrem inneren Kind zu einer Versöhnung umgestaltet werden.

Was ist mit dem inneren Kind gemeint?

Die Metapher des inneren Kindes hat sich in neuerer Zeit in verschiedenen therapeutischen Kontexten etabliert.[24] Sie geht davon aus, dass in jedem Menschen zwei Persönlichkeitsaspekte unterschieden werden können, den Erwachsenen und das innere Kind. Der Erwachsene steht für das Denken und Handeln. Das innere Kind repräsentiert das Fühlen, Erleben und Sein, die kreative und intuitive Seite, und schließlich auch unsere instinktive Seite, die mit unserem Bauchgefühl zu tun hat. Im inneren Kind sind die Erfahrungen, Erinnerungen und Gefühle der Kindheit gespeichert.

Für die persönliche Entwicklung eines Menschen ist die Beziehung zwischen dem Erwachsenen und dem inneren Kind entscheidend: Der Erwachsene kann sich für sein inneres Kind interessieren und so zu seiner positiven Entwicklung beitragen. In diesem Fall übernimmt der Erwachsene Verantwortung für sein inneres Kind. Hierfür kann man auch die Bezeichnung „liebevoller Erwachsener" finden. Der innere Erwachsene kann das innere Kind aber auch vernachlässigen oder abwerten und so zu seiner Verkümmerung beitragen. Ein solches Verhalten des Erwachsenen ist eine Form von Verantwortungslosigkeit gegenüber dem inneren Kind. Dafür kann die Bezeichnung „liebloser Erwachsener" verwendet werden.

Diese Zusammenhänge zeigen sich in vielfältigen Variationen auch in Träumen: Im Abschnitt über die Symbole haben wir gesehen, dass die Symbole als eine Sprache der Gefühle bezeichnet werden können. Das gilt zentral für Träume, in denen Kinder oder Jugendliche auftauchen. Man kann als Faustregel festhalten: Kinder im Traum stehen für Gefühle. An ihrem Ergehen und am Umgang mit ihnen im Traum lässt sich meistens etwas über das Verhältnis der träumenden Person zu ihren Gefühlen ablesen.

Das Kind-Symbol kann im Traum für Rückschritt in der psychischen Entwicklung oder für Fortschritt im Sinne der

Entfaltung stehen. Es kann Infantilisierung oder Reifung anzeigen. Es kann Erfahrungen in der Kindheit darstellen und damit für Regression stehen. Es kann auch auf das Kindliche in der träumenden Person hinweisen, das verschüttet und verloren gegangen oder gerade am Entstehen ist. Je nach Kontext innerhalb des Traumes kann es auch eine nicht mehr altersgemäße, kindische Verhaltensweise anzeigen. Schwangerschaft oder ein neugeborenes Kind deutet häufig auf etwas Neues hin, auf ein Zukunfts- und Entwicklungspotenzial. Dann können Altersangaben in Traumszenen hinzukommen: Wenn jemand z. B. von einem zehnjährigen Kind träumt, kann sich die träumende Person fragen, ob vor zehn Jahren ein neuer Prozess für ihn begonnen hat. Das kann von einem neuen Beruf über eine neue Beziehung, die damals begann, bis zu einer verletzenden Erfahrung gehen. Wenn sich unter dieser Fragestellung kein Aha-Erlebnis ergibt, kann es auch sinnvoll sein zu fragen, was er aus seinem Leben als Zehnjähriger erinnern kann. Es ist dann empfehlenswert, den Träumer anzuregen, sich an das damalige Lebensgefühl zu erinnern. Ein kleines Kind im Traum kann auf eine große Abhängigkeit von Erwachsenen hinweisen oder auf eine ursprüngliche Lebendigkeit im Träumenden. Jugendliche im Traum können auf wachsende Selbstständigkeit oder auf pubertäre Seiten im Träumenden hinweisen. Manchmal bedarf es einer Kreativität in der Fragestellung an den Traum, die der Kreativität des Unbewussten entgegenkommt.

Für viele Träume, in denen Kinder erscheinen, mag das gelten, was Anselm Grün sagt: „Träume von Kindern verkünden immer eine frohe Botschaft. In uns wächst Neues heran, und neue Lebendigkeit bricht sich durch die alte Starre hindurch."[25] Die Frage muss offenbleiben, ob dieses „immer" im Zitat wirklich lückenlos auf alle möglichen Traumkonstellationen zutrifft. Welcher Aspekt der Vielschichtigkeit dieses Symbols im konkreten Traum zum Ausdruck gebracht wird, will in seiner Einmaligkeit jeweils neu erschlossen werden.

Ich bringe nun einige weitere Beispiele, in denen die dargelegten Zusammenhänge zum Kind-Symbol in Träumen anschaulich werden sollen: In einer Gemeinschaft hielt meine Frau und ich eine Lehreinheit zum Thema „Inneres Kind". Wir verbrachten eine Nacht in dieser Gemeinschaft, weil wir am nächsten Vormittag noch eine Lehreinheit halten wollten. Darin gaben wir den Teilnehmenden Raum, ihre Träume aus der zurückliegenden Nacht einzubringen. Eine Teilnehmerin träumte:

Ich habe mein verlorenes Kind wiedergefunden. M. brachte es zu uns nach Hause.
Im Austausch über diesen Traum teilte die Träumerin mit, dass M. eine verstorbene Schwester ihrer Gemeinschaft war, die lange in der Kinderbetreuung gearbeitet hatte. Sie hatte sich fürsorglich um Kinder gekümmert. Die Träumerin war von den Ausführungen zum inneren Kind am Vortag angesprochen und wollte die Beziehung zu dieser Seite in ihr selbst bewusst aufgreifen. Ihre Entscheidung zu einer bewussteren Selbstfürsorge hat ihr Unbewusstes so aufgegriffen, dass M. ihr im Traum ihr eigenes verlorenes Kind nach Hause brachte.

Dieser Traum ist ein sprechendes Beispiel für die Kontinuitätshypothese: Diese besagt, dass der Traum Ereignisse des Wachbewusstseins aufgreift. Dabei werden keine Themen aufgegriffen, die für die Seele irrelevant sind. Vielmehr verarbeitet der Traum das, was für den Träumer emotional und existenziell bedeutsam ist.

Immer wieder kommt es vor, dass sich Träume derselben Person wechselseitig ergänzen und in ihrer Aussage verstärken.

Das ist bei den nächsten beiden wiedergegebenen Träumen der Fall, die im Abstand von wenigen Wochen geträumt wurden: *Es geht um eine Hochzeit, die aber nicht zustande kommt. Ich muss immerzu Fragen beantworten und mein inneres Kind schreit ganz laut. Anschließend wechselt die Szene zwischen Hochzeitsvorbereitung und Entbindung.*

Ich arbeite im Kreißsaal. Eine Frau liegt zur Entbindung im Kreißsaal. Wir wollen die Fruchtblase öffnen. Ich beginne, das Bett umzubauen, die Beinstützen anzubringen. Da bekomme ich auf einmal von der Ärztin ein Neugeborenes in den Arm gelegt. Das Baby krabbelt über meine Schulter. Ich muss doch noch die Frau lagern. Das Baby kann ich kaum bändigen, und die Frau liegt verkehrt herum im Bett und muss umgedreht werden. Das gelingt gut. Das Baby macht mich fertig. Es krabbelt ständig über meine Schulter.

Der erste Traum hinterließ in der Träumerin den Eindruck, dass Hochzeit und inneres Kind negativ korreliert waren. Im Gespräch über den Traum frage ich sie, ob sie in letzter oder nächster Zeit mit einer Hochzeit zu tun habe. Dazu fiel ihr nichts ein. Wir sprachen darüber, dass Hochzeit ein Bild sein könne, dass die männliche und weibliche Seite in ihr zusammenkommen wollen. Im Traum kam es jedoch nicht zur Hochzeit, weil sich das innere Kind laut schreiend meldete. Am Ende des Traums kam noch eine Entbindung dazu, die die Hochzeitsvorbereitung unterbrach.

Der zweite Traum begann mit der Entbindung einer Frau im Kreißsaal. Die Träumerin kannte die Frau im Traum in der Realität nicht. Im Gespräch über diesen Traum sprachen wir zuerst darüber, dass die Entbindung im Traum darauf hinweist, dass in der Träumerin neues Leben am Erscheinen war: Das Kind der Frau sollte zur Welt kommen. Die Vorbereitungen für die Geburt waren zwar etwas mühsam, aber sie gelangen. Dann sprachen wir über das bereits geborene Kind, das eine Ärztin der Träumerin übergab. Sie selbst war von Beruf Geburtshelferin und hatte eine gewisse „ärztliche Kompetenz". Aber das bereits geborene Kind, das ihr am nächsten war, nervte sie am meisten. Der Traum brachte der Träumerin nahe, wie es um ihre Beziehung zu ihrem inneren Kind bestellt war: Das innere Kind wolle mit ihr in Kontakt kommen und deshalb nerve es so eindringlich. Wenn das geschehe, könnten auch ihre männliche und weibliche Seite mehr zusammenfinden.

Der folgende Traum führt bildhaft vor Augen, wie die Einstellung des Erwachsenen das innere Kind (bzw. die inneren Kinder) dominieren kann:

Ich sehe eine Familie. In der Familie wird festgestellt, dass es Läuse gibt. Die Läuse breiten sich aus. Es wird deutlich, dass sich diese Läuse von den Erwachsenen auf die Kinder ausbreiten.

Im Traumgespräch fragte ich die Träumerin, was ihr zu Läusen einfalle. Sie meinte, sie finde sie eklig. Läuse setzten sich gerne in den Haaren am Kopf fest. Ich fragte die Träumerin, was sich bei ihr in ihrem Kopf an Gedanken ausbreiten könne. Da wurde ihr deutlich, dass sie immer wieder mit perfektionistischen Gedanken kämpfte. Sie wollte alles sehr gut machen und kam dabei immer wieder unter den Druck, nichts falsch zu machen und nichts zu versäumen. Diese Gedanken drangen im Traum in Form der Läuse bis an die Haarwurzel und setzten sich dort fest. So drangen ihre Leistungsgedanken und die damit verbundene Haltung der Anspannung in alles Erleben bei ihr.

Bei dieser Deutung hatte sie ein Aha-Erlebnis: Das Bild der sich ausbreitenden Läuse kam ihr innerlich sehr nahe. Ihr wurde nun verständlich, dass sich ihre Leistungsorientierung auf ihr gesamtes Gefühlsleben ausbreitete – im Traum von den Erwachsenen zu den Kindern, also den inneren Kindanteilen.

Im nächsten Traum wird erkennbar, dass Gefühle in einer Weise erstarren können, dass sich das Unbewusste für das innere Kind ein anderes Symbol auswählt:

Ich breite auf meinem Bett liegen gebliebene Sachen zum Aufräumen und Entsorgen aus. Darunter ist auch ein in Zeitungspapier eingewickeltes Kind, wo ich schon Sorge hatte, ob es unter all dem Zeug, das aufzuräumen war, noch lebt. Ich sah eigentlich nur die Beine, die steif waren. Vielleicht war es nur eine Puppe gewesen? Jedenfalls war es etwas, das nicht mehr für mich zu gebrauchen war.

Im Gespräch über diesen Traum sprachen wir über die vielen Sachen, die aufzuräumen waren. Die Träumerin war als Rentnerin noch sehr aktiv. Es schien in ihrem Leben Bedarf zum Aussortieren zu geben.

Wir sprachen dann darüber, dass das Kind unter den vielen Dingen geradezu unterzugehen schien. Es lag wie vergessen da; nur noch ein Teil der Beine war zu sehen. Es wurde der Träumerin im Gespräch deutlich, dass sie ihre eigenen Gefühle immer wieder nicht wahrnahm. Als die Träumerin das beinahe zugeschüttete Kind sah, fragte sie sich, ob es vielleicht nur eine Puppe war. Ihre Gefühle begannen zu erstarren; das Symbol der Puppe brachte diese Erstarrung unübersehbar zum Ausdruck. Sie war in einer Generation aufgewachsen, in der Gefühle kein Thema in der Familie waren.

Einige Zeit nach diesem Traum kam der Träumerin eine ihr wichtige Erinnerung: Sie hatte vor ca. 20 Jahren des Öfteren Träume gehabt, in denen sie mit einem werdenden Kind zu tun hatte, das regelmäßig starb. So hatte sie bereits während des obigen Traums wieder die Sorge, ob sie dieses lebendige Wesen verlieren würde, weil sie es vernachlässigt hatte. Das machte sie traurig. Es handelte sich bei diesem Traum um eine Art Wiederholungstraum, womit die Bedeutung des angesprochenen Themas unterstrichen wird.

Der nächste Traum zeigt eindrücklich, wie zwischen dem Erwachsenen und dem inneren Kind eine richtige Feindschaft bestehen kann:

Eine Stimme sagt im Traum: Der Jugendliche müsste zum Teufel geschickt werden. Im Traum fragt darauf eine andere Person: Was bedeutet das? Dann sagt jemand anderes im Traum: Der müsste sich selbst umbringen.

Im Traumgespräch fragte ich die Träumerin, wer diese Sätze sagte. Sie hatte keine Idee dazu. Ich meinte, dass das wohl Stimmen in ihr wären. Das machte sie nachdenklich. Sie ging immer wieder unerbittlich und fordernd mit sich selbst um. Ich erklärte der Träumerin, dass Erika Chopich und Margarete Paul in ihrem Buch „Aussöhnung mit dem inneren Kind" in diesem Zusammenhang vom „lieblosen Erwachsenen" sprächen. Dieser hat die lieblosen Erfahrungen der Kindheit internalisiert. Die Bemerkung der zweiten Stimme im Traum war ein Hinweis, dass die Träumerin mit starken autoaggressiven Tendenzen zu tun hatte. Der Traum zeigte ihr, dass ihre Gefühle massiv unterdrückt waren und dass sie eingeladen war, eine liebevolle Selbstfürsorge zu lernen.

4.3 Deutung auf der Objekt- und Subjektstufe

Bisher habe ich die thematischen Abschnitte mit *einem* beispielhaften Traum eingeleitet. Die jetzt folgende Thematik beinhaltet *zwei* deutlich zu unterscheidende Aspekte. Deshalb scheint es mir angemessen, mit zwei Beispielträumen zu beginnen. Das erste Beispiel zeigt die Bearbeitung eines Traums auf der Objektstufe, das zweite Beispiel eine Erschließung auf der Subjektstufe.

Eine Träumerin erzählt folgenden Traum:

Sie fährt mit dem Zug nach Heidelberg zu Freunden. Sie kommt auch bei den Freunden an, spürt aber im Traum innerlich, dass unausgesprochene Dinge zwischen ihr und den Freunden in der Luft liegen. Nach einiger Zeit fährt sie wieder von den Freunden weg. Die Dinge bleiben unausgesprochen und ungeklärt. Sie sagt sich hinterher, ich werde unseren Freunden nichts vom Ergehen meines Mannes, der im Krankenhaus war, erzählen. Und auch *vom Entstehen unseres renovierten Hauses werde ich ihnen nichts erzählen, wenn die Dinge ungeklärt in der Luft liegen bleiben.*

Im Traumgespräch fragte ich die Träumerin nach ihrem Hauptgefühl. Sie empfand ein deutliches Unbehagen im Hinblick auf ihre Freunde. Sie sagte, dass zwischen ihnen in der Realität tatsächlich ungeklärte Dinge in der Luft lägen, und das schon seit längerer Zeit. Sie hatte eine Vermutung, dass ihre Freunde ihr gegenüber Vorbehalte hegten. Auf diesem Hintergrund habe sie keine Lust, diesen Freunden zu begegnen und mit ihnen über ihr aktuelles Ergehen zu sprechen. Sie kämpfte mit einer unterschwelligen Wut auf sie. Diese Wut zeigte sich in der Tendenz zum bestrafenden Schweigen sowohl im Traum als auch in der Realität. Ich fragte die Träumerin, ob der Traum sie darauf hinweisen könne, dass sie den Versuch einer offenen Verständigung angehen solle. Im ersten Augenblick schreckte sie davor zurück. Aber im Lauf des weiteren Gesprächs fasste sie den Entschluss, noch am gleichen Abend des Tages, an dem wir über diesen Traum gesprochen hatten, die Freunde anzurufen und von ihrer Seite aus ein Klärungsgespräch anzubieten.

Wenige Tage später teilte sie mir mit, dass sie mit den Freunden telefoniert habe. Das Gespräch mit ihnen habe zu einer Klärung und Entspannung geführt.

Ein Träumer brachte folgenden Traum, mit dem er zunächst nicht viel anfangen konnte:

Ich stehe vor mehreren Kindern in einer Klasse. Nach einiger Zeit des Unterrichts werden die Kinder zunehmend unruhig. Es kommt schließlich zur Diskussion zwischen den Kindern und mir.

Der Träumer ist Lehrer in einer Realschule. Im Gespräch über diesen Traum fragte ich ihn, wie es ihm in den Klassen bezüglich der Disziplin ergehe. Er sagte, dass er damit keine Probleme habe. In dieser Hinsicht mache der Traum für ihn keinen Sinn. Darauf schlug ich ihm vor, die Kinder im Traum als Anteile seiner eignen Gefühle zu betrachten. Da ging ihm schlaglichtartig auf, dass er die Beziehung zu seinen Gefühlen im täglichen Leben sehr schnell in den Hintergrund rückte und ihm dadurch der Bezug zu ihnen verloren ging. Wenn Forderungen von außen kamen, befand er sich normalerweise automatisch im Funktionsmodus. Ich schlug ihm vor, das innere Kind auf *einen* Stuhl und den Erwachsenen auf einen *zweiten* Stuhl ihm gegenüber zu setzen. Im Dialog wechselte er zwischen dem Stuhl des Erwachsenen und dem der Kinder. Dabei zeigte sich, dass die Seite der inneren Kinder unzufrieden war, weil sie sich nicht wirklich wahrgenommen fühlten. Zugleich wurde deutlich, dass die inneren Kinder leichter das benennen konnten, was sie nicht wollten: Sie wollten nicht nur gehorchen müssen und funktionieren. Es dauerte einige Zeit, bis der Träumer auf dem Stuhl der inneren Kinder ihr positives Bedürfnis benennen konnten: Wir wollen gehört werden und auch spielen dürfen.

Gehen wir auf dem Hintergrund dieser Träume auf das Thema Subjekt- und Objektstufe ein:

In der Arbeit mit Träumen ist es sinnvoll, davon auszugehen, dass die verschiedenen Traumfiguren fast immer die innere Lage der träumenden Personen wiedergeben. Was das Unbewusste mit den im Traum erscheinenden Objekten mitteilt, betrifft in erster Linie den Träumer selbst. Aber wir haben bisher bereits gesehen, dass die Traumsymbole vielschichtig sein können. Das gilt auch für die Personen, die in einer Traumszene auftauchen; sie können auf verschiedenen Ebenen verstanden werden.

An dieser Einsicht knüpft das Konzept der Subjekt- und der Objektstufe an, das C.G. Jung ins Gespräch gebracht hat.[26] Mit *Objektstufe* wird die Deutung bezeichnet, die die Traumobjekte mit den realen Objekten identisch setzt. Durch diese Deutung kommt der Bezug des Träumers zwischen Personen oder Gegenständen im Traum und Personen oder Gegenständen in der Realität in den Blick. Das zeigt das erste Traumbeispiel: Die Freunde der Träumerin stehen für ihre realen Freunde in Heidelberg. Und der Traum sagt etwas über den Bezug der Träumerin zu ihnen aus: Die Beziehung war vonseiten der Träumerin belastet.

Traumwelt und Wachwelt des Träumers werden bei der objektstufigen Deutung in wechselseitiger Beziehung zueinander gesehen, auch wenn diese Beziehung nur über die Projektion des Träumers auf die aus der Realität übernommenen Traumobjekte erfolgen kann. Eine Deutung auf der Objektstufe unterstützt den Realitätsbezug des Träumers.

Es geht in diesem Kontext um die Frage: Welcher Art ist die Beziehung des Träumers zu dieser Person? Häufig hat die bekannte Person entweder im aktuellen Leben des Träumers in irgendeiner Weise noch einen tieferen Einfluss; der Traum weist dann auf den Zusammenhang von vergangenen Erfahrungen mit dieser Person in der Gegenwart hin. Oder den Träumer erinnert etwas in der gegenwärtigen Situation an eine ähnliche Situation in der Vergangenheit. Diese Objektassoziation muss nicht unbedingt eine Charaktereigenschaft der geträumten Person darstellen, sondern kann lediglich einen Teilbereich der Beziehung des Träumers zu dieser Person betreffen.

Eine Deutung des Traums auf der *Subjektstufe* bezieht alle Bestandteile symbolisch auf den Träumer selbst. Dieser Umgang mit Träumen erscheint vor dem Hintergrund naheliegend, dass das Unbewusste im Traum Autor, Regisseur, Akteur und Zuschauer ist. Bei der subjektstufigen Betrachtung des Traums werden die in ihm erscheinenden Personen und Gegenstände nicht als Wiederholung der Außenwelt interpretiert, sondern als personifizierter Ausdruck für eigene Anteile und die innere Dynamik. Träume sind in diesem Verständnis Projektionen von

Teilen des Unbewussten auf die Traumsymbole; sie sind eine Verbildlichung von Aspekten der Psyche des Träumers, eine Darstellung seines Seelenzustandes. Fragen an die Traumbilder sind beim subjektstufigen Umgang mit Träumen letztlich Fragen an den Träumer.

Die im Traum dargestellten Energiepotenziale sind dem Träumer meist nicht bewusst. Die Deutung eines Traums auf der Subjektstufe sollte immer dann in Erwägung gezogen werden, wenn die Deutung auf der Objektstufe keinen Sinn macht.

Diese Zusammenhänge finden sich im zweiten oben wiedergegebenen Traum: Zum einen konnte der Lehrer auf der Subjektstufe keinen Sinn in seinem Traum finden. Die Botschaft des Traums öffnete sich ihm erst, als er die Kinder als Anteile seiner selbst zu sehen begann. Sie standen für seine Gefühle. Zum andern stand dem Träumer der achtlose Umgang mit seinen Gefühlen vor seinem Traum und dem Gespräch nicht klar vor Augen.

Es zeigt sich bei der Erarbeitung eines Traumes auf der Subjektstufe immer wieder, dass sie ein hohes Maß an Symbolverständnis erfordert. In der Praxis der Traumarbeit ist zu beobachten, dass die meisten Träumer von sich aus intuitiv auf die objektstufige Deutung zurückgreifen, indem sie die Traumbilder als Repräsentanten ihrer Außenwelt verstehen wollen. Ich sehe dafür zwei Gründe:

Zum einen erfordert die subjektstufige Deutung eine höhere Intuitionsfähigkeit. Diese Fähigkeit liegt vielen Träumern fern.

Zum andern hängt die größere Affinität zur objektstufigen Deutung damit zusammen, dass die subjektstufige Deutung zu größerer Selbsterkenntnis führt. Der auf der Subjektstufe gedeutete Traum erhält immer wieder eine Unmittelbarkeit in seiner Botschaft an den Träumer, die an den Ausruf des Propheten Nathan gegenüber König David erinnert: „Du bist der Mann!" (2. Samuel 12,7). Dieser Unmittelbarkeit der Botschaft wollen sich nicht wenige Träumer intuitiv entziehen. Bei der subjektstufigen Deutung wird der Träumer stärker in seiner Verantwortlichkeit herausgefordert; er kann sein Problem nicht mehr so leicht von sich schieben und anderen zum Vorwurf machen. Die Tendenz bei den Träumenden zur objektstufigen Deutung hängt also mit dem verborgenen Widerstand gegenüber einer überführenden Aussage der Träume zusammen.

Ich habe die Wucht der subjektstufigen Deutung selbst einmal unmittelbar erlebt: Ich befand mich in einem massiven Konflikt mit einer anderen Person. Während ich Seelsorge in Anspruch nahm, träumte ich ausgerechnet von dieser Person. Im Gespräch entfaltete ich mein Problem mit ihr. Ich malte meiner Begleiterin aus, wie schwierig sie sei. Die Begleiterin hörte einige Zeit aufmerksam zu, dann bemerkte sie: Es geht wohl auch um die problematische Seite in dir selbst, die diese Person repräsentiert. Ich war bei dieser Aussage richtig erschrocken, weil ich mir überführt vorkam. Ich musste zugeben, dass in mir selbst auch ein Kämpfer am Werk war, der seinen nicht zu unterschätzenden Beitrag zum aktuellen Konflikt leistete. Die innere Abwehr spürte ich bei diesem deutenden Hinweis massiv und zugleich wurde mir deutlich, dass ich mich für meine Individuation und Integration diesem Anteil in mir unbedingt zu stellen hatte, wenn ich nicht bei der Stagnation und Projektion meiner Probleme auf andere stehen bleiben wollte.

Welche Ebene ist jeweils im konkreten Fall der Traumarbeit angemessen? Hans Diekmann hat dazu zusammenfassend eine hilfreiche Richtlinie formuliert:[27]

„Bei der Deutung von Träumen können wir uns bei der Frage, welche Ebene anzusprechen ist, an gewisse Regeln halten, die oft, aber keineswegs immer zutreffen:

a) Die Objektstufe rangiert vor der Subjektstufe, d. h. es ist richtiger, zunächst die Probleme zu verarbeiten, die ein Patient mit seinen Beziehungspersonen hat, und dann erst die eigenen Innenweltdarstellungen anzusprechen.

b) Bekannte Figuren im Traum entsprechen eher der Objekt-stufe, während es bei unbekannten Personen meist günstiger ist, nicht willkürlich auf eine bekannte Figur zurückzugehen, sondern das vom Unbewussten so gewählte Bild ernst zu nehmen.

c) Ein wesentliches Kriterium für die Richtigkeit einer Deutung ist das Verständnis des Patienten, das nur erfolgen kann, wenn die richtige Schicht angesprochen ist."

Es ist angemessen, dass Diekmann von gewissen Regeln spricht, „die oft, aber keineswegs immer zutreffen". Es zeigt sich nämlich in der Arbeit am konkreten Traum, dass es immer wieder sinnvoll ist, beide Deutungsebenen einzubeziehen. Auch dem Träumer bekannte Personen können ein Projektionsobjekt seines Unbewussten sein, sodass es angemessen ist, sie auch unter dem Aspekt der Subjektstufendeutung anzusehen. Hinter Familienangehörigen oder anderen Beziehungspersonen können sich im Traum sehr wohl eigene Persönlichkeitsanteile verbergen. In vielen Träumen gibt es nicht nur ein Entweder-oder, sondern ein Sowohl-als-auch im Umgang mit der Objekt- und Subjektstufe. Es kommt bei der Analyse eines Traums darauf an, zusammen mit dem Träumer zu erspüren, welche Ebene für ihn besser, weil aussagekräftiger, ist. Hierbei kommt der Begleitung im Prozess der Traumarbeit eine wichtige unterstützende und klärende Aufgabe zu.

Nach diesen Darlegungen zur Theorie der Subjekt- und Objektstufe möchte ich zur Vertiefung wieder weitere Beispiele bringen. Sie führen die Notwendigkeit vor Augen, bei jedem Traum individuell zu klären, welche der beiden hier entfalteten Deutungsebenen angemessen ist bzw. wo beide Kategorien bei ein- und demselben Traum zu berücksichtigen sind.

Ira Milligan berichtet folgende Erfahrung mit einem Traum, der eindeutig belegt, dass hier die objektstufige Deutung die allein richtige war:[28]

„Meine Frau hatte einen ... bedeutsamen Traum. Wir hatten eine kleine Firma, und der Geschäftsführer entschied, ohne uns darüber zu informieren, sich auf unsere Kosten selbstständig zu machen. *Meine Frau träumte, dass er in meinem Büro war. Er trug eine Maske, wie bei einem Überfall, und stahl einige Papiere.* Sie erzählte mir den Traum, und als ich daraufhin in meinem Büro nachsah, stellte ich fest, dass unsere Kundendatei verschwunden war. Aufgrund des Traums fuhr ich sofort zum Haus des Geschäftsführers und holte die Unterlagen zurück. Auf diese Weise bewahrte ich unsere Firma vor einem unwiederbringlichen Verlust."

Als zweites Beispiel bringe ich den Traumbericht einer Kriegsenkelin, in dem sich ebenfalls das objektstufige Verständnis als das einzig angemessene zeigte. Er stammt von Merle Hilbk aus ihrem Beitrag „Das schönste Dorf am schönsten Fluss der Erde"[29]. In diesem Beitrag berichtet sie von einigen Erfahrungen in der Aufarbeitung der Belastungen, die sie als Kriegsenkelin von ihren Eltern, die zur Kriegskindergeneration gehören, unbewusst übernommen hat:

„Im Juni 2012 hatte ich einen Traum, den ich in den folgenden Wochen immer wieder träumte: *Ein Junge, der sich mit seinen Geschwistern in einen überfüllten Zug quetscht. Der über einen Acker rennt, verfolgt von einem Tieffflieger, mit letzter Kraft die Siedlung erreicht und gegen eine Tür wummert. Der schreit, als niemand öffnet, und fühlt, wie sich die Einsamkeit wie ein Geschwür in seinem Körper ausbreitet ...*"

Merle Hilbk lud einige Wochen später ihre Eltern zu sich ein. „Und dann saßen sie (die Eltern) in meiner Küche, mit dem vorgekochten Sauerbraten im Gepäck, und als die Kartoffeln gar waren, setzte mein Vater zur längsten Rede seines Lebens an. Er erzählte seine Fluchtgeschichte, im ‚man'-Duktus, sagte, dass viele so etwas erlebt hätten und er sich frage, warum ich das unbedingt wissen wolle. Aber ich hörte ihn meinen Traum erzählen und weinte. Danach saßen wir den ganzen Abend auf dem Sofa, und er hielt meine Hand, als wäre dies das Selbstverständlichste auf der Welt."

In der Literatur zum Thema Kriegskinder und Kriegsenkel finden sich immer wieder Beispiele dieser Art: Kriegsenkel haben Träume, in denen sich Erfahrungen ihrer Eltern oder Großeltern niederschlagen, Erfahrungen, von denen sie nichts erzählt bekommen hatten. Es würde auf eine falsche Fährte führen, würde man in der Bearbeitung eines solchen Traums zu schnell auf eine subjektstufige Deutung zusteuern; die Botschaft eines solchen Traums kann letztlich nur objektstufig erschlossen werden. Träume dieser Art weisen auf eine für die Kriegsenkel fremde Last hin. Wenn die Generation der Kriegskinder noch am Leben ist, kann ein Traum dieser Art für die Kriegsenkel eine Einladung sein, behutsam bei der vom Krieg betroffenen Generation nachzufragen, welche realen Ereignisse hinter den Traumbildern stehen. Hierzu bedarf es großer Sensibilität, weil ein Nachfragen der Kriegsenkel bei den Kriegskindern leicht als unterschwelliger Vorwurf ankommt, als Beteiligter am Dritten Reich und am Krieg versagt zu haben. Die Folge wäre dann ein emotionales Verschließen bei den Kriegskindern. Bei Merle Hilbk jedenfalls hat ihr Nachfragen zu einer sehr berührenden Öffnung zwischen Vater und Tochter geführt. Und das ist die Chance, die darin liegt, Träume dieser Art nicht abzutun, sondern ernst zu nehmen.

Der nächste Traum, den ich hier anführe, machte für den Träumer nur auf der Subjektstufe Sinn:

Ich befinde mich in einem Schützengraben hinter einem Wall. Auf der anderen Seite des Walles befinden sich Angreifer. Sie sind ziemlich aggressiv. Ich bewege mich den Schützengraben entlang. Dabei beginne ich mich immer mehr aufzurichten.

Im Gespräch über diesen Traum war klar, dass der Träumer selbst in seinem Leben keine Kriegssituation erlebt hatte. Die objektstufige Betrachtung half also nicht weiter. Mir kam der Gedanke: Dieser Traum könnte den Träumer dazu einladen, eine Begegnung zwischen ihm und der Angreiferseite anzugehen.

Ich schlug ihm also vor, dass er zwei Stühle gegenüberstellen könne, einen für sich als Erwachsener und einen zweiten für die Angreifer, um mit ihnen ins Gespräch zu kommen. Er war zuerst etwas zögerlich, ließ sich aber dann doch Mut machen, sich auf einen solchen Dialog einzulassen. Er setzte sich also auf „seinen" Stuhl und begann den Dialog in Richtung des Stuhls der Angreifer:

Träumer (T.): „Was wollt ihr von mir?"

Der Träumer wechselte auf den Stuhl des Angreifers (A.) und spürte eine Zeit lang in sich hinein. Dann sagte er ...

A.: „Wir wollen dich kontrollieren."

T.: „Warum wollt ihr das, und warum macht ihr das auf so aggressive Weise?"

A.: „Wir wollen dir Sicherheit verschaffen. Wenn wir dich nicht auf massive Weise beschützen, könntest du seelisch abschmieren."

T.: „Aber wenn ihr mich mit so viel Druck kontrolliert, bedroht ihr mich doch. Dann geht es mir noch schlechter."

A.: „Wir meinen es doch letztlich nur gut mit dir."

T.: „Aber wenn ihr das auf diese Weise macht, dann bewirkt ihr das Gegenteil von dem, was ihr erreichen wollt. Die Mittel, die ihr wählt, sind doch total daneben."

Als der Dialog über die Frage der Angemessenheit der aggressiven Mittel ins Stocken geriet, regte ich den Träumer an, mit der Angreiferseite in eine Art Verhandlung zu treten. Dazu könne er das Anliegen der Angreifer zwar würdigen, aber sie zugleich darauf hinweisen, dass sie geeignetere Mittel für ihr Anliegen einsetzen und ihn dabei nicht so rücksichtslos übergehen sollten. Mit diesem Vorschlag wollte sich der Träumer auf einen Versuch einlassen, mit den Angreifern zu verhandeln. Er setzte den Dialog fort:

T.: „Euer Anliegen, mir Sicherheit zu verschaffen, ist schon verständlich und das finde ich auch gut. Letztlich möchte ich ja das auch erleben. Aber ihr müsst auf mich hören und mit mir sprechen lernen – und nicht nur einfach so draufhauen."

Auf dem Stuhl der Angreifer zögert der Träumer eine gewisse Zeit. Den Angreifern scheint es nicht so leicht zu fallen, ihre gewohnte Strategie zu ändern. Schließlich gibt die Angreiferseite die Antwort:

A.: „Es fällt uns schwer, die strenge Kontrolle loszulassen. Aber versuchen könnten wir es ja, auf dich zu hören und uns auf das Gespräch mit dir einzulassen."

T.: „Eure Kraft sollt ihr nicht verlieren. Aber mir ist es wichtig, dass ihr die Kraft, die ihr habt, für mich nützt und nicht gegen mich. Ich will schließlich auch leben und nicht länger von euch niedergehalten werden. Das tut uns beiden nicht gut."

A.: „Du verlangst ziemlich viel von uns. Es fällt uns nicht leicht, uns auf Schwäche und Verletzlichkeit einzulassen. Aber wir kommen dir, so gut wir können, entgegen."

Dem Träumer wurde klar, dass er mit sich selbst in einem inneren Kampf gelebt hatte. Seine starke, aggressive Seite hatte sich gegen ihn selbst gerichtet und eine depressive Verstimmung erzeugt. Ihm ging auf, dass er herausgefordert war, sich auf seine schwache, verletzliche Seite einzulassen. Um das tun zu können, brauchte er einen geschützten Ort und fördernde Unterstützung.

Im abschließenden Gespräch frage ich den Träumer, wie es ihm jetzt gehe. Er zeigte sich deutlich erleichtert und entspannter. Ihm kam zu Bewusstsein, wie viel psychische Energie er mit dem inneren Kampf zwischen den beiden Seiten verschwendet hatte. Er nahm aus dieser Stuhlarbeit mit, achtsam mit sich selbst umzugehen und sensibel dafür zu werden, wo er mit sich selbst wieder hart umging. Dieses Beispiel gibt einen Eindruck davon, dass das subjektstufige Verständnis des Traums nahtlos zur Ego-State-Arbeit passt, wie sie John und Helen Watkins[30] entfaltet haben und wie sie Jochen Peichl[31] mit der Verhandlungstechnik zwischen dem inneren Kritiker und dem fürsorglichen Erwachsenen vertieft hat. Wie das hier vorgestellte Traumbeispiel mit den Angreifern zeigt, kann die Verhandlungstechnik für verschiedene „unliebsame Traumgestalten" in Richtung auf ihre Integration eingesetzt werden.

In den Ausführungen zur Subjekt- und Objektstufe habe ich darauf hingewiesen, dass es Träume gibt, die auf beiden Ebenen betrachtet werden können – oder vielleicht sogar sollten. Wenn nur eine Ebene in Betracht gezogen werde, verliere der Traum einen wesentlichen Aspekt seiner Botschaft. Beim folgenden Traum wird dies anschaulich (ich greife aus ihm nur den für unseren Zusammenhang relevanten Abschnitt heraus). Eine Träumerin erzählt folgenden Traum:

In einem großen Haus fand ein Songcontest statt. Ich bin zu einer älteren Frau nach Hause gefahren, um sie zu versorgen und mitzunehmen. Gemeinsam haben wir gesungen, nur zur Freude. Es fand auch ein Vortrag statt zum Thema „Wundversorgung". Meine Mutter war auch da. Sie sagte, sie könne so etwas nicht. Die ältere Frau, die ich gepflegt habe, erzählte ganz stolz, was ich an ihr mache. Da fragte meine Mutter: „Was, so was machst du?" Meine Antwort: „Natürlich. Rate mal, was wir gestern zwei Stunden lang gemacht haben!" Ausführlich erklärte ich ihr den Ablauf einer Wundversorgung. Sie sagte nur: „Das könnte ich nicht." Die alte Frau strahlte mich an. Da habe ich mich sehr gefreut.

Im Gespräch über diesen Traum gehen wir auf den Songcontest ein. Sie singt sehr gerne und singt auch gut. Aber sie kämpft in manchen Chören um ihre Anerkennung. Das könnte im Bild des Songcontests angesprochen sein. Die ältere Frau, die sie im Traum pflegt, kennt sie nicht, aber sie setzt sich in der Realität immer wieder für bedürftige Menschen ein. Die ältere Frau könnte ein älterer verletzter Anteil in ihr sein; die Träumerin befindet sich in einem kontinuierlichen Aufarbeitungsprozess. Sie pflegt diesen Anteil und nimmt ihn zum Songcontest mit. Hier bringt ihr Unbewusstes zum Ausdruck, dass der Heilungsweg, den sie kontinuierlich geht, in ihrer Seele Frucht bringt.

Und dann taucht die Mutter auf. Sie hat die Träumerin immer wieder grundlegend abgelehnt und sie in keiner Weise vor der sexuellen Gewalt durch einen Mann geschützt. Die Bemerkung ihrer Mutter im Traum trifft auf die Realität exakt zu: „Was, so etwas könnte ich nicht." Diese Bemerkung ist ein wörtliches Zitat der Mutter, das sie in der Realität ihrer Tochter gegenüber immer wieder in Situationen äußert, wo es um Dinge geht, die die Träumerin gut kann und die sie gerne macht. Bei dieser Bemerkung der Mutter empfindet die Träumerin meistens einen abwertenden Unterton. Dieser passt zum Symbol der Wundversorgung im Traum: Die Mutter steht einer psychologischen Aufarbeitung bei sich selbst und bei ihrer Tochter völlig ablehnend gegenüber. Dazu ist auch ihre abschließende Bemerkung stimmig: „So etwas könnte ich nicht." Aber der Träumerin ist eine Kompetenz zugewachsen, über die sie sich am Ende des Traums freut. Auf der Objektstufe weist der Traum die Träumerin darauf hin, dass die Beziehung zu ihrer Mutter noch weiterer Auseinandersetzung bedarf. Als sie diese Zusammenhänge auf sich wirken ließ, wurde ihr erneut das Ausmaß an Ablehnung durch ihre Mutter bewusst. Die Träumerin hat noch Schwierigkeiten damit, ihre ehrlichen Gefühle im Hinblick auf ihre Mutter anzusehen und sie zuzulassen. Hier liegt noch ein längerer Verarbeitungs- und Heilungsweg vor ihr.

Nachdem wir diese Zusammenhänge herausgearbeitet hatten, regte ich an, den Traum auch subjektstufig zu betrachten.

Ich frage sie: Könnte es sein, dass etwas von der Mutter auch noch in dir steckt? Im ersten Augenblick befremdete sie meine Frage: Kann das wirklich sein? Aber je mehr sie sich auf diesen Gedanken einließ, desto klarer wurde ihr, dass die Einstellung ihrer Mutter ihr gegenüber sie in ihrer Einstellung zu sich selbst tiefgreifend geprägt hat. Die Mutter in ihr, also ein Anteil in ihr, macht sie selbst herunter. Bei der abwertenden Atmosphäre zu Hause und der traumatisierenden sexuellen Gewalt hat sich in ihr ein folgenreiches negatives Selbstbild und entsprechend ein sehr geringer Selbstwert aufgebaut. Subjektstufig kam die Träumerin auf diese Weise mit ihrem Mutterintrojekt, also einem von ihrer Mutter her negativ geprägten psychischen Anteil, in Verbindung. Neben ihrer inzwischen gewachsenen Kompetenz bezüglich der Wundheilung gibt es in ihr eine ziemlich einflussreiche abwertende Stimme. Als ihr das klar vor Augen stand, erkannte sie die Herausforderung, an der Vertiefung ihrer Selbstakzeptanz zu arbeiten und die achtsame Selbstfürsorge tiefer zu entdecken und weiter aufzubauen. Es ging für sie – auf der psychologischen Ebene betrachtet – darum, für sich selbst eine bessere Mutter zu werden.

Dieses Traumbeispiel verdeutlicht, dass der Traum objektstufig bearbeitet zur weiteren Auseinandersetzung mit der Mutter herausfordert. Subjektstufig betrachtet weist er auf die Notwendigkeit hin, die negative Einstellung sich selbst gegenüber durch eine neue fördernde Selbstbeelterung zu ersetzen.

4.4 Animus und Anima

In die Thematik männlicher und weiblicher Anteile in der Psyche des Menschen möchte ich wieder mit einem Traum einsteigen. Ein Träumer erzählt:

Ich bin in einem Hochhaus in Amerika, so zwischen 50 bis 70 Meter über dem Boden. Ich fahre von oben hinunter in den dritten Stock. Ich bin im Traum eine Frau und mit Adolf Hitler verheiratet. Die Amis kommen und nehmen Hitler und die gesamte Führungsriege gefangen. Ich darf überraschenderweise in Freiheit leben und lebe sie dann auch.

Im Gespräch über diesen Traum fragte ich den Träumer, was er zu Amerika assoziierte. Für ihn war die Assoziation eindeutig: „Amerika, Land der Freiheit und der unbegrenzten Möglichkeiten". Zu Beginn des Traums befand er sich im Hochhaus in großer Höhe. Ich fragte ihn, ob es sein könne, dass er sich im täglichen Leben immer wieder ziemlich einseitig im Kopf befinde und dabei zuweilen auch gedanklich hoch hinaus wolle. Das bestätigte er. Er war sehr kreativ, aber er sprang mit seinen Gedanken schnell hin und her, sodass seine Seele dabei manchmal nicht mitkam. Vor diesem Hintergrund war es auf der einen Seite ein gutes Zeichen, dass er im Traum bis zum dritten Stockwerk herunterfuhr; er kam mehr auf den Boden herunter – in seine tiefere Bauchregion. Aber auf der anderen Seite fiel gleich zu Beginn des Traums der große Gegensatz zwischen zuerst großer Höhe und im nächsten Augenblick relativ tiefem Absinken auf; im Traum sank er von 50–70 Metern Höhe ins dritte Stockwerk hinab. Hier war ein Schwanken des psychischen Niveaus symbolisch dargestellt.

Im Traum war der Träumer plötzlich eine Frau. Hier zeigte sich die weibliche Seite seiner Seele. Sie stand für seinen intuitiven und künstlerischen Anteil, der bei ihm deutlich ausgeprägt war. Seine männliche Seite war in Adolf Hitler verkörpert. Er stand politisch in keiner Weise der Naziideologie nahe. In der Annäherung an den Sinngehalt dieses drastischen Traumsymbols sprachen wir über seine Männlichkeit. Mir kam die Vermutung, dass Hitler in seinem Traum für Aggressionen stehen könnte, die in seiner Seele noch nicht ihren angemessenen Platz gefunden hatten. Ich fragte ihn, wie es ihm mit seinen Aggressionen gehe. Da erinnerte er sich, dass er – früher vermehrt – ziemlich ungehalten seine Aggressionen herausgelassen und damit in seiner Familie zum Teil ein beträchtliches Maß an Verstörung angerichtet hatte.

Zum Ende des Traums kam es leider noch nicht zur Integration der weiblichen und der männlichen Seite. Die männliche Seite („Hitler und die gesamte Führungsriege") wurde in die Gefangenschaft geführt: Der Träumer versuchte immer wieder das verstörende Ausbrechen seiner Aggressionen zu beherrschen, ohne zu einer psychischen Verarbeitung des Hintergrundes dieses Verhaltens zu gelangen. Die weibliche Seite (der Träumer als Frau) durfte in Freiheit leben, was den Träumer im Traum überraschte: Seine Kreativität und Intuition lebte.

Wir sprachen abschließend darüber, dass damit eine bedenkliche Trennung in seiner Seele angedeutet wurde. Diese bedurfte einer Überwindung einerseits durch die Bearbeitung der Verletzungen hinter seinen Aggressionsausbrüchen und andererseits durch eine noch ausstehende Verbindung und damit Integration der beiden Seiten seiner Seele.

Der angeführte Beispieltraum ist von einer Thematik geprägt, die Carl Gustav Jung eingeführt hat.[32] Er spricht von Animus und Anima. Diese Anteile des Unbewussten bezeichnen das innere Bild, das Mann und Frau vom anderen Geschlecht in sich tragen; während also Animus den männlichen gegengeschlechtlichen Anteil in der Seele der Frau meint, bezeichnet Anima den gegengeschlechtliche Anteil in der Seele des Mannes. Jung meint, dass Animus und Anima als Anteil der Seele dem Menschen von Natur aus eigen sind und zugleich vom Beziehungssystem mitgeprägt werden, in dem der Mann auf das Bild der Frau und die Frau auf das Bild des Mannes orientiert ist.

Zur Ganzheit des Psychischen gehören die gegengeschlechtlichen Anteile notwendig dazu. Sie bezeichnen die unbewusste Ergänzung der ersichtlichen Identität. Der Mann wird in seiner männlichen Seele im Unbewussten durch die Mütterlichkeit und

Weiblichkeit seiner Anima ergänzt, die zum ungelebten Anteil seines Selbst gehören. Die Anima repräsentiert auch den Eros und das Gefühlsleben. Verliert ein Mann den Kontakt zu seiner Anima, pflegt das Unbewusste Emotionen unverhältnismäßig übertriebener Natur zu produzieren. Dazu gehören Gereiztheit, Unbeherrschtheit, Überheblichkeit, Minderwertigkeitsgefühle, Launen, Depressionen bis hin zu Zornesausbrüchen. Bei der Frau ist entsprechend der Animus das ungelebte Gegenstück der Fraulichkeit. Im Positiven kann der Animus ein motivierender Faktor für geistige Entwicklungen und intellektuelle Tätigkeiten sein. Zu ihm gehören auch eine gesunde Stärke und Entschlossenheit. Verliert die Frau den Kontakt zum Animus, kann ein zum autoritären neigendes Auftreten entstehen, für das unanfechtbare Meinungsäußerungen und eine überkritische Bewusstseinshaltung typisch sind. Ein nicht integrierter Animus kann Frauen zu einer fanatischen Opferbereitschaft für irrsinnige Ideen führen.

Wie sich der Einfluss des Animus bzw. der Anima auf die Person auswirkt – hilfreich oder zerstörend –, hängt von der Beziehung ab, die zwischen dem männlichen bzw. weiblichen Ich und Anima bzw. Animus besteht. Im Wachbewusstsein kann sich diese Beziehung in Stimmungen positiver oder negativer Art äußern. Erst durch eine bewusstere Beziehung zu dem gegengeschlechtlichen Anteil können sich die Wirkungen fruchtbar entfalten.

Anima und Animus zeigen sich symbolisch in den nächtlichen Träumen vor allem in Personifikationen. In Traumszenen erscheinen dann Männer oder Frauen, die den Träumenden unbekannt sein können. Sie werden häufig durch ungefähr gleichaltrige Figuren dargestellt und üben nicht selten einen anziehenden oder im negativen Fall furchterregenden Eindruck auf den Träumer aus. In Träumen kommen immer wieder Hochzeiten vor, die auf eine wachsende Verbindung zwischen dem Ich der Träumenden und ihrem gegengeschlechtlichen Pol hinweisen.

Blicken wir von der Theorie über Animus und Anima auf den einführenden Beispieltraum, so ist zu sagen, dass in ihm die Anima des Träumers auf der einen Seite frei erscheint. Sie darf am Ende des Traums in Freiheit leben und ist sogar darüber überrascht, dass sie das darf. Auf der anderen Seite ist sie durch die Ehe mit dem ausgeprägt aggressiven Mann in hohem Maße unfrei. In dieser Beziehung deutet sich ein Problem des Träumers an, das auf eine psychische Dysbalance, ein Ungleichgewicht, hinweist. Die beiden Seiten in ihm passen so nicht zusammen; die männliche Seite bedarf einer grundlegenden Verwandlung und Heilung.

Ich füge zum Thema dieses Abschnitts noch einen Traum einer Frau an, um ein Beispiel für die Frage der Beziehung des weiblichen Ichs zum Animus geben:

Ich bin in einem Missionsteam. Da sehe ich N. Er macht einen sehr anspruchsvollen Männer-Spagat. Dabei erklärt er, dass er das Missionsteam verlassen will. Dann sehe ich eine Frau, die auch erklärt, dass sie das Missionsteam verlassen will.

Im Gespräch über diesen Traum erzählt die Träumerin, dass sie sich tatsächlich in einem Missionsteam einsetzt. Zum Namen N. assoziiert die Träumerin, dass er einen übertrieben männlichen Eindruck macht. Dazu gehören Muskelpakete und eine Tätowierung des ganzen Leibes. In seiner Jugend hat er mit Drogen zu tun gehabt und war auch im Gefängnis. Er hat zum lebendigen Glauben an Jesus Christus gefunden. Im Gespräch kommen wir darauf, dass die Träumerin lange Zeit Leistungssport getrieben hat. Dieser diente ihr dazu, ihre Traumatisierung durch sexuelle Gewalt, die sie als Jugendliche erfahren hatte, „wegzustecken". Zur Frau, die in ihrem Traum aufgetreten war, hat sie kaum Assoziationen. Es war keine ihr bekannte Frau. Ich schlage ihr eine Stuhlarbeit vor. Sie lässt sich darauf ein und stellt einen Stuhl für N. und einen für sich selbst auf.

Es wäre zwar möglich gewesen, einen weiteren Stuhl für die unbekannte Frau aufzustellen, aber aus Zeitgründen habe ich nur zwei Stühle für N. und sie aufstellen lassen. Sie beginnt mit N. den Dialog.

T.: „Warum möchtest du weggehen?" Sie wechselt auf den Stuhl des N.

N.: „Du läufst ja vor mir weg."

T.: „Du bist mir so massiv."

N.: „Was würde dir helfen, vor mir nicht wegzulaufen?" Hier kam der Dialog ins Stocken. Wir sprachen darüber, dass sie versucht hat, sich als Jugendliche durch Leistungssport vor ihren eigenen Gefühlen zu schützen. Ich rege die Träumerin an, als Träumerin an N. die Frage zu stellen, warum er es nötig hat, sich so übertrieben männlich zu geben.

T.: „Warum gibst du dich so übertrieben männlich?"

N.: „Weil du dich zu wenig um dein inneres Kind kümmerst, muss ich das eben auf meine Weise übernehmen."

Die Träumerin wechselt den Platz auf ihren Stuhl. Sie ist spürbar irritiert. Wir unterbrechen erneut den Dialog, weil es ihr schwerfällt, N. zuzusagen, dass sie sich um ihr inneres Kind kümmern will. In unserem Gespräch wird der Träumerin deutlich, dass es für sie darum geht, sich neu für die Zuwendung zu ihrem inneren Kind zu entscheiden. Sie nimmt dann schließlich auf ihrem Stuhl den Dialog mit N. wieder auf.

T.: „Ich will mich um mein inneres Kind kümmern. Dann musst du dich nicht mehr mit deinem übertriebenen und abstoßenden Krafteinsatz bemerkbar machen."

N.: „Wenn du das machst, dann kann ich mich endlich mehr entspannen und mehr gelassen sein."

Schließlich sprechen wir noch darüber, dass die unbekannte Frau im Traum, die ebenfalls aus dem Missionsteam weggehen wollte, ziemlich blass geblieben ist. Dabei geht der Träumerin auf, dass der Traum sie auf diese Weise auf ihre zu kurz gekommene Fraulichkeit hinweist.

Fassen wir die Dynamik dieses Traums unter dem Gesichtspunkt dieses Abschnitts zusammen, so lässt sich sagen: Der Animus dieser Träumerin hat sich durch Überwertigkeit einen Schutz aufzubauen versucht. So hat sie ihre Verletzlichkeit und sensible Fraulichkeit anderen und sogar sich selbst gegenüber zu verbergen versucht. Das zeigte sich immer wieder in ihrem harten Umgang gerade gegen sich selbst. Der dominante Animusanteil wirkte eine innerpsychische Unausgewogenheit; im Traum blieb die unbekannte Frau, die für ihre unterwertige Fraulichkeit steht, bis zum Schluss ziemlich blass.

4.5 Der Schatten im Traum

Im Traum können Gestalten erscheinen, die dem Träumer Angst machen und ihn erschrecken. Eine Träumerin erzählte folgenden Traum:

Ich befinde mich in meinem Haus. Es wird Nacht. Ich will mich in meinem Haus schützen und sicher fühlen. Deshalb gehe ich zur Tür meines Hauses, die noch einen Spalt offen steht. In dem Moment, als ich die Tür schließen will, kommt eine dunkle Gestalt heran. Bevor ich die Tür schließen kann, drückt dieser Einbrecher mit aller Kraft dagegen. Ich schaffe es nicht mehr, die Tür zu schließen. Da wache ich auf.

Im Gespräch über den Traum kam der Träumerin die existenzielle Angst vor dem Einbrecher, die sie beim Aufwachen noch im Griff hatte, wieder sehr nahe. Das war ihr Hauptgefühl. Ich fragte sie, ob sie im Traum im Verbrecher jemanden erkannt habe. Das war nicht der Fall; er war ihr völlig unbekannt.

Mir kam dann der Gedanke, dass dieser Einbrecher sehr wahrscheinlich ein Anteil von ihr sein könnte. Die Träumerin machte im Gespräch einen betont freundlichen und sanften Eindruck.

Ich fragte sie, wie es ihr mit ihren Aggressionen gehe. Sie gab zu verstehen, dass sie möglichst wenig mit Aggressionen zu tun haben wolle. Sie wolle den Menschen lieber freundlich und verständnisvoll begegnen. Das versuchte ich auf der einen Seite aufzunehmen. Ich wies sie auf der anderen Seite aber darauf hin, dass sie wahrscheinlich auch in ihrem Leben Situationen kennen würde, in denen gesunde Aggressionen gefragt seien. Sie versuchte diesen Gedanken offen aufzunehmen, gab aber zugleich zu verstehen, dass er ihr unangenehm sei. Ich schlug ihr vor, den Einbrecher auf den Stuhl ihr gegenüber zu setzen, um zu erkunden, was er ihr zu sagen habe. Ihre spontane Antwort war: Nein, lieber nicht. Ich versicherte ihr, dass ihr hier nichts passieren würde, schlimmstenfalls würde dabei nichts herauskommen. Schließlich ließ sie sich auf dieses Wagnis ein. Aus Platzgründen fasse ich das Gespräch hier zusammen:

Die erste Phase des Dialogs mit dem Einbrecher war davon geprägt, dass die Träumerin ihre Angst vor ihm äußerte. Zugleich gab dieser ihr zu verstehen, dass er unbedingt zu ihr wolle. Als die beiden ihren jeweiligen Standpunkt nebeneinanderstellten und das Gespräch ins Stocken zu geraten drohte, schlug ich der Träumerin vor, den Einbrecher zu fragen, warum er so gewaltsam zu ihr wolle. Sie stellte ihm diese Frage. Als sie sich eine Weile auf dem Stuhl des Einbrechers in ihn eingefühlt hatte, kam die entscheidende Rückmeldung: „Weil du mich nicht zu dir lassen willst." Das löste bei der Träumerin einen Aha-Effekt aus. Anschließend begann sie mit ihm zu verhandeln. Sie wolle ihn an sich heranlassen und bat ihn, nicht so überfahrend und bedrohlich zu ihr zu kommen. Der Dialog endete mit einer Art Partnervertrag; sie erklärten sich wechselseitig bereit, im Gespräch zu bleiben. Am Ende des Dialogs meinte die Träumerin, sie habe einen neuen Hausgenossen gefunden, der ihr gar nicht so unsympathisch sei.

Blicken wir von diesem Traum her auf die Theorie zum Schatten: Unter dem *Schatten* wird die Personifikation der während des persönlichen Lebens verdrängten und als negativ erlebten Inhalte der Psyche verstanden. Er steht für die dunkle Seite in uns, die nicht zu unserem geschönten Bild von uns selbst passt. In ihm zeigen sich ungelebte Lebensmöglichkeiten und -äußerungen, die der Träumer im Alltag unbewusst vermeidet. Er bringt also zumeist den ungelebten Gegenpol zur Darstellung: So können tugendhafte Menschen ausschweifende Träume haben, während sich umgekehrt bei ausschweifend lebenden Menschen Traumszenen mit moralisch hochstehendem Benehmen zeigen können. Der Schatten zeigt sich häufig auf eine Weise, die den Träumer befremdet oder ihm bedrohlich erscheint. Meistens handelt es sich bei Schattenpersonen um dem Träumer unbekannte Personen; sie bleiben unscharf und gesichtslos. Je weniger sich der Träumer seines Schattens bewusst ist, desto fremder, autonomer und krasser ist sein Auftreten im Traum. Es ist von daher nicht ganz einfach, hinter der „Verpackung" den „Schatz" zu entdecken. Ann Faraday weist in diesem Zusammenhang auf C.G. Jung hin: „Wie Jung sagte, ist die ‚Schatten'-Seite der Persönlichkeit, die wir im Interesse irgendeines ‚höheren' Guten normalerweise zu unterdrücken versuchen, zu 90 % reines Gold."[33] Dahinter steht die Erfahrung mit Träumen, dass der Schatten, wenn ihm bewusste Anerkennung zuteil wird, unserer Persönlichkeit viele wertvolle Eigenschaften hinzufügen kann und zu größerer Entfaltung unseres Lebens führt. Auf diesem Weg regt die Seele in Schattenträumen zu einer größeren Balance an, indem sie ein Korrektiv zu entweder überbetonten oder vernachlässigten Verhaltensweisen schafft. Die Begegnung mit dem eigenen Schatten kann an ein unerschlossenes Reservoir an Lebensmöglichkeiten heranführen und helfen, ein psychisches Potenzial zugänglich zu machen.

Die Träumerin hat in ihrer Herkunftsfamilie Aggressionen als etwas Bedrohliches erlebt. Wenn Familienangehörige ihre Wut verletzend an anderen ausließen, war sie verängstigt. Sie hatte für sich den unbewussten Beschluss gefasst: Ich will mich „lieb" verhalten, um die problembeladene Atmosphäre zu Hause nicht selbst noch zu verstärken. Sie merkte dabei nicht, dass sie damit ihrerseits ein einseitiges Verhaltensmuster aufbaute, das für die Bewältigung ihres Lebens nachteilig wurde. Es fiel ihr schwer, sich auf gesunde Weise anderen gegenüber mit ihren berechtigten Wünschen und Interessen durchzusetzen. Sie merkte schließlich nicht mehr, wie sie ihre gesunden aggressiven Impulse unterdrückte und gegen sich selbst richtete. Hier half ihr der Traum zu einer wichtigen Korrektur, ein positives Verhältnis zu ihrer seelischen Energie zu finden und konstruktiv mit ihr umgehen zu lernen. Durch die Begegnung mit ihrem Schatten lernte sie ihre Aggressionen als wichtige Lebenskraft kennen, die sie vor einer ungesunden Tendenz zur Anpassung bewahrt. Ohne das für sie drastische Bild des Einbrechers wäre ihr die Dringlichkeit, mit der ihre Aggressionen zu ihr wollten, nicht so eindrücklich bewusst geworden. Sie begriff, dass diese Kräfte schon lange auf einen Zugang zu ihr gewartet hatten.

Wie wir im Abschnitt über den Animus und die Anima gesehen haben, geht es auch unter dem Thema des Schattens um ein Ganzwerden. Wiederkehrende Träume mit bedrohlich erscheinendem Schatten weisen unmissverständlich auf eine Spaltung der Persönlichkeit hin. Man kann sogar sagen: Je bedrohlicher der Schattenaspekt in der Traumszene erscheint, desto größer ist die Spaltung zwischen dem bewussten Ich und dem Schattenanteil. Dieser massive Hinweis auf eine Spaltung macht Schattenträume so bedeutsam und kann die Auseinandersetzung mit ihnen so fruchtbar machen, auch wenn diese in der offenen Begegnung alles andere als angenehm ist. Sie lädt zu einer Einstellungsveränderung gegenüber abgewehrten Seiten ein. Eine Durcharbeitung solcher Träume führt zur Heilung der Spaltung und lässt die Träume zumeist aufhören.

Für die Begegnung mit dem Schatten ist typisch, dass er uns das Gesicht zeigt, mit dem wir ihn betrachten: Wenn wir vor ihm davonlaufen, wird der Schatten häufig furchterregend; weisen wir ihn zurück, wird er böse. Wenn wir ihm ins Gesicht schauen, wird er meistens zum Verbündeten; willkommen geheißen nimmt er eine wichtige Rolle im Menschen ein. So kompensieren die Schattenträume unsere bewusste Einstellung. Sie laden ein, sie weiter zu meditieren.

In Träumen nimmt der Schatten auch oft die Gestalt eines Tieres an. Wilde Tiere wie z. B. Tiger und Löwen können uns in Traumszenen verfolgen und dabei für unsere kraftvolle Seite und Würde stehen. Diese Tiere werden in der Realität und im Traum nur aggressiv, wenn sie ums Überleben und um ihre Freiheit kämpfen müssen. Unsere animalische Natur kann sich also gegen uns richten und uns in Träumen verfolgen.

„Sobald ein Tier im Zentrum des Albtraumerlebnisses steht, ist es lohnend, sich seine Natur und kulturelle Symbolik zu vergegenwärtigen. Wer versteht, was ein Tier zur Bedrohung werden lässt oder warum es in einer Kultur verachtet wird, kann überlegen, ob gerade dieser Aspekt für die eigene Lebenssituation aktuell relevant ist. Wer damit nicht weiterkommt, kann positive Aspekte des Tiersymbols suchen. Ein Symbol hat nämlich immer helle und dunkle Eigenschaften, doch wir neigen häufig dazu, zunächst einmal einseitig zu schauen."[34]

Wie im Traumbeispiel zu Beginn dieses Abschnitts gezeigt, empfiehlt es sich, bei unbekannten, gesichtslosen Personen im Traum nicht zu überlegen, wer diese Person, für sich genommen, sein könnte. Es ist fruchtbarer, beim Traumgefühl zu dieser Person zu bleiben. Der Traum hat zuerst mit dem Träumer zu tun, mit dem, was in seinem Inneren vor sich geht, und dann auch mit dem, wie er die Außenwelt erlebt. Wenn es in Träumen um den Schatten geht, sind die Gestalten auf der Subjektstufe zu deuten, da es dann um eigene Anteile geht. Das wird im nächsten Abschnitt über Albträume weiter vertieft werden.

4.6 Albtraum und Trauma

Der vorhergehende Abschnitt hat schon unmittelbar die Frage der Albträume tangiert. Denn der Schatten meldet sich gerne albtraumartig. Nun geht es darum, die Frage der Albträume in einem breiteren Kontext zu bedenken und dabei auch die mögliche Verbindung dieser Träume zu traumatischen Erfahrungen in den Blick zu nehmen. Um diesen doppelten Bezug in den Blick zu bekommen, ist es angemessen, diesen Abschnitt mit zwei Beispielträumen einzuleiten. Eine Träumerin erzählte beunruhigt folgenden Traum:

Ich sitze mit Schwestern im Garten an einem Tisch. Eine der Schwestern sagt, dass demnächst ein Wirbelsturm kommen würde. Sie blickt mit Angst zum Himmel hinauf, kann aber keine Anzeichen für den Wirbelsturm entdecken. Um sich Schutz zu suchen, geht sie in das Haus hinein. Dort ist ein Wintergarten. Sie hofft, dass sie dort sicher ist. Sie hat jedoch ein sehr beunruhigendes Empfinden, dass der Wintergarten nicht stabil genug sein wird als Schutz gegen den gleich losbrechenden Wirbelsturm.

Im Gespräch über den Traum fragte ich die Träumerin, wo sie am Tag vor dem Traum oder in den Tagen davor so etwas wie einen Wirbelsturm erlebt habe, etwas, was sie aufwühlt habe? Zunächst fiel ihr dazu nur ein, dass ein Date mit einem möglichen Partner zu Ende gegangen war; das habe sie jedoch nicht so aufgewühlt. Dann fiel ihr ihre finanzielle Lage ein. Die war für sie immer wieder aufwühlend ungewiss, und das hatte sie in den zurückliegenden Tagen existenziell empfunden. Vor dem Hintergrund dieses Einfalls machte für sie das Traumbild Sinn: Sie versuchte immer wieder, ihr Leben so entspannt wie möglich zu gestalten – das schöne Bild des Gartens mit dem guten Wetter stand dafür. Die Schwestern im Traum kannte sie in der Realität nicht. Es schienen Anteile in ihr zu sein, die sie unterschwellig an den drohenden Wirbelsturm, nämlich die persönliche Finanzkrise, erinnerten. Auch in ihrem Haus bzw. Wintergarten fand sie nicht wirklich einen sicheren Ort. Sie erlebte den Traum als Konfrontation mit ihrer finanziellen Realität.

Der folgende Traum hat die Träumerin existenziell aufgewühlt: *Ich bekomme den Auftrag, in einen See zu springen, was ich auch tue. Beim Eintauchen merke ich, dass ich gefangen bin. Ich stecke in einer Röhre in Gitterform fest. Ich kann niemanden sehen und rufen kann ich ja auch nicht. So verliere ich das Bewusstsein und höre, dass das die Bestrafung für alle Lügen ist. Von außen sehe ich meine 14-jährige Tochter im Käfig stecken, kann nicht hin zu ihr.*
Im Gespräch über diesen Traum fragte ich die Träumerin, was ihr zu diesem See einfalle. Sie wohnte in der Nähe eines Sees, an dem sie sich immer wieder gerne sich aufhielt. Er war so tief, dass er Dinge, die in ihn hineinfielen, „verschlang" und unsichtbar machte. Ich fragte die Träumerin, ob es sein könne, dass der See im Traum etwas mit ihrem Unbewussten zu tun habe. Sie meinte darauf, dass sie sich so wie im Traum vorkomme, wenn sie sich mit ihrer Vergangenheit beschäftige. Sie springe in den See und komme sich dann wie gefangen in ihren Erinnerungen vor. Sie steckte im Traum in einer Röhre in Gitterform fest. So konnte sie sich nicht bewegen und war doch allem, was sich zeigte, ausgeliefert. Sie kam sich allein und ausgeliefert vor – konnte niemanden sehen und niemanden rufen. Im Traum verlor sie das Bewusstsein, der Schmerz war für sie zu groß. In der Realität war ihr Ehrlichkeit sehr wichtig; im Traum wurde sie für alle Lügen bestraft. Hier zeigte sich eine deutliche Tendenz der Selbstbestrafung. Zum Ende des Traums befand sich die Träumerin in der Beobachterposition. Sie sah

ihre 14-jährige Tochter. In diesem Alter hatte sie sexuelle Gewalt erlebt. Der Traum brachte sie mit großer Wucht mit ihrem Trauma in Kontakt.

Wie verbreitet Albträume sind, führt Brigitte Holzinger mit dem Hinweis auf Untersuchungen eines Traumforschers vor Augen: „Nach Untersuchungen von Allan Hobson sind statistisch gesehen etwa 2/3 der Träume ‚schlechte' Träume und 1/3 der Träume gute bzw. sogar glückliche."[35] Vor diesem Hintergrund ist es nicht verwunderlich, dass viele Menschen nicht gut auf ihre Träume zu sprechen sind. Allerdings können sogenannte schlechte Träume wichtige Hinweise der Psyche für den Träumer zur Verfügung stellen. Es ist daher notwendig, diesem Phänomen mehr auf die Spur zu kommen.

Eine Ahnung von der Vielschichtigkeit der Ursachen für Albträume gibt Holzinger mit ihrer umfassenden Zusammenstellung von möglichen Hintergründen:

• „Die psychodynamische Sichtweise ist, dass der Albtraum durch einen inneren Konflikt verursacht werden kann;

• Der Albtraum kann durch ein schreckliches Erlebnis, das bisher nicht ganz verarbeitet und damit integriert werden konnte, hervorgerufen werden. Ernest Hartmann (1984), ein Traumforschungspionier aus Boston, meint, dass Menschen, die dünnhäutig sind, eher zu Albträumen neigen;

• Sicherlich können belastende Situationen Albträume hervorrufen;

• Stress generell dürfte Albträume bedingen;

• Drogen-, Alkohol- und Medikamentensucht können Albträume hervorrufen;

• Meine Erfahrung ist, dass Menschen mit schweren Erkrankungen häufig Albträume entwickeln – ob da die Angst durch die Erkrankung hervorgerufen oder die Erkrankung an sich den Alb verursacht, ist ungeklärt;

• Es gibt einige Schlafstörungen wie die REM-Verhaltensstörung und die Schlaf-Apnoe, die überzufällig häufig mit Albträumen verbunden sind ...;

• Vermutlich gibt es genetisch gesehen eine Veranlagung zu Albträumen;

• Manche Menschen erleben Träume und auch Albträume als Vorahnungen;

• Einige Psychiater sind der Meinung, dass sich eine psychotische Episode durch ein vermehrtes Auftreten von Albträumen ankündigen kann ..."[36]

Albträume können so häufig und so massiv erscheinen, dass Träumer sich mit der Entspannung schwertun, weil sie Angst vor einer nächsten Traumphase bekommen. Wenn Träumer vermehrt unter Albträumen leiden, kann eine ärztliche Untersuchung angeraten sein, um physische Zusammenhänge zu eruieren. Das gilt insbesondere bei sich ankündigenden Erkrankungen, bei Belastung durch chemische Substanzen und bei der Schlaf-Apnoe. Hier kann es sinnvoll sein, die belastenden Träume, vor allem wenn sie außergewöhnlich häufig auftauchen, nicht nur zu erdulden, sondern als Hinweis auf möglicherweise dahinterliegende Ursachen ernst zu nehmen. In diesem Zusammenhang ist darauf hinzuweisen, dass die Behandlung von Albträumen mit Antidepressiva oder Schlafmitteln sich nicht bewährt hat.[37] Bei hin und wieder auftretenden Albträumen ist ohnehin normalerweise nicht von gesundheitlich bedrohlichen Situationen der von ihnen Betroffenen auszugehen.

Außerdem ist die Einordnung eines Traums als Albtraum eine subjektive Bewertung, weil diese mit dem persönlichen körperlichen und seelischen Erleben verbunden ist. Nur der Träumer selbst kann diese vornehmen und nicht eine außenstehende Person.

Albträume sind auf der physischen Ebene von einer etwas erhöhten vegetativen Erregtheit (Arousal) begleitet. Außerdem kommt es zu einer Steigerung oder Schwankung der Herz- und Atemfrequenz. Diese Schwankungen als physischer Ausdruck der Erregtheit enden häufig damit, dass der Träumer erwacht. Werden Träumer in solchen Phasen erhöhter Erregtheit geweckt, sind sie in der Lage, einen detaillierten Bericht des Albtraums zu geben.

Die Bezeichnung *Albträume* ist genau betrachtet ein Sammelbegriff. Denn dieser Begriff bezieht sich auf zwei Arten solcher Träume: Zur einen Art gehören Albträume, in denen es um die Auseinandersetzung mit heftigen Ängsten geht (englisch: *nightmares*), zur anderen Art gehören solche, die posttraumatische Wiederholungsträume sind (englisch: *nightterrors*). Wenn also von Albträumen die Rede ist, muss diese Unterscheidung im Blick behalten werden, um folgenreiche Missverständnisse und therapeutisch-seelsorglich unangemessenes Verhalten zu vermeiden.

Bei beiden Arten sind heftige Emotionen im Spiel, die im Traum nicht verarbeitet werden können. Die Psyche sucht jedoch weiter nach einer Lösung für die belastenden Zusammenhänge. Deshalb erscheinen Träume mit albtraumartigem Inhalt auch immer neu als Wiederholungsträume, selbst wenn das für die Träumenden bis zum Überdruss erfolgt. Sie weisen auf ein mehr oder weniger ernstes Problem, auf eine ungelöste Schwierigkeit hin. Es ist so, als wollte die Seele ein psychisches Problem zur Wiedervorlage in Erinnerung rufen, um endlich doch noch eine Verarbeitung und eine Wandlung des den Traum verursachenden Problems zu finden. Wiederholungsträume sind wie eine Unterstreichung oder Verschärfung des in ihnen kommunizierten Inhalts. Sie melden sich so lange, bis die Träumenden ihren Inhalt einordnen und verarbeiten können.

Typisch für beide Arten von Albträumen ist ihre Struktur. In Träumen, die zu den angenehmeren Varianten gehören, lässt sich häufig ein Aufbau in vier Schritten erkennen: Der Einstieg bringt die Szene, in der der Traum spielt. Die Entfaltung des

Themas lässt die Akteure oder das Problem in Erscheinung treten. Der Höhepunkt bringt die Zuspitzung des Problems. Und der Abschluss zeigt eine Lösung des Problems. Der typische Unterschied beim Albtraum besteht darin, dass es in diesem keine Lösung gibt. Bevor ein Wendepunkt in den Blick kommen könnte, bricht er ab, sodass der Träumer das Aufwachen aus der bedrohlich erscheinenden Situation als Erlösung erlebt. Zum Teil ist der Schrecken der Traumszene jedoch so massiv, dass selbst nach dem Aufwachen das emotionale Entsetzen noch nachwirkt.

4.6.1 Albträume als Auseinandersetzung mit heftigen Ängsten (nightmares)

Zuerst wenden wir uns der ersten Art von Albträumen, den Nightmares, zu. Sie stellen einen unangenehmen, aber kraftvollen Hinweis auf Gefühle dar, die der Träumer vermeidet. Weil er sie nicht zulassen will, sinken sie ins Unbewusste ab. Die Albträume weisen den Träumer auf unerledigte Themen hin, die unbewältigt sind und nach einer Beachtung, einer Verarbeitung und einem Abschluss suchen. Aus Furcht davor, sie nicht aushalten zu können, stellt er sich ihnen nicht. Albträume dieser ersten Art weisen letztlich den Träumer auf seine abgespaltenen Gefühle hin. Auch wenn sie in bedrohlichem Gewand auftreten, haben sie zutiefst ein aufbauendes Anliegen. Sie machen zwar Angst, tragen aber zu ihrer Überwindung bei. Sie weisen den Träumer auf sein für ihn selbst unbefriedigendes Verhalten hin und wollen ihn daraus befreien. Indem sie so intensiv erscheinen, laden sie den Träumer zu einer intensiven Beschäftigung mit ihnen ein; so sind gerade Träume mit verstörenden Szenen besonders hilfreich. Verstörende Träume wollen den psychischen Alltagstrott des Träumers stören, um ihn dadurch für neue Lebensmöglichkeiten zu sensibilisieren. Sie sagen auf unüberhörbare Weise: Die Notwendigkeit einer

Lösung ist für dich als Träumer dringend. Sie sind mit einer aufrüttelnden Frage zu vergleichen, die auf eine dringend notwendige, passende Antwort wartet. So sind Albträume ein Teil der Auseinandersetzung des Träumers mit sich selbst, indem sie ihn auf eindrückliche Weise auf einen Veränderungsbedarf und auf seine dafür erforderlichen Ressourcen hinweisen.

Wir hatten bereits im Beispieltraum zum Schatten gesehen, wie der Einbrecher für die Träumerin zum Verbündeten wurde. Und der Wirbelsturm im einleitenden Traum zu diesem Abschnitt war für die Träumerin ein wichtiges Wecksignal. Sie wurde durch diesen darauf hingewiesen, sich nicht vor der Realität zu verstecken. So ließ ihr der Traum auf schonungslose Weise etwas Wichtiges zukommen. Diese Art von Albträumen können zu einer Art Freund werden, der eine wichtige Botschaft auf schonungslose Weise mitteilt – wenn sie verstanden und angenommen werden.

So sollen am Ende der Überlegung zu Albträumen, die der erwähnten Kategorie der Nightmares angehören, *mögliche Schritte* des verarbeitenden Umgangs skizziert werden:

Weil diese Art von Albträumen häufig auf abgespaltene, unbewusste Anteile hinweisen, geht es in der Arbeit mit ihnen um eine bewusste Konfrontation mit den Angst erregenden Traumbildern. Das im Dunkel des Unbewussten Gebliebene bedarf des Lichtes durch bewusstes Anschauen. So wird sich das Gefühl der Ohnmacht gegenüber den beängstigenden Traumbildern ändern. In der bewussten Wahrnehmung der Bilder wird der Träumer fähig, Einfluss auf diese Bilder zu nehmen. Dem Träumer sollte Mut gemacht werden, diese beängstigenden Seiten in sich nicht mehr zu bekämpfen, sondern sie zuerst wahrzunehmen und sich dann auf einen Dialog mit ihnen einzulassen. Eine aktive Auseinandersetzung mit dem Gefürchteten ist häufig förderlich; so werden die beängstigenden Bilder heilsam zur Sprache gebracht und so kann eine heilende Verwandlung in der Seele angebahnt werden.

In der Annäherung an einen verstörend wirkenden Traum kann es hilfreich sein, nach dem Erwachen zuerst die Realität zu prüfen: Das kann bei Fallträumen die bewusste Wahrnehmung des tragfähigen Bodens unter den eigenen Füßen sein oder bei einem Traum von einem bedrohlichen Menschen die Vergewisserung, dass man sich allein in einem geschützten Raum befindet.

Dann können Fragen folgen wie: Wieso träume ich diese schrecklich erscheinenden Bilder? Was haben sie mit meinem Leben und mit den Beziehungen, in denen ich stehe, zu tun? Sehr praktische Schritte empfiehlt Maria Riebl:

„Ich spüre in einem halbwegs stabilen Augenblick in mein Traumgefühl hinein: Was ist das Schlimmste in diesem Traum? ... Dann blende ich das Umfeld der Traumerzählung aus und lege den Fokus nur auf den einen Punkt – auf das stärkste Gefühl. ... Und dann taste ich mich weiter: Kommt mir dieses Gefühl irgendwie bekannt vor? Wo erlebe ich in meinen jetzigen Lebensumständen ein wenig davon – vielleicht viel schwächer, aber doch ähnlich? (Nicht vergessen: Träume lieben es, zu übertreiben!)"[38]

Dabei kann der Träumer auf das Verhalten seines sogenannten Traum-Ichs und auf die Beziehungserfahrung im Traum achten, um sich mit seinem Gefühl und Verhalten in der bedrohlichen Traumszene verstehen zu lernen. So geschieht dann eine Annäherung an die aufwühlenden Emotionen im Traum oder nach dem Aufwachen. Hilfreich kann es auch sein, den Blick auf die Ressourcen und hilfreichen Kräfte im Traum zu richten.

Dafür bedarf es sicher wesentlich einer sicheren Beziehung zu einer begleitenden Person. Gegen Albträume wirken schutzgebende, unterstützende Bindungen dann positiv, wenn sie die aktive Auseinandersetzung mit den bedrohlichen Traummotiven fördern und so die Ichstärke des Träumers für eine Erweiterung des durch Verdrängung verloren gegangenen Potenzials gestärkt wird. Je zutreffender die Antworten auf die durch den Albtraum gestellten Fragen sind, je deutlicher der Schlüssel zu diesen Träumen gefunden wird, desto mehr wird wieder der nächtliche Frieden im Schlaf einkehren. In der Verbündung mit den ungeliebten Anteilen geschieht das Ganzwerden der Seele.

Am Ende dieses Abschnitts zu Albträumen in der Art der Nightmares bringe ich noch einen weiteren Traum, der durch die Bearbeitung im Traumgespräch seinen Schrecken verloren hat: *Die Offenbarung/Apokalypse kommt. Ein Schwarm Vögel mit geknickten Hälsen fliegt über uns hinweg, dann kommen Lavaströme auf uns zu, wir bedecken uns vor Angst mit einer Decke. Dann stehen wir plötzlich in einem weißen Raum, wir sind auch weiß gekleidet, aber unsere Beine sind wie Pfähle.*

Im Gespräch über diesen Traum fragte ich die Träumerin, ob ihr bei diesem Traumbild eine Verbindung mit einem Ereignis aus den zurückliegenden Tagen einfalle. Sofort dachte sie an eine Auseinandersetzung mit ihrem Bruder per E-Mail, die ihr sehr Angst gemacht hatte. Obwohl ihr Bruder 500 Kilometer von ihr entfernt wohnte und keinerlei Einfluss auf ihr Leben haben konnte, hatte sie große Angst vor ihm empfunden. Der Traum warf ein sehr deutliches Licht auf die emotionale Qualität dieses Konfliktes. Sie befürchtete eine Katastrophe, die den Katastrophen im letzten Buch der Bibel entsprach. In ihrer Angst vor dem Bruder stand sie immer noch gefühlsmäßig unter seiner Herrschaft. Durch den Geschwisterkonflikt war sie emotional so geknickt, wie es die Vögel in ihrem Traum darstellten. Hier setzte der Traum die sprichwörtliche Redewendung „Ich bin geknickt" in ein Bild um.

In einer Zeit der Meditation und des Betens über diesen Traum begab sich die Träumerin imaginativ in den Lavastrom hinein. Da kam ihr ein Gedanke, der sie stark berührte: Wenn Lava heiß ist, dann kann sie fließen, sich bewegen. Wenn sie erkaltet, wird sie starr. Das entsprach genau ihrem emotionalen Erleben: Wenn sie innerlich heiß (voller Wut) war, dann konnte sie um sich schlagen, explodieren. Nicht lange danach nahm sie sich in ihren Gefühlen wieder unter strenge Kontrolle. So erkaltete sie und fühlte sich dann emotional wie erstarrt. Es fiel ihr schwer, zu ihren ehrlichen Gefühlen Zugang zu finden. Im Traum befand sich die Träumerin plötzlich in einem hellen Raum, auch sie selbst war hell gekleidet. Sie fühlte sich in diesem Traumbild wohl; es war für sie der Ausdruck eines Schutzes für ihre Seele. Sie wusste ja auch, dass ihr Bruder weit genug weg wohnte. Aber im Traum waren ihre Beine wie Pfähle. So fühlte sie sich auch – innerlich wie gelähmt. Ihre Gefühle waren trotz des Schutzes noch wie steif.

Der Traum konstellierte ein für sie heißes Thema. Wir hatten in der Theorie zu den Albträumen gesagt, dass verdrängte Gefühle im Traum bedrohlich werden können. Das zeigte sich auch in diesem Traum. Am liebsten wollte die Träumerin vor dem Konflikt mit ihrem Bruder flüchten. Der Traum antwortete auf diesen Fluchtversuch mit der drohenden Apokalypse. Aber sie merkte zugleich, dass Flucht für einen Weg in innerer Freiheit nicht hilfreich wäre. Sie wurde bereit, sich den Gefühlen der Ohnmacht und der Wut zu stellen. Schließlich wagte sie, sich ihrem Bruder gegenüber direkt und klar zu äußern. In den folgenden Wochen hatte sie zum Geschwisterkonflikt keinen Traum mehr.

4.6.2 Albträume als posttraumatische Wiederholungsträume (*nightterrors*)

Der Hauptunterschied zwischen den Albträumen der ersten Art (*nightmares*) und den hier berücksichtigten der zweiten Art besteht in der „wörtlichen" Wiederholung der ursprünglich traumatisierenden Situation. Zum Teil werden die Bilder der Traumaerfahrung im Traum auch symbolisch umschrieben. Der sich wiederholende Albtraum dokumentiert das unentrinnbar erscheinende Leiden des Opfers auch lange Zeit nach der Traumatisierung. Deshalb gehören Albträume auch zu den Diagnosekriterien der Posttraumatischen Belastungsstörung (PTBS). Im Erleiden eines Traumas ist die betroffene Person grundlegend überfordert und völlig einsam. Das Leiden überschwemmt das Opfer in einer solchen Wucht, dass es zum Teil nur mit Formen der Dissoziation überlebt werden kann. Vor allem in jüngeren Jahren können sich dissoziative Innenpersonen entwickeln, die dazu dienen, das Grauen zu überstehen.

Einige dieser Zusammenhänge zeigen sich im zweiten Beispieltraum am Beginn dieses Abschnitts zum Thema Albträume: In ihm findet sich die bedrohliche Einsamkeit der Träumerin; sie kann niemanden sehen oder rufen. Sie ist der Situation unausweichlich aufgeliefert; das symbolisiert der Traum in der Röhre in Gitterform. Die Träumerin verliert im Traum das Bewusstsein; der Traum scheint damit eine Dissoziation ins Bild zu setzen. Und schließlich bringt der Traum am Ende die 14-jährige Person ins Spiel, die sexuelle Gewalt erlitten hatte. Während die ersten drei Bilder die traumatische Katastrophe symbolisch darstellen, lenkt der Traum am Ende den Blick direkt auf die vergewaltigte Jugendliche.

Zum Wesen des Traumas gehört es, dass das Ausmaß des Leidens die Verarbeitungskapazitäten übersteigt; das gilt sowohl in der Ursprungssituation als auch bei extremer Traumatisierung in der Zeit danach. Aus diesem Grund greifen die Träume immer wieder dasselbe Thema auf. Was wir zu den Nightmares festgestellt haben, gilt auch für die Nightterrors: Mit den Wiederholungsträumen scheint die Seele des Träumers eine Art von Wiedervorlage traumatischer Bilder zu beabsichtigen, um sie irgendwann doch noch einer Verarbeitung zuzuführen. In dieser Richtung sieht Gaetano Benedetti auch die Funktion von Träumen, die von Traumata herrühren, und – daraus folgend – der therapeutischen Begleitung für die von solchen Träumen Betroffenen: „Es gehört aber zum Geist der Psychotherapie, dass wir den Wiederholungszwang als einen Drang verstehen, der immer wieder einen Anlauf nehmen muss, um den schweren Stein des Leidens über den Berg zu stoßen."[39]

Am Ende des Abschnitts zu den durch Traumata verursachten Albträumen sollen einige Hilfen stehen, wie bei akuter Erregung, die sich durch traumabedingte Albträume einstellt, wieder eine Stabilisierung erreicht werden kann. Diese Anregungen können kein Ersatz für eine fundierte Traumatherapie sein. Dasselbe gilt auch für eine inhaltliche Verarbeitung solcher Träume; sie kann im Rahmen dieser Arbeit nicht angemessen dargestellt werden.

Wenn die Begegnung mit den Traumbildern dazu führt, von Gefühlen überschwemmt zu werden, ist es unabdingbar, eine Traumszene sofort wieder zu verlassen. Dabei kann es helfen, bewusst die eigene Umgebung wahrzunehmen, sich kräftig zu schütteln oder sich einem anderen körperlichen Reiz (riechen, fühlen, hören, schmecken) auszusetzen, um Distanz zu den auslösenden Traumbildern zu bekommen.

Für einen Begleiter ist wichtig, in der Bearbeitung von traumabedingten Albträumen zuerst auf eine psychische Stabilisierung zu achten. Träumer können durch die Bearbeitung ihrer Träume so existenziell mit ihrem Ursprungstrauma in erneuten inneren Kontakt kommen, dass eine Retraumatisierung erfolgen kann, wenn ein Begleiter zu direkt auf Traumainhalte abzielt. In der Begleitung sollte auf die Übung des „sicheren Ortes" für die Seele des Träumers zurückgegriffen werden können und Distanzierungsmethoden sollten bekannt sein.

Bei weniger gravierenden Verletzungen kann auch das Veräußerlichen der Traumbilder seelisch beruhigen. Bereits das Aufschreiben solcher Träume kann dazu beitragen, einer innerlichen Überwältigung entgegenzuwirken. Vor der Bearbeitung des Traums kann es auch hilfreich sein, bewusst eine Beobachterposition einzunehmen, um die notwendige Distanz zu schaffen; von dieser Position aus kann es dann eher möglich werden, sich an einen Albtraum heranzutasten.

Brigitte Holzinger weist auf eine bewährte Methode zur Bearbeitung von Albträumen hin, die auch zur akuten Selbsttherapie geeignet sein kann: „Die bisher am gründlichsten evaluierte Therapieform bei Albträumen, auch bei Posttraumatischer Belastungsstörung, ist wohl die ,Imagery-Rehearsal'-Therapie (IRT), die Barry Krakow entwickelt hat. Bei diesem Verfahren malt sich der Patient ein neues, gutes Ende für angsteinflößende, wiederkehrende Albträume aus und nimmt diesen somit ihren Schrecken."[40]

4.7 Autoregulation und Kompensation in Träumen

Am Beginn dieses Abschnitts soll ein Traum stehen, der der Träumerin eine wichtige andere Sicht ihrer aktuellen Situation vor Augen stellte. Sie erzählte:

Ich sitze auf einem Rollstuhl und fahre in ihm umher. Mit mir ist zeitgleich eine zweite Frau auch im Rollstuhl unterwegs. Ich fahre zusammen mit der anderen Frau auf einer etwas kurvigen Rampe nach unten. Während ich im Rollstuhl weiterfahre, kommt in mir Freude auf. Ich fühle mich wohl und fahre gerne so vor mich hin.

Im Gespräch über den Traum ging ich auf die Tatsache ein, dass in ihm neben der Träumerin eine zweite Frau erschien. Diese Frau kannte sie nicht. Ich erklärte ihr, dass Verdoppelung im Traum häufig die Funktion einer Unterstreichung habe. Weil ich vermutete, dass das Thema Fraulichkeit für die Träumerin von Bedeutung sein könnte, fragte ich sie, wie es ihr mit der Tatsache ergehe, dass sie eine Frau ist. Sie stutzte zunächst und sagte dann ehrlich, dass sie sich über ihre Fraulichkeit noch nie tiefere Gedanken gemacht habe. Sie hatte von ihren Eltern als Kind eher wenig Unterstützung erfahren, was sie häufig überfordert hatte. Dadurch entwickelte sie eine ausgeprägte

Willensstärke, mit der sie sich zum Teil überforderte. Wir sprachen über das Thema Femininität; diese stehe für die Haltung des Empfangens, für Intuition und die Berechtigung, da sein zu dürfen. Beim Aufnehmen dieser Dimension wurde ihr bewusst, wie wenig diese in ihrem Leben Raum hatte. Mit seiner betonten Einseitigkeit wollte der Traum die Träumerin auf die Spur einer ausgeglicheneren fraulichen Identität setzen. Im Traum befanden sich beide Frauen im Rollstuhl. Der Träumerin fiel zu Rollstuhl spontan das Stichwort Behinderung ein. Ihr kam der Gedanke, dass sich dieses Bild auf ihre Auszeit beziehen könne, die sie seit einiger Zeit verordnet bekommen hatte. Beim Gedanken an ihre berufliche Untätigkeit habe sie immer wieder Schamgefühle. Sie kam sich wie eine Versagerin vor. Im Rückblick auf den Traum überraschte es sie, dass sie sich in ihm mehr und mehr wohlfühlte. Da erinnerte sie sich, dass sie sich in manchen Augenblicken auch tatsächlich in ihrem Wachbewusstsein wohlzufühlen begann. Sie konnte es inzwischen zulassen, diese Zeit positiv zu sehen und für sie dankbar zu sein. Der Traum stellte der bisher überwiegend negativen Sicht ihrer Auszeit – kompensierend – eine positive gegenüber.

Blicken wir von diesem Traum her auf das, was in der analytischen Psychologie zur Autoregulation und Kompensation der Träume gesagt wird:[41]

In der Beschäftigung mit Träumen fällt auf, dass sie häufig dem Träumer diejenigen Seiten, Anteile oder Einstellungen vor Augen stellen, die dem Wachbewusstsein zu einem ganzheitlichen Erleben fehlen oder zu gering ausgeprägt sind. Psychische Einseitigkeiten können einerseits dadurch entstehen, dass der Mensch wichtigen Themen seines Lebens aus dem Weg geht und sie verdrängt; zum anderen entstehen sie dadurch, dass ein Mensch sich weiterentwickelt, aber dennoch in einer trägen inneren Haltung am Alten haften bleiben will. Je größer die Diskrepanz zwischen den im Unbewussten herrschenden Gegenkräften und der im Wachbewusstsein dominanten Bewusstseinslage ist, desto deutlicher erscheint das kompensatorische Element im Traum. Es kann sich auf sehr drängende Weise zeigen. Es hat den Anschein, dass die Seele ein intuitives Empfinden für das Optimum an Lebensmöglichkeit und Lebendigkeit hat. Wenn ein Träumer von diesem Optimum abweicht, können manchmal lebhafte Träume mit stark kontrastierendem Inhalt erscheinen. Dadurch soll die Spannung oder Diskrepanz zwischen dem Bewussten und Unbewussten ausbalanciert werden und eine verengte Sicht des Lebens aufgebrochen werden.

Darin äußert sich die Kompensation als psychologische Autoregulation der Seele. In der zweckmäßig kontrastierenden Kompensation geschieht im Unbewussten gleichsam eine Gegenüberstellung und ein Vergleich verschiedener Standpunkte und Einstellungen, die auf einen Ausgleich oder eine Korrektur warten. So werden dem Bewusstsein die fehlenden oder vernachlässigten Seiten der eigenen Persönlichkeit nahegebracht, die zum vollständigeren Erleben und zu einer angemesseneren Situationsbewältigung vonnöten sind; in der Kompensation geschieht auf diese Weise ein Ausgleich zwischen Unbewusstem und der bewussten Lebenseinstellung.

Bei der Erschließung der ausgleichenden Funktion eines Traums spielt das Traum-Ich eine wesentliche Rolle. Es dient als Brücke zwischen dem Unbewussten und Bewussten, indem es im Traum Erlebnis- und Handlungsvollzüge anbietet, die der Träumer bewusst integrierend in sein Erleben und Handeln aufnehmen kann. Im Beispieltraum am Beginn dieses Abschnitts war die Träumerin im Rückblick auf ihren Traum überrascht, dass sie sich als Rollstuhlfahrerin unerwarteterweise wohlfühlte. Ihr Traum-Ich legte ihr damit eine von ihrer bewussten Einstellung abweichende Sichtweise der Auszeit vor.

Im Gespräch über diese von ihrem Unbewussten angebotene Möglichkeit konnte sie ihr Wachbewusstsein überdenken und zu ihren Gunsten verändern.

Ein solcher Prozess ist ein kreativer Vorgang. Er bedeutet sicher nicht, dass ein vom Unbewussten angebotener kompensatorischer Inhalt einfach an die Stelle des Bewussten zu setzen wäre; auf diesem Weg würde lediglich eine Umkehrung der Verhältnisse zwischen Unbewusstem und Bewusstem geschehen. Der Sinn der Kompensation besteht vielmehr darin, eine Integration unbewusster Inhalte in das Bewusstsein zu ermöglichen, die für das Bewusstsein auch akzeptabel sind. Dies geschieht dadurch, dass unbewusste Traumbilder und bewusste Haltungen zueinander in Beziehung gebracht werden. So kann es zu einem Ausgleich von Gegensätzen und zur Korrektur von einseitigen Lebensorientierungen kommen. Hier ist das Wach-Ich der träumenden Person herausgefordert, sich zu den Einfällen des Unbewussten verantwortlich zu verhalten, indem es auf diese hört. Es gibt keinen Kompensationszwang; Trauminhalte können verdrängt und abgewehrt werden. Aber sie können eben auch lebensentfaltend integriert werden. In diesem Prozess geschieht nach C.G. Jung die Autoregulation der Seele, die der Individuation oder Ganzwerdung des Menschen dient. Dieser Prozess kann gelingen oder auch stecken bleiben.

Hans Dieckmann zufolge kann die kompensatorische Funktion der Träume auf dreierlei Weise geschehen:

„1. Der Traum erfolgt als eine Reaktion des Unbewussten auf eine bestimmte bewusste Situation, indem er die Letztere ergänzt oder kompensiert. ...

2. Der Traum ist das Produkt einer Spontaneität des Unbewussten und fügt zu einer bestimmten bewussten Situation einen ganz anderen, unbewussten Aspekt hinzu. Zwischen beiden entsteht hierdurch eine Gegensatzspannung und ein Konflikt. Im ersten Beispiel[42] verläuft das Energiegefälle vom Bewusstsein

zum Unbewussten, während hier mehr oder weniger ein energetisches Gleichgewicht zwischen beiden besteht. ...

3. Der Traum ist das Produkt unbewusster Prozesse, wobei die ganze Aktivität vorwiegend oder ausschließlich beim Unbewussten liegt und eine Beziehung zum Bewusstsein und dessen Positionen aus dem Trauminhalt selbst nicht mehr erkennbar ist. Diese Träume haben einen eigenartigen, schwer deutbaren Charakter, sind aber inhaltlich sehr wichtig und bedeutsam, da sie unter Umständen eine bewusste Haltung völlig verändern oder umkehren können. Das energetische Gefälle verläuft hier vom Unbewussten zum Bewusstsein."[43]

Zum Phänomen der Kompensation gehört auch eine Beobachtung, die ich häufig sowohl bei mir selbst als auch in der Begleitung anderer feststelle: Bei Seelsorgewochen kommt es immer wieder vor, dass sich Heilungsprozesse in spürbarer Dichte ereignen. Solche Erfahrungen haben etwas Beglückendes an sich. Immer wieder kommt es dem Wachbewusstsein frappierend vor, dass in einer auf solche Erfahrungen folgenden Nacht Träume mit erschreckendem Inhalt erscheinen. Das kann so befremdend oder frustrierend wirken, dass sich die Frage meldet: Was habe ich eigentlich in den letzten Tagen erlebt? War alles eine Form des Selbstbetrugs? Bei genauerem Hinsehen zeigt sich in solchen Zusammenhängen immer wieder, dass die Seele es in der Atmosphäre der Heilung wagt, sich tiefer zu öffnen. Im heilenden Beziehungsraum scheint die Seele mehr von sich preisgeben zu können. Dasselbe Phänomen gibt es immer wieder auch in umgekehrter Richtung: Wenn jemand in Begleitung eine Tiefphase durchgeht, in der das Bearbeiten einer weiteren Verletzungsschicht ansteht, kommt es nicht selten vor, dass er dann sehr Mut machende Träume hat. Sie können als Hinweis auf die Ressourcen und Chancen in und hinter einer Schmerzphase verstanden werden.

Am Ende dieses Abschnitts über die autoregulative und kompensatorische Funktion von Träumen bringe ich noch ein Traumbeispiel, das den wechselseitigen Bezug zwischen Wachbewusstsein und kompensierender Traumantwort im Rahmen einer seelsorglichen Begleitung vor Augen führt:

Eine Träumerin nahm an einer unserer viertägigen Intensivseelsorgegruppen teil. Sie wollte sich ihren belastenden Kindheitserfahrungen stellen. Mit sieben Jahren hatte sie den Tod ihres Vaters und zehnjährig den ihres Großvaters erlebt. Traumaverstärkend kam hinzu, dass von ihr als Kind erwartet wurde, die Trauer zu bewältigen, weil doch der Vater und Großvater beim „lieben Gott" wären. Außerdem war sie von ihrer Mutter in manipulativer und überfahrender Weise erzogen worden. Am Tag vor der Nacht, aus der der Traum stammte, äußerte sie im Begleitungsgespräch, ihr werde bewusst, dass sie sich in ihrem Leben zu sehr untergeordnet habe. Hier wollte sie neu in den Blick nehmen, dass sie ihren Raum bewusst einnehmen und sich mit dem, was ihr wirklich am Herzen liegt, auch dann anderen zumuten wolle, wenn diese eher Fügsamkeit erwarteten. In der Nacht darauf träumte sie:

Ich sehe einen kurdischen Widerstandskämpfer. Er ähnelt einem Arbeitskollegen von mir. Er unterschreibt irgendein Blatt. Einige Leute meinen über ihn, dass er nicht vertrauenswürdig wäre. Die Träumerin sagt im Traum: Ich verbürge mich für ihn. Er ist in Ordnung.

Im Gespräch über diesen Traum sagte die Träumerin, dass sie diesen Arbeitskollegen sehr schätze. Er habe eine äußerst angenehme Art und stehe in guter Weise für sich ein. Sie finde es auch in Ordnung, dass die Kurden für ihre Rechte eintreten. Wir sprachen darüber, dass ihr Unbewusstes nicht von ungefähr diesen Widerstandskämpfer im Traum habe auftreten lassen. Ihr wurde deutlich: Es ging um ihr Recht und die Notwendigkeit, sich mit Menschen auseinanderzusetzen, die ihr nicht gutgetan hatten. So hatte der Traum auf ihre einseitige Lebenshaltung hingewiesen, in der sie sich zu schnell fügte.

Wir gingen im Gespräch auch auf die Meinung einiger Leute ein, dass dieser Kurde nicht vertrauenswürdig wäre. Hier stellte der Traum die andere Seite in ihr dar, die noch im Bann ihrer aus der Kindheit herrührenden Prägung der Fügsamkeit stand. Indem der Traum ihr diese beiden Seiten gegenüberstellte, regte er in ihr einen inneren Gesprächsprozess zwischen beiden Seiten an.

Unter dem Gesichtspunkt der Komplementarität brachte der Traum der Träumerin nahe, die Position des Kurden als Freiheitskämpfer noch tiefer zu realisieren. Dabei stand für sie ein Lernprozess an, in größerer Freiheit und innerer Gewissheit den eigenen Standpunkt auch bei äußeren und inneren (!) Widerständen klar zu vertreten.

4.8 Kausalität und Finalität in Träumen

Träume sind häufig auf ein „Woher" – die Frage nach den Ursachen eines Traums – und auf ein „Wohin" – die Frage nach seiner Intention – bezogen. Das soll an folgendem Beispieltraum verdeutlicht werden. Eine Träumerin brachte folgenden Traum:

Ich bin im Kreißsaal. Meine Schwester ist auch dort und hat schon Wehen. Mein Bauch ist gegen ihren sehr klein, und ich habe die Vorstellung, dass mein Kind missgebildet ist. Das Gesicht meiner Schwester verändert sich ständig. Alle haben entbunden, nur bei mir tut sich nichts. Als dann die Fruchtblase geöffnet wird, läuft grünes Fruchtwasser ab. Ich habe große Angst vor dem, was da wohl herauskommen wird.

Im Gespräch über diesen Traum sagte die Träumerin, dass sie sich in der realen Familienatmosphäre immer wieder gegenüber ihrer Schwester zurückgesetzt vorgekommen sei. Entsprechend fühlte sich die Träumerin im Traum gegenüber ihrer Schwester im Nachteil, weil diese schon dichter an der Geburt ihres Kindes dran war. Und dasselbe Gefühl hatte sie auch gegenüber den anderen noch entbindenden Frauen. Ihr fiel auf, dass ihr eigenes kurz vor der Geburt stehendes Kind nicht nur sehr klein war, sondern dass sie auch Angst vor dessen Missbildung hatte. Das im Traum grüne Fruchtwasser (Zeichen für einen intrauterinen Sauerstoffmangel) unterstrich die Unterversorgung ihres inneren Kindes. Sie hatte zwar begonnen, sich um ihr inneres Kind zu kümmern, hatte jedoch immer noch erhebliche Schwierigkeiten, es zu akzeptieren. Der Traum griff zurück auf die Kausalität, die Tatsache, dass sie in einem Familienklima aufgewachsen war, in dem ihr inneres Kind sich nur verkümmert entwickeln konnte. Zugleich kam diesem Traum ein finaler Aspekt zu: Er brachte zum Ausdruck, dass sich in ihr neues Leben entwickelte. Auch wenn dieses Leben ziemlich bedroht war, so stand es kurz vor der Geburt. Der Traum wollte der Träumerin nicht mitteilen, dass das neue Leben in ihr unabänderlich missgebildet sein würde. Er forderte sie vielmehr dazu heraus, sich um die Entfaltung dieses Lebens zu kümmern. Der finale Aspekt dieses Traums rückte in ihr Blickfeld: Es gibt für mein inneres Kind Heilung und Entfaltung. In der liebevollen Zuwendung zu den verkümmerten, nicht geliebten Seiten hat mein Leben das Potenzial nachzureifen.

Blicken wir vor dem Hintergrund des Beispieltraums auf das Thema Kausalität und Finalität[44]:

Eine kausale Deutung von Träumen sucht in den Traumbildern nach bedingenden Ursachen in der Vergangenheit. Sie ist also retrospektiv ausgerichtet und gibt eine Antwort auf die Frage, mit welchen Ereignissen in der Biografie des Träumers der Traum in Verbindung steht. Träume können entweder durch frühere Traumata oder durch biografische Komplexe und unbewusste, verdrängte Konflikte bedingt sein. Eine kausale Deutung der Träume ist analytisch-diagnostisch orientiert und fördert die Regression.

Das zeigte auch der Beispieltraum: Er handelte von realen verletzenden Erfahrungen in der Herkunftsfamilie. Das Traummotiv der mit einem möglicherweise missgebildeten Kind Schwangeren wies auf ihre missgebildeten Gefühle, vor denen sie Angst hatte. Ihr inneres Kind hatte „Sauerstoffmangel"; es war akut unterversorgt. Die kausale Deutung ihres Traumes führte der Träumerin existenziell ihren in der Herkunftsfamilie erfahrenen Mangel vor Augen.

Im Unterschied zur kausalen Deutung fragt die finale Deutung nach dem Sinn und Zweck eines Traums. Sie hilft dem Träumenden, sein Leben auf ein sich im Traum zeigendes Entwicklungsziel zu richten, indem sie in den Traumbildern Lösungsentwürfe für Konflikte und Probleme darstellt. Sie gibt Impulse zur Persönlichkeitsentwicklung. Mit dieser Ausrichtung ist die finale Deutung prospektiv, also der Zukunft verbunden, und stößt neue Lebensmöglichkeiten, Entwicklungen und eine mögliche Reifung an. Mit der finalen Interpretation können Träume ein zu einseitiges, problembezogenes Bewusstsein korrigieren oder die Entwicklung zu mehr Ganzheitlichkeit anstoßen; sie fordert zum Wagnis neuer Möglichkeiten heraus. Das Unbewusste arbeitet hier mit einer Selbstheilungstendenz, der wir bereits unter dem Abschnitt der Autoregulation und Kompensation begegnet sind. Der finale Aspekt der Träume hat eine therapeutische Wirkung; er ist eine Ressource. Diese Wirkung setzt freilich nicht automatisch ein. Sie will vielmehr vom Träumer bewusst verstanden und in kontinuierlichen Entwicklungsschritten umgesetzt werden. Während die kausale Deutung analytisch orientiert ist, ist die finale Variante synthetisch, progressionsfördernd ausgerichtet.

Das zeigte sich auch im Beispieltraum: Er war ein eindringlicher Ruf an die Träumerin, sich entschlossen um das werdende Leben in ihr zu kümmern. Die Träumerin, selbst Hebamme, wusste, wie schnell in einer solchen Situation zu handeln ist.

Nun wies sie ihr Traum unter zukunftsoffener und zielgerichteter Sichtweise darauf hin, dass ihre eigene Seele ihrer entschlossenen Zuwendung bedurfte. Kausale und finale Deutung der Träume sind gleichermaßen zu beachten. Sie bilden zusammen ein Gegensatzpaar, das nicht nur für das Traumverständnis, sondern auch für die therapeutisch-seelsorgliche Begleitung relevant ist. Denn alles Suchen nach Kausalfaktoren eines Leidens dient seiner Überwindung und der Förderung des Heilungspotenzials. So bewahrt die kausale Deutung vor einem Realitätsverlust im Umgang mit den Trauminhalten, die finale Deutung durchbricht eine mögliche Vergangenheitsfixierung und eröffnet dynamische Entwicklungsprozesse.

4.9 Tagesreste
In einer unserer Seelsorgegruppen zum Thema „Begegnung mit dem inneren Kind" kam eine Teilnehmerin mit einem Traum, den sie eigentlich nicht im Traumgespräch einbringen wollte. Sie meinte: „Mein Traum ist nicht wichtig, es ging halt um das, was ich gestern erlebt habe." Ich redete ihr gut zu, dass sie es ja trotzdem einmal wagen könne, uns diesen Traum zu erzählen. Schließlich fasste sie Mut und erzählte:

Ich habe mich in mein Auto gesetzt und mich auf den Weg zum Tagungshaus gemacht, in dem wir jetzt unsere Seelsorgegruppe durchführen. Ich fahre auf der Straße und je länger ich unterwegs bin, desto unsicherer werde ich, wo ich überhaupt hinfahre. Schließlich habe ich Angst, dass ich überhaupt nicht im Tagungshaus ankommen werde.

Im Gespräch über diesen Traum wunderte sich die Träumerin über ihren Traum. Sie war ja am Tag zuvor wohlbehalten im Tagungshaus angekommen. Ich fragte sie nach ihrem Hauptgefühl im Traum. Für sie war es die Angst, nicht dort anzukommen, wo sie eigentlich hinwollte. Dann fragte ich sie nach ihren Gefühlen im Hinblick auf die bevorstehenden gemeinsamen Tage. Bei dieser Frage rührten sich in ihr Schamgefühle, und sie sagte: „Ich weiß nicht, ob ich in diesen Tagen innerlich wirklich hier ankommen werde und wie ich mich wohl öffnen kann. Mir ist bange, ob ich in den nächsten Tagen mit meinem Seelenprozess weiterkomme." Als sie das gesagt hatte und dabei erlebte, dass sie mit ihren Ängsten angenommen wurde, war sie sichtlich erleichtert.

Gehen wir vor dem Hintergrund dieses Beispieltraumes auf den Umgang mit Träumen ein, die Motive aus dem Vortageserleben enthalten:

Es handelt sich hierbei um die sogenannten Tagesrestträume. Sie greifen Erlebnisse des Vortages oder der zurückliegenden Zeit auf. Dass in sehr vielen Träumen Tagesreste aufzufinden sind, ist unbestritten. In der Traumforschung wird diese Tatsache als Kontinuitätshypothese bezeichnet, weil Objekte und Motive aus dem zurückliegenden bewussten Tageserleben im Traum aufgegriffen werden. Dieses Phänomen der Tagesreste ist so evident, dass sich im Umgang mit solchen Träumen eine weit verbreitete, typische Gefahr findet, der die Teilnehmerin an der Seelsorgegruppe beinahe erlegen wäre: die Gefahr, sie als trivial abzutun. Solche Träume verleiten dazu, sie so abzuwerten, dass man nicht mehr wirklich auf sie hört und sie als pure Wiederholung der vorausgegangenen Erlebnisse erklärt.

Um einen Träumer an die Botschaft seines Tagesresttraumes heranzuführen, kann es sinnvoll sein, ihn mit der Frage zu konfrontieren: Wenn dein Traum ohnehin nur Bekanntes rekapituliert, wieso träumst du ihn dann? Dann wäre der Traum eine nächtliche Energieverschwendung für ein Produkt, das nichts zu sagen hätte. Um Träume, die allzu bekannte Tagesreste enthalten, angemessen bearbeiten zu lernen, ist es erforderlich, sich klar zu machen, wie der Traum mit diesen Resten umgeht:

Zum einen finden häufig Erlebnisse, die den Träumer subjektiv wirklich etwas angehen und ihn beeindrucken, ihren Weg in die Traumbilder. In den Tagesresten, die der Traum aufgreift, schlagen sich Erlebnisse nieder, die emotional noch ungelöst sind. Sie weisen meistens in symbolischer Form auf Schwierigkeiten hin, die auf eine Lösung warten oder für die der Traum eine Lösungsrichtung andeutet.

Zum anderen sind Träume normalerweise keine reine Wiederholung von Vortageserlebnissen. Sie greifen Tagesreste nicht zufällig auf, sondern verankern auf eine dem Unbewussten entsprechende Weise eine Traumbotschaft im derzeitigen Leben des Träumers. Deshalb rekapitulieren sie das Erlebte nicht nur, sondern sie verfremden das aufgegriffene Material und kompensieren mit zum Teil subtilen Veränderungen des Tagesrestmaterials das Bewusstsein. Deshalb ist bei der Bearbeitung eines Traums mit Tagesresten sehr genau darauf zu achten, welche Unterschiede zur real erlebten Szene zu entdecken sind.

Im Beispieltraum am Beginn dieses Abschnitts bewirkte der gegenüber der Realität des Vortages geänderte Ausgang des Traumes einen deutlichen Aha-Effekt. Die Träumerin war ja am Tagungsort angekommen. Aber sie wäre von sich aus an dieser Tatsache innerlich vorübergegangen. Es bedurfte des Gesprächs über ihren Traum, um diesen Effekt emotional für sie zugänglich zu machen. Mit dieser signifikanten Veränderung des Tagesrestes vom Vortag half ihr der Traum, verborgene Ängste ans Licht zu bringen und mit ihnen bewusst umzugehen.

Manchmal werden Tagesreste im Traum auch genau identisch wiederholt. Wenn das der Fall ist, dann beinhaltet die wiederholte Szene meistens eine symbolische Aussage, die subjektstufig verstanden werden will. So sind die Tagesreste „nicht per se bedeutsam, sondern als Ausdrucksmittel zur Veranschaulichung einer unbewussten Dynamik"[45]. Das hängt damit zusammen, dass nicht die Tagesreste Ursache eines Traumes sind, sie sind lediglich geeignete Ausdrucksmittel und Baumaterial im Dienste einer Botschaft aus dem Unbewussten.

5.

Zum praktischen Umgang mit Träumen

Unter dem vorhergehenden Punkt 4 haben wir uns die wesentlichen Erschließungskategorien für den Umgang mit Träumen klargemacht. Nun sollen zum einen Recht und Grenze von Subjektivität und Intersubjektivität im Prozess der Traumdeutung zur Sprache kommen; zum anderen sollen methodische Schritte skizziert werden, die dazu beitragen, die Botschaft eines Traumes herauszufinden. Wie kann ich mich konkret mit einem Traum auseinandersetzen?

5.1 Recht und Grenze des subjektiven Zugangs zum Traum

Der Traum ist ein urpersönliches Gebilde des Träumers. Das will bei der Begegnung zwischen dem Traum und seinem Träumer berücksichtigt werden. Das heißt für die Praxis der Traumdeutung, dass der Lebenszusammenhang des Träumers mit seinen gegenwärtigen Erfahrungen, Einstellungsmustern und seinem Lebensstil mit seinem Traum in Verbindung gebracht werden will. In der Traumdeutung will der „Sitz im Leben" des Träumers berücksichtigt werden, und das heißt: sein persönliches einmaliges Leben. Als eine Tendenzaussage kann man ausgeben: Alle Deutungen zu einem Traum, die beim Träumer eine Resonanz hervorrufen und ihn zu einer konstruktiven Lebensänderung bewegen, können als nützlich betrachtet werden. Ohne eine solche Resonanz können sie getrost unberücksichtigt bleiben, auch wenn die Deutung von einem renommierten Deuter geäußert worden sein sollte. Das Gefühl und Urteilsvermögen des Träumers gehören unbedingt in den Prozess der Traumdeutung. Eine angemessene Deutung führt beim Träumer zu einem Aha-Erlebnis, zu einer inneren Klarheit. Auch wenn eine Deutung auf Negatives, Dunkles, auf Mängel und Schmerz weist, so führt sie letztlich zu mehr Freiheit, wenn sie zutrifft. Sie löst, entkrampft und ermöglicht mehr inneren Lebensraum. Letztlich kann nur der Träumer selbst entscheiden, welche Deutung für seine Träume die richtige ist; sie muss *ihm* einleuchten, weil es dabei um *seinen* Traum und *sein* Leben geht.

Damit ist zugleich festzuhalten, dass Traumbücher, in denen einem Lexikon gleich die Bedeutungen von Symbolen nachgeschlagen werden können, nur sehr eingeschränkt sinnvoll sind. Abgesehen von der Tatsache, dass ein Vergleich unterschiedlicher Symbollexika zum Teil erhebliche Unterschiede in der Interpretation von Symbolen erkennen lässt, führt ein lexikalischer Umgang mit Träumen schnell zu einem Verlust des persönlichen Bezugs zum Traum. Allgemeingültige Deutungserklärungen für Personen, Tiere, Gegenstände oder Handlungen im Traum gibt es nicht. Traumlexika können nichts über das individuelle Bedeutungsgefälle von Traumobjekten sagen. Das Traumvokabular, das aus den hinter ihnen liegenden individuellen Lebenserfahrungen geformt wurde, will individuell herausgearbeitet und verstanden werden. Diese Einsicht steht nicht im Widerspruch zu der Tatsache, dass allgemeine Themen bei sehr vielen Träumen auftauchen können. Aber dem Sinn von Träumen lässt sich letztlich nur mit der Kenntnis der Lebenssituation des Träumers und seines Gefühlserlebens auf die Spur kommen. Es empfiehlt sich von daher für den Träumer, seinen Traum mit dem Wachleben zu verknüpfen und zu fragen, worauf er ihn aufmerksam machen will.

Mit dieser „Deutungshoheit" ist der Träumer in seiner inneren Haltung gegenüber seinen eigenen Träumen herausgefordert.

Zu einer angemessenen inneren Haltung des Träumers gehört Respekt der eigenen Traumwelt und sich selbst gegenüber. Für die Haltung des Träumers ist ferner wichtig zu verstehen: Der Traum meint meistens mich als Träumer selbst. Der Träumer spielt die Hauptrolle in seinen Träumen, und alles, was ihm in den Träumen begegnet, hat mit ihm zu tun. Sodann ist es für den Träumer zu empfehlen, das Traumbild bzw. die Traumszene mit etwas in Beziehung zu setzen, was sich zur Zeit des Traums im eigenen Leben ereignet hat oder ankündigt. Diese Bedeutung für die aktuelle Situation, die Konflikte, Wünsche, Ängste und Pläne gilt es zu erkunden.

In Verbindung mit dem Recht auf die Deutungshoheit über die eigenen Träume muss freilich auf eine Grenze hingewiesen werden, die unvermeidlich ist: Sie hängt mit dem Widerstand und der Abwehr zusammen, die sich bei zutreffenden Deutungen ergeben können. Man muss zwar nicht so weit gehen wie Leon Altmann mit seiner Behauptung: „Wird der Traum ‚gedeutet‘, noch ehe der Analytiker dazukommt, so flieht der Patient in Wirklichkeit vor seinem ängstigenden Inhalt."[46] In der Konsequenz würde mit dieser Behauptung der Träumer im Verständnis seiner Träume vom deutenden Therapeuten abhängig gemacht. Aber es ist immer wieder in der Praxis eine Tendenz festzustellen, dass Träumer aus mehreren Deutungsangeboten die ihnen willkommensten heraussuchen.

5.2 Recht und Grenze eines Begleiters

Die soeben angesprochene Deutungshoheit des Träumers darf nicht dahin gehend missverstanden werden, dass der seine eigenen Träume deutende Träumer das Ideal darstelle. Die Tendenz besteht vielmehr darin, dass die ausschließlich persönliche Beschäftigung mit Träumen dazu führt, sie nicht angemessen wahrzunehmen.

Nüchtern stellt David Benner fest: „Die meisten Menschen brauchen, um mit ihren Träumen arbeiten zu lernen, das Gespräch über ihre Träume mit jemandem, der in der Traumarbeit erfahren ist."[47] Ein unschätzbarer Vorzug des Gesprächs über einen Traum mit einem anderen liegt darin, dass der Traum beim Erzählen auf eine viel tiefere Weise lebendig wird, als wenn man allein über ihn nachdenkt. Das Erzählen bringt eine positiv zu verstehende Ausgestaltung des Traumes und weitere Verknüpfungen mit sich, die zu einem vertieften Verstehen und Erleben führen. Erzählen und Zuhören wirken befruchtend aufeinander; je besser zugehört wird, desto mehr kann ein Fluss beim Erzählen in Gang kommen. Ein Gespräch über Träume mit anderen, die Erfahrung im Umgang mit ihrer Deutung haben, wird auch deshalb fruchtbar sein können, weil der Träumende selbst zu wenig Abstand zu seinem eigenen Traum hat, was ein konstruktives Verstehen häufig erschwert.

Unabdingbar ist eine therapeutische Begleitung, wenn sich im Traum abgespaltene Persönlichkeitsanteile zeigen, wenn es also darum geht, sich unterdrückten Wesenszügen und Verhaltensweisen zu nähern, um sie wieder zu integrieren. Weil derartige Abspaltungen durch verletzende oder traumatisierende Beziehungserfahrungen entstehen, bedarf es einer neuen, therapeutisch-heilenden Bezugserfahrung, ohne die Verwandlung und Heilung kaum möglich sind. Die Übergänge zwischen therapeutischer und seelsorglicher Begleitung in der Bearbeitung von Träumen können hier fließend sein. Hier hat der Begleiter seine Möglichkeiten und Grenzen von seiner therapeutischen Kompetenz her nüchtern einzuschätzen.

Wer sich als Begleiter in der Deutung von Träumen anderer zur Verfügung stellt, hat spezifische Fähigkeiten zu entfalten:

Er sollte sich mit seinem eigenen Traumleben vertraut gemacht haben. Das heißt sicher nicht, dass Kenntnisse über die eigenen Träume auf andere übertragbar wären, aber in der persönlichen Erfahrung im Umgang mit den eigenen Träumen wächst eine verantwortliche Intuition, die in jedem Fall in der Auseinandersetzung mit der einschlägigen Fachliteratur zum Thema Träume ausgebildet und vertieft werden will.

Ein Begleiter wird sich mit der bewussten Lage des Träumers zumindest in Grundzügen bekannt machen, da ein Traum letztlich nur in Verbindung mit dem Leben des Träumers in seiner Tiefe verstanden werden kann.

Ein Begleiter sollte sich davor hüten, dem Ratsuchenden aus einer überlegenen theoretischen Sicht heraus Träume zu interpretieren. Eine solche Haltung führt sehr leicht zu Rechthaberei und zur Diskussion über verschiedene theoretische Ansätze. Vielmehr ist der Berater gefragt, sich auf einen manchmal langwierigen Suchprozess nach der persönlichen Bedeutung des Traumes für den Träumer zu begeben.

Jeder Traum ist originell; ein Begleiter sollte sich ihm unvoreingenommen und offen nähern. Hierzu wird es oft angemessen sein, mit Fragen den Träumer auf die Spur des Verstehens seiner Träume zu bringen.

Der Begleiter hat beim Hören der Traumerzählung innere Präsenz zu praktizieren. Dies meint eine Wachheit des Begleiters mit allen Sinnen. So wird er auf Feinheiten wie Bewegungen, Mimik, Ausdruck und Tonfall des Traumerzählers achten. Auf diese Weise kann der Begleiter auf der einen Seite die Gesamtatmosphäre eines Traumes mit seiner Stimmung aufnehmen und auf der anderen Seite offen sein für inspirierende Details.

Am Ende der Skizze zum Recht und zur Grenze eines Begleiters in der Traumdeutung sei noch einmal die Regel aufgegriffen, die schon im Abschnitt über Recht und Grenze der Subjektivität erwähnt wurde: Es entscheidet letztlich der Träumende darüber, ob eine Auslegung zutreffend oder nicht zutreffend, richtig oder falsch ist. Mit dieser Regel ist dem Begleiter eine klare Grenze gesetzt.

5.3 Assoziation und Imagination

Um die Botschaft der Träume zu erfassen, bedarf es einer Annäherung an die Traumbilder und -szenen, die die reine Verstandesebene übersteigt. Dafür bietet sich das Konzept von Assoziation und Imagination an.

Sigmund Freud hatte in seiner Arbeit mit Träumen die freie Assoziation praktiziert. Diese öffnete, angestoßen vom Traum, ein breites Feld an Gedankenverbindungen. Allerdings tendiert diese Methode zu Assoziationsketten, die schnell vom eigentlichen Traumthema wegführen können. Carl Gustav Jung hat diesem Abschweifen entgegengewirkt, indem er die gebundene Assoziation empfahl. Bei der gebundenen Assoziation gruppieren sich die Assoziationen um Worte, Begriffe, Vorstellungen und Symbole, die der Traum anbietet. Der Träumer wird einen tieferen Zugang zu seinem Traum erhalten, wenn er spontane Einfälle zu den in ihm auftauchenden Bildern, Personen und Szenen aufsteigen lässt.

Die Assoziationen können mit der Imagination verbunden werden, wenn der Träumer die Traumbilder in der Fantasie weiterwirken lässt. Träume sind während des Schlafens erlebte Welten, die wir uns auch im Wachzustand wiederholend aneignen können. Die Symbolwelt der Träume lädt den Träumer dazu ein, sich in ihre Bildwelt einzufühlen und ihre emotionale und atmosphärische Seite wahrzunehmen. In der Imagination konzentrieren sich alle Sinne auf ein Traumbild oder eine Traumszene. Der Träumer richtet seine Aufmerksamkeit darauf, hört innerlich Geräusche, nimmt möglicherweise Gerüche oder einen Geschmack wahr und kann einen Traumgegenstand fühlen und sich Bewegungsempfindungen vorstellen. Das Imaginieren rührt die Emotionsschicht des Träumers an, von der aus Änderungen eingeleitet werden. Eine solche Beschäftigung mit dem Traum macht seine Bildkräfte wirksam und bringt verschiedene Seiten des Traumes zum Sprechen. In jedem Fall braucht es Geduld, wenn man sich auf die Imagination einlässt, um die eigenen Träume tiefer zu durchdringen. Eine Lust an kreativen Prozessen tut der Erschließung der Träume dabei gut. Der Traum kann auch in der Imagination zum Ausgangspunkt einer Fortsetzungsgeschichte werden. So kann es bei Albträumen sinnvoll sein, in die eigene Fantasiewelt einzutauchen, um eine Lösung für die ängstigende Traumsituation zu finden.

5.4 Gefühle erkunden

Wenn sich Träumer auf die im vorigen Abschnitt angedeutete Imagination einlassen, werden mit Sicherheit ihre Gefühle ins Spiel kommen. Für das Verständnis der Traumbotschaft ist die Fokussierung auf die Gefühle fundamental. Gefühle sowohl während des Traumes als auch Gefühle, die beim Aufwachen und Nachdenken über den Traum nachklingen, sind hier gleichermaßen von Interesse.

Wir haben ja bereits im Abschnitt über die Traumsymbole festgestellt, dass Symbole Bildgefäße für Emotionen sind. Die dramatischen Handlungen der Träume können als Transformatoren von Gefühlen verstanden werden. Aus diesem Grund ist die Frage nach den Traumgefühlen nicht ein Randphänomen der Traumarbeit, sondern gehört unabdingbar in deren Zentrum. Es ist durchaus angemessen, ein Traumgespräch mit der Frage nach dem Hauptgefühl zu beginnen. Gewinnt dieses Gefühl in seiner Benennung an Klarheit, kann dies die Basis für die weitere Traumverarbeitung bilden. Im Durchspielen der dem Traum zugehörigen Emotionen wird für den Träumer Neuland erschlossen, da die Emotionen der energetische Motor, die Antriebskraft für anstehende Wandlungsprozesse sind.

Im Umgang mit dem Traum ist ein Gespür dafür zu entwickeln, dass jedes Wort, jeder Begriff eine atmosphärische Seite hat. Hinter einem Wort oder Symbol im Traum schwingt eine ganze Welt von emotionalen Erfahrungen und Eindrücken mit.

Die Traumarbeit besteht im Wesentlichen darin, die emotionalen Qualitäten der Symbole und Traumszenen noch einmal zu durchleben und bewusst zu machen. Auf diesem Weg wird der Sinn des Traumes erfasst.

5.5 Der Gegenwartsbezug der Träume

Für eine angemessene Deutung der Träume ist die Berücksichtigung des zugehörigen Kontextes aus dem realen Leben des Träumers von großer Bedeutung. Der Sinn der Träume erhellt sich, wenn sie mit dem Alltagsleben in Beziehung gebracht werden. Das alltägliche Leben des Träumers bildet den unverzichtbaren Kontext seiner Träume. Traumleben und Alltagsleben sind miteinander verwoben und aufeinander bezogen. Sie durchdringen und erhellen sich wechselseitig. „Einen Traum zu verstehen bedeutet, ihn auf den lebensgeschichtlichen Hintergrund hin auszulegen. ... Die Kombination beider Perspektiven (nämlich Traum und Alltag) ermöglicht eine dritte, die Zusammenschau."[48] Traum und Wirklichkeit des Träumers wollen also in einen Dialog gebracht werden. Das geschieht unter dem Aspekt des aktuellen Konfliktes oder des Problems, mit dem sich der betreffende Träumer zurzeit auseinandersetzt. Im Lichte des Traumes wollen Gefühle, Gedanken und Handlungen des Vortages erinnert werden; diese Daten bilden den Kontext des Traumes. Auch wenn Träume über unsere Vergangenheit oder über unsere zukünftigen Möglichkeiten sprechen, werden sie durch etwas ausgelöst, das den Träumer zur Zeit des Traums beschäftigt.

Wie Imagination, Gefühl und Gegenwartsbezug zusammengehören, soll das folgende Traumbeispiel veranschaulichen. In einer Seelsorgegruppe brachte ein Träumer folgenden Traum, der eine Antwort auf ein Erleben am Vortag war:

Ich gehe in einem schönen Gebirgstal spazieren. Da sehe ich in diesem Tal ein Haus, aus dem ziemlich viel Rauch aufsteigt.

Ich gehe auf dieses Haus zu. Da sagt eine Stimme zu mir: Schau genau hin! Ich schaue auf diese Aufforderung hin genau hin und merke, dass der Rauch sich auflöst.
Im Gespräch über diesen Traum fragte ich den Träumer: „Was war dein *Hauptgefühl* im Traum?" Er sagte, dass ihn zum einen das Gebirgstal beeindruckt habe. Es war sehr schön. Zum andern war er völlig überrascht über die klare Anweisung der Stimme und über die Tatsache, dass der Rauch sich in Nichts auflöste.

Ich fragte ihn dann nach dem *Gegenwartsbezug*, den er in seinem Traum erkennt: „An welches Ereignis vom Vortag erinnert dich dieser Traum?" Er antwortete spontan: „Das hat sicher mit meiner Stuhlarbeit gestern zu tun." Der Träumer hatte am Tag zuvor eine Stuhlarbeit gemacht, in der er seiner aggressiven und kontrollierenden Seite begegnet war. Er hatte sich vor dieser Begegnung gefürchtet, weil diese Seite für ihn zunächst bedrohlich erschien. Aber dann verlor sie im Laufe der Stuhlarbeit ihre Bedrohlichkeit; er erlebte die Begegnung mit ihr als wertvoll und Kraft spendend.

Ich habe dann die Aufforderung im Traum aufgegriffen und ihn zu einer *Imagination* eingeladen: „Sieh dir den Rauch genau an." Zunächst fiel ihm der dichte Rauch über dem Haus auf. Zu Beginn hatte dieser Anblick etwas Bedrohliches. Der Träumer verweilte imaginativ bei diesem Anblick. Er hat also genau hingesehen. Dabei hat er sich imaginativ die Auflösung der Rauchsäule über dem Haus emotional nahekommen lassen. Dadurch kam ihm die Botschaft seines Traumes beeindruckend nahe: Meine gesunden Aggressionen gehören zu mir. Sie sind keine Bedrohung, wenn ich sie in mein Leben integriere. Wie der Rauch im Traum löste sich ihre Bedrohlichkeit auf.

5.6 Kreative Bearbeitung von Träumen
Was unter den Punkten 5.3 (Assoziation und Imagination) und 5.4 (Gefühle erkunden) angesprochen wurde, lässt sich durch

kreative Zugangswege zu unseren Träumen wesentlich vertiefen und ausweiten.

– Wenn sich der Träumer Zeit für eine tiefere Begegnung mit seinem Traum nimmt, kann er ihn malen. In dieselbe Richtung geht auch das Darstellen von Traumobjekten mit Ton. In der Praxis begegnet man dabei nicht selten Vorbehalten gegenüber derartigen Anregungen. Diese hängen häufig mit einem unangemessenen Selbstanspruch des Träumers zusammen, der sich nicht kompetent für ein schönes Malen oder Tonen hält. Hier bedarf es der unterstützenden Ermutigung des Begleiters durch die Erklärung, dass es dabei nicht um Können und Bewertung der Darstellungen geht, sondern um einen Ausdruck der Seele.

Ich erinnere mich an eine eigene diesbezügliche Erfahrung: In den achtziger Jahren hatte ich einen Traum, in dem ich mich mit einigen wenigen Mitschülern in einem Klassenzimmer befand. Mein damaliger Begleiter regte an, dass ich diesen Traum malte. Auch bei mir regte sich die typische Ausrede: Ich kann nicht malen. Mein Begleiter machte mir trotzdem Mut: „Es geht nicht um deine Leistung." Ich ließ mich schließlich darauf ein. Mit meinem Begleiter sprach ich dann über das Bild. Mir wurde durch das Malen deutlich, dass ich mich ziemlich klein gegenüber meinem Pult und ziemlich einsam gegenüber den verstreut sitzenden wenigen Mitschülern gezeichnet hatte. So kam meine innere Scheu gegenüber anderen und meine Einsamkeit zum Ausdruck. Durch bloßes Sprechen über den Traum wären diese Zusammenhänge nicht so klar zutage getreten.

– Auch die im Abschnitt über die Erschließungskategorien verschiedentlich erwähnte Stuhlarbeit gehört zur kreativen Bearbeitung von Träumen. Ann Faraday spricht in diesem Zusammenhang von der Methode des „kreativen Monologs"[49]. Sie besteht darin, das Traumobjekt zu werden, indem der Träumer es sich selbst gegenübersetzt und ihm eine Stimme verleiht. Die kreative Monologtechnik eignet sich immer dann, wenn der Träumer Schwierigkeiten hat, zu einem Traumobjekt eine sinnvolle Gedankenverbindung herzustellen.

Verwandt mit dem kreativen Monolog ist die Arbeit mit Bodenankern. Bodenanker können verschiedenfarbige Teppichstücke oder Papierblätter sein, auf die sich der Träumer für die Bearbeitung seines Traumes stellen kann. Diese Methode macht die Einsichten der Ego-State-Arbeit fruchtbar, wie sie John und Helen Watkins[50] entwickelt und dargestellt haben. Sie gehen davon aus, dass die Psyche eines Menschen angemessen nicht als amorphes, gestaltloses Ganzes zu betrachten ist, sondern aus mehreren Anteilen besteht. Die Anteile können in unterschiedlich starker Ausprägung voneinander getrennt sein. Diese Vorstellung eignet sich organisch für die Übertragung auf den subjektstufig verstandenen Traum. So können z. B. verschiedene im Traum auftauchende Personen mit verschiedenen Bodenankern symbolisiert werden. Der Träumer kann dann auf die einzelnen Bodenanker treten und den entsprechenden Personen eine Stimme verleihen. Diese Methode eignet sich gut, um entfremdete Anteile im Träumer miteinander ins Gespräch und damit in Beziehung zueinander zu bringen.

– Werden Träume in einer Gruppe bearbeitet, kann sich die Methode der Traumaufstellung eignen. Bei dieser Methode werden im Traum erscheinende Personen oder Personengruppen durch Stellvertreter repräsentiert aufgestellt. Diese Art der Intervention macht sich die Beobachtung dessen zunutze, was Rolf Gersdorf „repräsentierende Wahrnehmung" nennt[51]. Mit dieser Wahrnehmung wird folgendes Phänomen bezeichnet: In der Aufstellungsarbeit empfinden die aufgestellten Personen an ihrem Platz innerhalb der Aufstellung genau das, was auch die aufstellende Person empfindet, und zwar ohne dass die aufstellende Person etwas davon den Stellvertretern an ihrem Platz mitgeteilt hätte. Dieses Phänomen ist in sich weder okkult noch spirituell. Es ist wohl eher damit zu erklären, dass der Mensch nicht allein als rationales Wesen zu verstehen ist, sondern in einem transrationalen Beziehungsfeld lebt, in dem transrationale Wahrnehmungen möglich sind.

An einem Beispiel möchte ich andeuten, wie das in der Praxis aussehen kann. In einer unserer Seelsorgegruppen hatte ein Teilnehmer folgenden Traum:

Ich ziehe in einer Demonstration für eine gute Sache mit. Als wir uns die Straße entlangbewegen, tauchen uns gegenüber plötzlich Leute von Pegida mit einer Gegendemonstration auf.

Im Gespräch über diesen Traum schlage ich dem Träumer vor, diesen Traum aufzustellen. Er wählte einige Leute für die Demonstranten aus, die für die gute Sache eintraten. Eine Person stellte er für sich im Demonstrationszug auf. Und einige Personen stellte er als Pegida auf der gegenüberliegenden Seite auf. Nun platzierte er aus der Intuition heraus nacheinander die Stellvertreter für den Demonstrationszug für die gute Sache und den Stellvertreter für sich selbst mitten in diesem Zug. Anschließend positionierte er die verschiedenen Stellvertreter der Pegida-Gruppe gegenüber dem ersten Demonstrationszug. Nun wurden die Stellvertreter nacheinander auf dem ihnen zugewiesenen Platz nach ihrem Gefühl gefragt. Das Ergebnis kann ich hier nur sehr verkürzt wiedergeben: Alle Stellvertreter spürten in sich ein inneres emotionales Brodeln. Sie kamen sich vor wie in einer emotionalen Kampfsituation. Anschließend wurde der Stellvertreter für den Aufstellenden durch den Aufsteller selbst ersetzt. Als er selbst in der Aufstellung stand, brach aus ihm ein lauter Schrei heraus. Es war ein Schrei, der dem Kampf in seiner Seele Ausdruck verlieh. Schlagartig wurde ihm bewusst: Für ihn sind Verständigung und Versöhnung zwischen der „guten" und der „rebellierenden" Seite in ihm von großer Wichtigkeit. Durch die Aufstellung wurde ihm das in einer existenziellen Weise klar, wie es durch ein Gespräch nicht möglich gewesen wäre.

5.7 Mögliche konkrete Schritte einer psychologischen Traumdeutung

Traumdeutung ist ein Geschehen, das mit der Intuition in Verbindung steht. Aus diesem Grund sind Symbollexika nur sehr eingeschränkt für die Interpretation der Träume weiterführend, weil sie neben dem persönlichen Bezug des Träumers zu den Traumsymbolen die Intuition in der Traumdeutung nicht vermitteln können. Aus demselben Grund sind auch Deutungscurricula, die ein strenges Schema nahelegen, nicht möglich. Die Intuition hat sich auf die Kreativität des Unbewussten im Träumer einzustellen; das gilt sowohl für den Träumer selbst als auch für den, der ihm seine Träume zu verstehen hilft.

Intuition ist jedoch etwas anderes als willkürliche Deutung. Sie ist gebunden durch die Logik des Unbewussten im Träumer. Deshalb ist es möglich, inhaltliche Schritte anzugeben, die der Annäherung an den konkreten Traum dienen, und zugleich eine Weite im Umgang mit ihnen ermöglichen. Sie sind kein Deutungsgesetz für Träume, sondern Anregungen, um die inhaltliche Aussagetendenz eines Traumes zugänglich zu machen. In dieser Richtung sind die folgenden Deutungshilfen zu verstehen. Sie werden in der Anwendung von Traum zu Traum variieren. Ich greife mit den folgenden Anstößen Anregungen von Uwe Böschemeyer[52] auf, der ein offenes Raster an Fragestellungen entfaltet, und ergänze sie durch weitere Anregungen:

– Ergibt der Traum auf der wörtlichen Ebene (Objektstufe) einen Sinn?

– Wovon handelt der Traum, und was steht für den Träumer dabei im Vordergrund bzw. im Hintergrund? Was fällt ihm dazu ein? Was ist für ihn noch besonders gegenwärtig und was hat er dabei gefühlt?

– Ein weiterer Fragenbereich bezieht sich auf Orte: An welchen Orten (Landschaften, Häusern etc.) handelt der Traum? Kennt der Träumer diese – oder nicht?

– Tauchen im Traum Szenen auf, die dem Träumer aus der Kindheit, aus späteren Zeiten oder aus der Gegenwart bekannt sind?

– Erscheinen im Traum Personen, können folgende Fragen ihre Bedeutung für den Träumer zu öffnen helfen: Welche kennt der Träumer – und welche nicht? Welches Aussehen, Geschlecht, Alter, Größe etc. hatten sie? Mit welchem Gefühl war ihr Auftauchen im Traum verbunden? Was strahlten sie aus? Was hatten sie mit dem Träumer zu tun?

– Welches Verhalten des Träumers im Traum ist ihm fremd? Was sagt der Traum dem Träumer mit dem ihm fremden Verhalten? Welches Verhalten ist ihm aus seinem täglichen Leben vertraut?

– Welche Beziehung zur Realität hat der Traum? Wo gibt es zwischen beidem Berührungspunkte, und worin unterscheiden sie sich? Hat der Träumer das, was er träumte, ähnlich bereits erlebt?

– Mit welcher Traumgestalt oder Traumhandlung kann sich der Träumer am meisten identifizieren und was ist ihm besonders fern?

– Häufig hat der Traum eine korrigierende Funktion, die den Träumer herausfordert: Will ich mich von meinem Traum überhaupt herausfordern lassen? Welche Veränderungen legt der Traum nahe und worauf beziehen sie sich? Welche zu einseitige bewusste Einstellung des Träumers korrigiert sein Traum? Welche Entscheidung steht an, wenn der Träumer auf seinen Traum hört?

– Wie fördert der Traum die Lebensgestaltung und Lebensentfaltung des Träumers? Was traut der Traum dem Träumer zu und wozu ermutigt er ihn? Welche Verantwortung, neue Freiheit und Möglichkeiten mutet er ihm zu?

– Welche Bezüge zu Bibel, Film, Theater, Literatur fallen dem Träumer ein? Welche Erweiterungen bringen diese Bezüge für das Verständnis seines Traumes?

– Welche Pointe und welches Zentralthema hat der Traum? Welches Aha-Erlebnis bringt er dem Träumer? Was sagt er ihm insgesamt? Welche Überschrift gibt er ihm? Welche Schlussfolgerung zieht er aus ihm?

6.

Drei Fragen zur Beeinflussbarkeit von Träumen

Träume kommen über uns. Sie sind häufig mit einem Überraschungseffekt verbunden. Es ist dem Träumer häufig nicht verständlich, warum ihm seine Seele gerade diesen oder jenen Traum herausgibt. Die Unverfügbarkeit von Träumen mag für die einen kein Problem bedeuten. Für andere kann sich die Frage stellen: Kann ich meine Träume beeinflussen und wenn ja, wie kann ich einen Einfluss auf sie ausüben?

Dieser generellen Problematik soll in drei Fragestellungen nachgegangen werden, die den psychologischen Teil dieser Abhandlung über Träume abschließen wird. Es geht zum einen um die Frage, wie Traumlosigkeit zu beurteilen ist. Zum anderen wird der Frage nachgegangen, wie die Traumerinnerung gefördert werden kann. Schließlich soll der Frage Raum gegeben werden, was luzides Träumen bedeutet und wie es zu beurteilen ist.

6.1 Traumlosigkeit (Oneirolysis) – was kann ich dafür?

Zum Thema Traumlosigkeit hatte ich ein eindrückliches Erlebnis in einer Gruppe:

Ende 1984 nahm ich an einer Seelsorgegruppe mit sechs Teilnehmern des Ichthys-Werkes in Hartschwandt teil. Wie in den Gruppen dieses Werkes üblich, schloss sich an die Austauschrunde über das eigene Ergehen das Traumgespräch an. Wer wollte, konnte seine Träume der vergangenen Nacht erzählen, um im Gespräch in der Gruppe der Botschaft der Träume auf die Spur zu kommen. Eine Teilnehmerin brachte Morgen für Morgen den gleichen Beitrag zum Traumgespräch: „Ich habe nichts geträumt." Weil es in diesen Seelsorgegruppen keinen Druck geben soll, Träume mitbringen zu müssen, wurde dieser Satz der Teilnehmerin in keiner Weise bewertet. Am Morgen des letzten Traumgesprächs platzte es dann unerwartet aus der Teilnehmerin heraus: „Ich glaube, ich weiß jetzt, warum ich nichts träume: Ich halte nichts davon." Eindrücklich an diesem Erlebnis war die Tatsache, dass niemand der Teilnehmerin etwas aufgedrängt hatte. Sie war sich im Laufe der Seelsorgewoche sozusagen selbst auf die Schliche gekommen.

Sicher lässt sich vor dem Hintergrund des erwähnten Beispiels kein generelles Urteil über die Ursachen von Traumlosigkeit fällen. Aber es benennt doch eine von mehreren möglichen Ursachen dafür, warum sich manche Menschen nicht an ihre Träume erinnern können. Sehen wir uns diese Frage differenzierter an:

Das Fremdwort Oneirolysis kommt aus dem Griechischen und heißt wörtlich übersetzt: Auflösung des Traumes. Genau genommen ist mit Traumlosigkeit die Tatsache benannt, dass manche Menschen sich nicht an ihre nächtlichen Träume erinnern können. Dass dieses Phänomen keine ganz seltene Erscheinung ist, geht aus einer Bemerkung Friedrich W. Doucets hervor, der sich mit ihr auf eine fundierte Untersuchung bezieht: „Es gibt ein demoskopisches Umfrageergebnis, wonach in der Bundesrepublik jeder Fünfte davon überzeugt ist, nicht zu träumen."[53]

Dieses Untersuchungsergebnis steht in Spannung zu den Ergebnissen der neueren Schlafforschung, die bereits unter Punkt 2.1 skizziert wurden. Diese hat festgestellt, dass der Schlaf bei jedem Menschen in verschiedenen Phasen erfolgt und dass jeder Mensch träumt, auch wenn er sich nicht an seine Träume erinnern kann.

Während in den REM-Phasen die Träume zumeist emotionaler und lebendiger sind, zeigen Träume aus den Non-REM-Phasen eine stärker kognitive Prägung. Vor dem Hintergrund dieser Forschungslage ist das sogenannte „Nicht-Träumen" ein sofortiges Vergessen oder ein Nicht-Erinnern des Traumes.

Es gibt sicher nicht *die eine* Begründung für das Phänomen der Traumlosigkeit. Aber es lassen sich verschiedene Faktoren benennen, in deren Umfeld Menschen vermehrt von Traumlosigkeit berichten:[54]

– Die Traumerinnerung bzw. das Vergessen von Träumen hängt von äußeren Faktoren ab. Wird man z. B. abrupt von einem Wecker gestört und muss sofort mit Gedanken an anstehende Verpflichtungen aufstehen, wird man sich schwerlich an einen Traum erinnern können.

– Eine die Träume *abwertende Einstellung*, eine grundlegende Haltung der Interesselosigkeit oder Vorurteile gegenüber Träumen gehören zu den häufigsten Faktoren, die eine Erinnerung an Träume blockieren. Werden Träume als blanker Unsinn betrachtet, fehlt die nötige Aufmerksamkeit ihnen gegenüber, und das hat verständlicherweise Rückwirkungen auf ihre Rekapitulationsfähigkeit.

– Es ist außerdem sehr wahrscheinlich, dass das Erinnerungsvermögen an Träume durch das *Unbewusste blockiert* werden kann. Das gilt besonders dann, wenn die Auseinandersetzung mit den Träumen zu einem bestimmten Zeitpunkt aus verschiedenen Gründen überfordern würde. Dies kann zum einen in Zeiten großer Beanspruchung oder Überforderung der Fall sein. Hier schaltet das Unbewusste gleichsam auf Sparflamme. Zum andern kann es bei ich-schwachen Menschen mit rigider Abwehr dem Unbewussten gegenüber zur Traumlosigkeit kommen. Schließlich kann es auch dann zu Traumlosigkeit kommen, wenn die Seele für anstehende Prozesse nicht bereit ist oder vor unbewussten Zusammenhängen Angst hat.

Ich selbst habe in einer Seelsorgegruppe, in der ich Teilnehmer war, Folgendes erlebt: Ich hatte den Eindruck, dass ein mir unangenehmes Thema in der Seelsorge dran war. Darum hatte ich Angst davor, dass es in meinen Träumen vorkommen könnte. Normalerweise habe ich in Seelsorgezeiten fünf bis sechs Träume pro Nacht. In der auf meine Ängste folgenden Nacht hatte ich „nur" zwei kleine Traumfetzen; für mich also ungewöhnlich. Als mir bewusst wurde, wie meine Seele dichtzumachen begann, habe ich am Tag nach der reduzierten Traumproduktion bewusst meine Einstellung geändert, weil mir deutlich wurde, dass ich mir mit meiner ausweichenden Haltung gegenüber dem Problem keinen guten Dienst tat. Aus der darauffolgenden Nacht konnte ich dann acht Träume erinnern. Meine erneute Bereitschaft, mich ehrlich der anstehenden Frage zu stellen, war in der Tiefe meiner Seele angekommen und wurde auch prompt von ihr beantwortet. Diese Erfahrung war für mich frappierend, weil sie mir vor Augen führte, wie sensibel meine Seele auf meine eigene Bereitschaft ihr gegenüber einging.

– Eine Fixierung auf ein einseitiges Verständnis von Träumen kann ebenfalls zum Verlust der Traumerinnerung führen. Psychologische Schulen können im Umgang mit den Träumen zum Prokrustesbett, also zu einem einengenden Raster werden, in dem der Fluss der Träume geradezu ersticken kann, weil eine Fixierung auf *eine* Schule oder eine *eingeengte* Fragestellung die Träume nicht mehr wirklich offen aufnehmen lässt. Das geschah z. B. durch eine Fixierung der Trauminhalte auf sexuelle Motive, wie sie in der freudschen Schule im Umgang mit Träumen nahegelegt wurde; da es nicht wenige Träume mit anderen Inhalten gibt, kann eine sexuelle Deutung der Träume sich geradezu totlaufen. Entsprechendes kann auch bei einer einseitig religiös fixierten Deutung der Trauminhalte geschehen, einfach weil viele Träume kein speziell religiöses Thema enthalten.

– Die Traumlosigkeit kann auch von Persönlichkeitsmerkmalen abhängig sein. Wer für innere Vorgänge und Imaginationen eher verschlossen ist, wird sich weniger leicht an seine Träume erinnern können. Dasselbe gilt für Menschen, die eher kühl, fantasielos und rational orientiert sind.

– Psychopharmaka verändern die Traumerinnerung. Forschungen haben ergeben, dass trizyklische Antidepressiva die Fähigkeit, Träume zu erinnern, verschlechtern.[55]

– Die Erinnerung an Träume kann auch aus einem erfreulichen Grund reduziert sein, nämlich dann, wenn das augenblickliche Leben so abgerundet ist, dass das Unbewusste das Bewusstsein in dieser Lebensphase nicht durch Träume zu ergänzen sucht.

6.2 Was fördert die Traumerinnerung?

Bei den bisherigen Darlegungen zur Traumlosigkeit wurde an verschiedenen Stellen deutlich: Die Einstellung zu den Träumen hat einen wesentlichen Einfluss auf unsere Fähigkeit, uns an sie zu erinnern. Die Erinnerungsfähigkeit ist keine unveränderbare Persönlichkeitseigenschaft, sondern sie unterliegt Schwankungen und kann bis zu einem gewissen Grad trainiert werden. Gehen wir nun auf die Faktoren ein, die eine Traumerinnerung fördern:

Ich beginne diesen Abschnitt mit einer Anregung von Ann Faraday, die sich an diejenigen wendet, die Interesse an ihren Träumen entwickeln wollen und bisher noch keinen Zugang zu ihnen haben. Sie schreibt:[56]

„Stellen Sie zwei Stühle in etwa anderthalb Meter Entfernung einander gegenüber und setzen Sie sich auf den einen. Im Geist setzen Sie ‚Ihre Träume‘ auf den Stuhl gegenüber und reden mit ihnen. Sagen Sie in Ihren eigenen Worten etwa dergleichen: ‚Träume, warum kommt ihr nicht zu mir?‘ Dann gehen Sie zu dem anderen Stuhl, übernehmen die Rolle der Träume, geben ihnen eine Stimme und lassen sie mit Ihren Stimmbändern sprechen."

Es mag sein, dass diese Vorgehensweise zunächst befremdlich erscheint. Aber es ist mehr als interessant, bei dieser schlichten Übung zu erfahren, was die Seele weiß. Eines ist in jedem Fall sicher: Die Erinnerungsfähigkeit an Träume wird durch Neugier, Offenheit und Interesse verbessert. Diese Haltung wird sich darin konkretisieren, auf dem Nachttisch Schreibzeug bereitzuhalten, um nach dem Aufwachen möglichst bald Träume aufzuschreiben. Es ist eine verbreitete Erfahrung, dass Träume sich in der Erinnerung schnell verflüchtigen, wenn sie nicht möglichst bald aufgeschrieben werden.

Die Traumforschung hat für den REM-Schlaf eine wichtige Entdeckung ans Licht gebracht, die für die Traumerinnerung fruchtbar gemacht werden kann: Für diese Schlafphase ist typisch, dass die Muskelspannung erloschen ist. Diese Einsicht kann für die Technik der Traumerinnerung dadurch aufgegriffen werden, dass man unmittelbar nach dem Aufwachen in einem möglichst ruhigen Zustand verharrt und sich so wenig wie möglich bewegt. Es erfordert etwas Disziplin, nach dem Erwachen zunächst reglos zu bleiben. Die Regungslosigkeit schafft eine der Bedingungen, unter denen ein großer Teil der Träume erfolgt. Der entspannte Zustand trägt dazu bei, einen Traum in größerem Umfang rekapitulieren zu können. Dann bietet es sich an, den Traum möglichst detailreich Bild für Bild sinnlich zu erinnern. Bei dieser Praxis empfinde ich es immer wieder als faszinierend, wie manchmal ein kleines Detail, das der Erinnerung zunächst noch präsent ist, sich bei einer Haltung wachen, absichtslosen Interesses geradezu entfaltet und mehr und mehr Elemente des Traumes wieder dem Bewusstsein zugänglich werden.

Das ist eine gute Vorbereitung für ein anschließendes Notieren eines Traumes. Dieses sollte dann allerdings bald erfolgen, weil auch detailreich erinnerte Träume zügig wieder verschwimmen oder ganz verloren gehen. Wer sich entschließt, seine Träume – und wenn es nur für eine zeitlich begrenzte Phase ist – aufzuschreiben, der signalisiert seiner Seele, dass er sie ernst nimmt. Allein das erhöht die Wahrscheinlichkeit, sich an Träume zu erinnern. Ich selbst diktiere in den Seelsorgewochen, in denen ich als Teilnehmer für meine eigenen Seelsorgeprozesse teilnehme, meine Träume mit der Hilfe eines Spracherkennungsprogramms in den Computer: So kann ich nach dem Diktat bald wieder weiterschlafen und habe trotzdem meine Träume eingefangen.

Wer seine Traumerinnerung systematisch und bewusst aufbauen oder ausbauen will, dem seien folgende Schritte empfohlen:

– Zu den äußerlich für die Traumerinnerung förderlichen Faktoren gehört es, möglichst nicht unter Anspannung, sondern still in die Nacht zu gehen und für ausreichend Schlaf zu sorgen. Der Verzicht auf stärkeren Alkoholkonsum, auf Schlafmittel und Ähnliches ist empfehlenswert.

– Empfehlenswert ist ferner die Bereitstellung entweder des Schreibmaterials oder eines Diktiergerätes bzw. Computers, um die Träume festzuhalten. Es ist sinnvoll, das Blatt bzw. die Datei zu datieren, um dann später auch das zeitliche Umfeld besser zuordnen zu können.

– Man kann seiner Seele vor dem Einschlafen signalisieren, dass man an den Träumen interessiert ist. Als Christ kann man Gott bewusst um die Erinnerung an Träume bitten.

Wichtig bei dieser Offenheit für Träume ist eine innere Atmosphäre der Gelassenheit. In einer unserer Seelsorgegruppen hatten wir einen Teilnehmer, der alles ganz richtig machen wollte. Wir hatten unseren Gruppenteilnehmern am Einführungsabend empfohlen, sich auf dem Nachtisch etwas zum Aufschreiben der Träume, wenn sie denn sich zeigten, bereitzulegen. Am nächsten Morgen kam dieser Teilnehmer etwas müde und angestrengt zum Traumgespräch. Er erklärte: „Ich habe die ganze Nacht nicht richtig schlafen können, weil ich keinen Traum verpassen wollte." So etwas ist bestimmt nicht der Sinn einer solchen Übung ...

– Nach dem Aufwachen ein paar Augenblicke in entspannter Aufmerksamkeit innezuhalten, um den Traum noch bewusster zu rekapitulieren, kann für die lebendige Erinnerung an einen Traum hilfreich sein.

– Die Träume sollten dann aber nach der angedeuteten Meditationsphase möglichst bald und möglichst vollständig aufgeschrieben werden. Ein gesundes Misstrauen gegenüber der eigenen Gedächtnisleistung im Hinblick auf die Erinnerung an die Träume ist angesagt. Der Aufschub der Notizen wirkt häufig als Dieb der Träume. Wenn ich mir sage, dass ich diesen Traum auf keinen Fall vergessen will, dann bindet gerade dieser Gedanke meine Aufmerksamkeit so sehr, dass das Weiterschlafen gefährdet ist. Die Anstrengung, einen Traum bald nach dem Aufwachen aufzuschreiben, kostet meistens weit weniger Schlaf als der Versuch, sich ohne Aufschreiben des Traums am nächsten Morgen noch an ihn erinnern zu wollen.

– Vorsicht ist angesagt gegenüber einer negativen Bewertung der eigenen Träume als unbedeutend! Diese Bewertung ist eine beliebte Falle, die dazu führt, dass man das Aufschreiben von Träumen unterlässt: Wer will schon einen unbedeutenden Traum festhalten?

– Für das Verständnis des Traumes ist es lohnend, ihn mit einem Ereignis des Vortages oder der zurückliegenden letzten Tage in Verbindung zu bringen.

– Es trägt zu einem vertieften Verständnis der Träume bei, wenn man sie einem vertrauten Menschen erzählt. Das in der Nacht Erlebte kommt dem Träumer dadurch noch einmal in ganz anderer Weise nahe, als wenn man nur für sich allein über einen Traum nachdenkt. Beim Erzählen eines Traumes können neue hilfreiche Verknüpfungen entstehen. Wer über seinen Traum spricht, äußert etwas von sich und kehrt dabei etwas von seinem Inneren nach außen. Dieses Erzählen macht dem Träumer auf tiefere Weise bewusst, was in ihm präsent ist.[57]

6.3 Luzides Träumen – was ist das und wie ist es zu beurteilen?

Luzid kommt vom lateinischen *lux*, auf Deutsch: Licht. Ein Träumen ist luzid, wenn der Träumer während des Träumens im Schlaf das Bewusstsein hat, dass er träumt. Dieses Phänomen wird auch Klartraum genannt. Bereits in normalen Träumen erleben wir im Traum-Ich einen anfänglichen Zustand von Bewusstheit, sonst könnten wir keine Traumerinnerungen mit ins Wachbewusstsein nehmen. Aber in der Regel weiß das Traum-Ich nicht, dass es sich in der Traumrealität befindet. Die Bewusstheit des Klartraumes schließt das reflexive Bewusstsein ein, dass der Träumer sich im Traum befindet. Die Luzidität kann verschiedene graduelle Unterschiede aufweisen, von präluzid bis ausgeprägt luzid.

Brigitte Holzinger gibt unter Bezugnahme auf verschiedene Veröffentlichungen von Paul Tholey eine ausführlichere Beschreibung des Phänomens:

1. Klarheit über den *Bewusstseinszustand*: man orientiert sich, wo man sich befindet, und erkennt: Ich träume!
2. Klarheit über die eigene *Entscheidungsfreiheit*: darüber, dass man ebenso aktiv wie im Wachleben auch entscheiden kann, was man tut – also über volle Handlungsfreiheit verfügt;
3. Klarheit des *Bewusstseins* im Gegensatz zum Trübungs-, Verwirrtheits- oder Dämmerzustand: Man träumt nicht, dass man träumt zu träumen, sondern man hat klare Bewusstheit: Ich bin im Traum!
4. Klarheit über das *Wachleben*: darüber, wer man ist und was man sich eventuell für diesen Traum vorgenommen hat;

5. Klarheit der *Wahrnehmung*: Klarheit darüber, was man sieht, hört, riecht, schmeckt und fühlt – die sinnliche Wahrnehmung wird im Moment des Erkennens des Klartraumzustandes leuchtender, intensiver, als ob ein Grauschleier sich gehoben hätte, der Traum wird bunter – dieses Leuchten ist häufig mit großer Freude, beinahe Euphorie verbunden;

6. Klarheit über den *Sinn des Traumes*: Man versteht, warum man diesen Traum träumt, oder versteht, wofür bestimmte Dinge stehen, wenn sie nicht für sich selber stehen. Man weiß z. B., der große Stein hier vor mir symbolisiert meinen Vater. Der Stein muss sich dabei nicht ändern, könnte sich aber auch in den Vater verwandeln;

7. Klarheit der *Erinnerung* an den Traum: man weiß, dass man sich an diesen Traum erinnern wird, man kann sich in diesem Zustand auch an Vergangenes erinnern und auch an andere Träume." [58]

Im Hinblick auf eine differenzierte Beurteilung des luziden Träumens empfinde ich eine Zwiespältigkeit:

Auf der einen Seite liegen interessante Berichte von denen vor, die das luzide Träumen praktizieren.[59] Diese Art des Träumens ist bei den Träumenden mit einer erhöhten Wachheit des Geistes verbunden, die sie selbst als eine Form erhöhten Lebendigkeitsempfindens erleben. In einem solchen Zustand können manche gezielte Entscheidungen treffen. Andere berichten sogar davon, dass sie beim luziden Träumen Lösungen technischer Probleme gefunden hätten. Auch Bewegungen von Kampfsportarten können durch das Klarträumen eingeübt und verfeinert werden. Schließlich kann das luzide Träumen zur Bearbeitung von Albträumen eingesetzt werden.

Auf der anderen Seite erheben sich Fragen und Bedenken, zum einen unter psychologischem, zum andern unter theologischem Aspekt:

Unter psychologischem Aspekt ist die Frage der „Nebenwirkungen" in den Blick zu nehmen. Diese sind in einer überhöhten Willensorientierung und Selbstdisziplinierung zu sehen, die ein Leben aus dem Vertrauen zu kurz kommen lassen können. In diese Richtung weist eine Bemerkung von Renate Daniel, die die Mahnung zur Vorsicht im Umgang mit dem Klarträumen unterstreicht: „Dieses luzide Träumen kann eingeübt werden, erhöht aber bei Menschen, die sich bereits im Alltag übermäßig stark disziplinieren, gelegentlich die Albtraumaktivität oder Ängstlichkeit. Anscheinend stellt eine Ausweitung eines kontrollierenden Lebensstils auf den Schlaf eine Einseitigkeit dar, die nicht immer zuträglich ist. Der Versuch, Unkontrollierbares kontrollierbar zu machen, scheint nicht unbedingt resilienzfördernd zu sein."[60] Zur Vorsicht rufende Töne finden sich auch bei Brigitte Holzinger, die das luzide Träumen lehrt. In nüchterner Klarheit sagt sie: „Wir haben es beim luziden Träumen mit einem hochpotenten Seinszustand zu tun, der sehr unterstützend, aber womöglich auch zerstörend sein kann, und immerhin bewegen wir uns in unserer eigenen Traumlandschaft und damit vermutlich auch in unserer eigenen Seelenlandschaft! ... denn sie wissen nicht, was sie tun! Vorsicht und Respekt sind also oberstes Gebot!"[61] Auch wenn sich aus diesen Hinweisen keine grundsätzliche Ablehnung gegenüber dem luziden Träumen ableiten lässt, so weisen sie doch auf eine Gefahr hin, die es im Blick zu behalten gilt. Die Faszination eines solchen Träumens kann bereits unter psychologischem Aspekt einen ziemlich hohen Preis haben.

Unter theologischem Aspekt erhebt sich die Anfrage an diese Art des Träumens im Hinblick auf eine mögliche religiöse Aufladung ihrer Vertreter. Das zeigt sich deutlich im tibetischen Traum-Yoga, zu dem das luzide Träumen gehört. Die Außenrealität wird in dieser Lehre als Traum angesehen. Im wachen

Alltag soll sich der Übende demnach sagen: „Ich bin wach in einem Traum. Was ich sehe, sind Schöpfungen meines Traumes. Ich habe einen Traumkörper und die Menschen um mich herum sind Traummenschen. Alle Objekte, die ich wahrnehme, sind Traumgegenstände."[62] Diese Anweisungen haben eine weltanschauliche Tendenz, die für christlich geprägtes Denken so nicht mehr mitvollziehbar sind, in der die sichtbare Welt als geschöpfliche Realität ernst genommen wird. Zudem haben diese Anweisungen eine autosuggestive Tendenz, die Züge von Selbstmanipulation aufweisen.

Eine religiöse Aufladung findet sich auch in den Ratschlägen Holzingers zum Erlernen dieser Technik. Sie lehrt Folgendes: „Lernen Sie, an sich selbst zu glauben. Sprechen Sie mit Klarträumen ..."[63]

Luzides Träumen mag für manche unter fachlich kompetenter Begleitung im sportpsychologischen Kontext oder auch bei der Verarbeitung von Albträumen hilfreich sein. Aber was die Bearbeitung von Albträumen betrifft, wird es nachhaltiger sein, die belastenden Traumbilder im Wachbewusstsein aufzugreifen und auf der psychologischen und geistlichen Ebene zu verarbeiten. Wie im letzten Teil dieser Arbeit noch gezeigt werden wird, ist das Vertrauen zu Gott ein wichtiges Kriterium dafür, wie das luzide Träumen zu beurteilen ist. Die Rede von höheren Bewusstseinszuständen, die angeblich durch das luzide Träumen erreicht werden können, ist zumindest irritierend. In jedem Fall neigt diese Art des Träumens zu einer ausgeprägt voluntativen, vom Willen gesteuerten Lebensorientierung, die in einer tiefgreifenden Spannung zu einem Leben aus dem Glauben an den Gott steht, der nach dem christlichem Weltbild den Menschen trägt.

7.

Träume und christlicher Glaube

Die neuzeitliche Beschäftigung mit Träumen ist in weiten Kreisen von der psychologischen Betrachtungsweise bestimmt. Im Abschnitt 1 wurde davon ausgegangen, dass der Umgang mit Träumen unter psychologischem und theologischem Gesichtspunkt sachgemäß zu sein hat. In diesem Abschnitt kommt nun der Aspekt des Glaubens im Umgang mit Träumen hinzu. Es wird zu fragen und zu klären sein, wie der christliche Glaube angemessen ins Spiel kommt. Es wird sich zeigen, dass es nicht nur einen psychologischen Reduktionismus geben kann, sondern auch einen theologischen.

Werfen wir einen kurzen Blick auf das Verständnis der Träume im Laufe der Geschichte, so wird schnell ersichtlich, dass in frühen kulturgeschichtlichen Zeiten Träume meistens in Verbindung mit einem Gott oder verschiedenen Göttern gebracht wurde. Das soll hier in groben Linien skizziert werden:[64]

7.1 Skizze des religiösen Traumverständnisses in der vorneuzeitlichen Geschichte

Unter den Mitteln der Verbindung mit den Göttern wurden in Assyrien und Babylonien Träumen eine hohe Bedeutung beigemessen. Die ältesten Spuren der religiösen Traumdeutung führen nach Babylon. Im Gilgameschepos wurden ca. 3000 v. Chr. die ersten uns bekannten Träume schriftlich festgehalten. Sie sind dort zukunftsweisende, den Menschen gesandte Botschaften der Götter. Sie sind gottgegeben und können sowohl Gutes als auch Unheil ankündigen. Nicht wenige Menschen begaben sich damals in babylonische Tempel, um im Traum ihre Zukunft zu klären. Weil Träume in diesem Kontext von einer göttlichen Macht kamen, hatten ihre Botschaften großes Gewicht. In Ägypten gibt es Traumberichte vom Beginn des 2. vorchristlichen Jahrtausends. Die Priester führten die offiziellen Traumdeutungen so wie andere Kulthandlungen durch. Träume brachten dort Botschaften, die gehorsam befolgt werden wollten. Tutmosis IV. erschien, als er noch Prinz war, der Sonnengott Harmachis als Sphinx. Er versprach dem Prinzen, ihn zum König zu machen, wenn er sein Abbild freilegen würde. Tutmosis IV. wurde König und ließ die Sphinx freilegen.

In dem um ca. 1150 v. Chr. verfassten sogenannten hieratischen Traumbuch findet sich eine Sammlung verschiedener Träume, die auf Serapis, den ägyptischen Gott der Träume, zurückgeführt wurden. Die Ägypter verstanden die Träume als prophetische Botschaften. In Ägypten findet sich auch der Gedanke, dass Träume heilend wirken können.

Für Homer als frühem Vertreter der griechischen Kultur, der in der zweiten Hälfte des 8. oder in der ersten des 7. Jahrhunderts gelebt hat, waren Träume einerseits von Göttern, andererseits von den Toten oder abwesenden Personen gesandt. Die für Ägypten erwähnte Verbindung von Traum und Heilung findet sich später auch in Griechenland. Hier wurden Traum und Heilschlaf geehrt. Der Schutzpatron und Gott der Heilkunst Griechenlands war Asklepios. Kranke pilgerten zum Tempel dieses Gottes, dem Asklepieion. Die erste Heilschlafstätte wurde um 700 v. Chr. in Epidauros erbaut. In späterer griechischer Zeit wurden auch an anderen Orten derartige Stätten errichtet, insgesamt sind heute etwa 300 bekannt. Im reich ausgestalteten Asklepieion legte man sich, nachdem man sich gebadet und gesalbt hatte, zum Schlaf in einen Raum, unter dem sich ein ausgehöhlter Raum befand. In diesem unterhöhlten Raum wurden in großer Zahl Schlangen gehalten, die in Griechenland als Symbol der Heilkunst galten. Der religiöse Bezug zum Heiltraum kam im zu erbringenden Opfer an Apollon, dem Vater des Asklepios, zum Ausdruck. Der Schlaf in einem speziellen Raum, dem Abaton, sollte zum Empfang eines Traumes von Asklepios führen. Die Oneiroi, mit dunklen Flügeln vorgestellt, galten als die Geister, die den Traum (gr. oneiros) brachten. Diese Traumgeister mussten im Traum entweder durch das Tor aus Horn oder durch das Tor aus Elfenbein zum Träumer kommen. Ersteres war die Quelle prophetischer Träume, letzteres dachten die Griechen sich als Quelle falscher, bedeutungsloser Träume. Der Anführer der Oneiroi war Morpheus, der Sohn des Gottes des Schlafes Hypnos. In Griechenland hatten also die Träume als Botschaften der Götter große Bedeutung.

Ab dem 6. Jahrhundert v. Chr. bringt Pythagoras (580–497 v. Chr.) einen Bewusstseinswandel zum Ausdruck, indem er schlechte Träume mit schwerem Essen in Verbindung bringt. Platon (427–347 v. Chr.) sieht in den Träumen die Äußerung von gefährlichen und wilden Begierden des Träumers. Aristoteles (384–322 v. Chr.) hat in seinem Werk „Parva Naturalia" einen Abschnitt „De somno et vigilia", der die umfassendste antike Theorie über das Träumen darstellt. Er deutet den Traum als Spiegel der Seele während des Schlafes. Er grenzt sich außerdem von der Sicht ab, dass Träume Götterbotschaften seien; sie sind für ihn vielmehr Reflex der menschlichen Wünsche, Begierden, Ängste und Gefühle. Aristoteles war der Meinung, Träume befassten sich mit Zukünftigem.

Artemidor von Daldis, vermutlich im zweiten Jahrhundert n. Chr. geboren, galt im späteren Altertum als gewichtigste Autorität der Traumdeutung. Er überlieferte eine sehr gründliche und sorgfältige Traumdeutung der griechisch-römischen Welt. Bei ihm spielt der religiöse Bezug der Träume eine untergeordnete Rolle.

Das Thema Traum und Traumdeutung wird in römischen Schriften selten thematisiert.

Augustinus (354–430 n. Chr.) beschäftigte sich mit Fragen des Traumes. Er hielt Träume für Gestaltungen entweder eines körperlichen oder geistigen Zustandes. Von dieser Sicht her gestand er den Träumen eine psychische Bedeutung zu. Er hält es für möglich, dass Träume eine übernatürliche Quelle wie Gott, Engel oder Dämonen haben können. Ihn bewegte außerdem die Frage, ob ein Träumer für im Traum begangene Sünden eine persönliche Verantwortung trage. In seinem Ringen nach einer Antwort auf diese Frage kam er zu der Einsicht, dass der Träumer für den Inhalt seiner Träume nicht verantwortlich sei.

Ausdruck der Beschäftigung mit den Träumen im Mittelalter waren die Traumbücher, die sogenannten Somnalia, die in unterschiedlicher Weise eine Klassifizierung von Träumen nahelegten. In ihnen kam auch ein christlich-religiöses Interesse an Träumen zum Ausdruck.

In der talmudischen Tradition spielten Träume eine wichtige Rolle. Nach der Lehre dieser Schriften können Träume einen natürlichen oder übernatürlichen Ursprung haben. Dem Talmud zufolge gibt es verschiedene Arten von Träumen, wie prophetische, orakelhafte, therapeutische usw. Dabei zur Anwendung gebrachte Interpretationen konnten sich zu komplizierten Deutungen entwickeln.

Bei den Geheimbünden findet sich immer wieder ein enger Bezug zum Traum. Über die Jahrhunderte spielten Träume und ihre Deutung bei Mystikern, Okkultisten und Geheimlehren eine nicht zu unterschätzende Rolle. Wenn es okkult wird, ist bei Rosenkreuzern, Freimaurern, Templern, Theosophen und Anthroposophen der Umgang mit Träumen ein wichtiges Thema. Rudolf Steiner wollte durch die Beschäftigung mit Träumen die Entwicklung des höheren Selbst anregen.

Am Ende dieses kleinen Abrisses zur Geschichte der Traumdeutung sei noch einmal betont, dass es hier um eine sehr lückenhafte Skizze zu diesem Thema geht. Sie macht jedoch auch in der Lückenhaftigkeit deutlich, dass der Traum in der vorneuzeitlichen Geschichte zumeist in religiösem Kontext verstanden wurde. Gelehrte wie Pythagoras, Plato oder Aristoteles sind eindeutig als Ausnahme zu dieser Regel zu sehen.

Der Traum als Ausdruck der Seele des Träumers wurde vernachlässigt. In früheren Zeiten wurde der Traum eher als Realtraum denn als Symboltraum verstanden. Gaetano Benedetti sieht einen Grund darin, dass die menschliche Seele ursprünglich welthaft orientiert zu sein schiene, was sie in der Sicht der heutigen introspektiven Psychologie als „,stets projizierende' Seele" erscheinen ließe. „Die innere Realität wurde – im Traum wie im Mythos – immer auch als äußere Realität gesehen, gehört und erfasst. Heute ist es anders geworden; auch der Glaube wird vielfach als eine Projektion gedeutet."[65] Der „Fehler" früherer Zeiten lag in einer zum Teil einseitigen realen Auslegung der Träume mit einem unkritischen Bezug zur Götterwelt. Die Moderne krankt möglicherweise an der entgegengesetzten Einseitigkeit: Der mögliche Realitätsaspekt des Traumes, verstanden als außerpsychische Wirklichkeit, und der Gottesbezug bekommen keinen Raum mehr. Unbezweifelbar hat die kulturelle Umgebung der Träumenden einen Einfluss auf die wache Registrierung und Interpretation der Träume. Im Hinblick auf die therapeutische und seelsorgliche Verarbeitung heißt dies, dass die Schule des Therapeuten oder Seelsorgers die Trauminhalte mit beeinflusst. So können in einer von C.G. Jung her geprägtten Analyse oder bei einer seelsorglichen Begleitung religiöse Bezüge stärker in Erscheinung treten, weil sie dort bewusst aufgenommen und entsprechend gedeutet werden. Man sieht und findet in diesem Kontext leicht vorwiegend das, was man sucht. Dieser Zusammenhang fordert die begleitende Person heraus, die eigenen Vorlieben bei der Traumdeutung immer wieder kritisch in den Blick zu nehmen, um unangemessenen Einseitigkeiten auf die Schliche zu kommen.

7.2 Träume in der Bibel

Wollten wir allen Erwähnungen von Träumen in der Bibel nachgehen, würde das den Umfang eines eigenen Buches annehmen. Eine vollständige Aufzählung aller biblischen Traumbelege würde zu einer quantitativen Langatmigkeit führen, die keinen wirklichen Erkenntnisgewinn brächte. Das wäre der Intention dieses Buches nicht dienlich.

Bei der Beschäftigung mit dem biblischen Zeugnis zum Thema der Träume fällt auf, dass die Bibel dieses Thema in keiner Weise systematisch reflektiert anspricht. Die Erzählungen von Visionen, Engelerscheinungen, Entrückungen und Verzückungen lassen sich zum Teil nicht scharf von Träumen unterscheiden und abgrenzen. John Sanford gibt eine Umschreibung für die Bedeutung einer Vision, wobei er auf die Nähe von Traum und Vision hinweist: „Unter ‚Vision' kann man einen Traum verstehen, den man in halbbewusstem Zustand hat. Wenn das Unbewusste mit traumartigen Bildern oder Handlungen im Wachzustand in unser Bewusstsein einbricht, dann erleben wir eine Vision."[66] Der Unterschied besteht demnach im Grad der Bewusstheit, die in einer Vision größer als im Traum ist. Wir können feststellen, dass für das biblische Zeugnis diese Unterscheidung nicht von besonderem Interesse zu sein scheint, weil diese Phänomene für die Glaubenden von gleicher Art sind. In den Erzählungen sowohl von Träumen als auch von Visionen steht bei aller Verschiedenheit dasselbe Anliegen im Mittelpunkt: Sie berichten davon, wie durch sie den Menschen die Begegnung mit Gott und seiner Führung widerfahren ist. Das Interesse des biblischen Zeugnisses richtet sich auf den göttlichen Ursprung der Träume und Visionen und darauf, dass Gott durch sie Menschen und sein Volk führt. Diese Intention will im Blick behalten werden, wenn wir uns mit der Frage der biblischen Träume befassen.

Träume sind im Alten Testament kein eigenständiges Thema. Vielmehr erzählt es davon, wie Gott die von ihm erwählten Menschen führt und dabei auch immer wieder Träume benutzt. So sind sie eingebettet in Gottes Plan mit einzelnen Menschen und seinem Volk. Häufig dienen Träume als Wegweiser in kritischen Lebenssituationen.

Der erste in der Bibel angedeutete Traum findet sich in 1. Mose 20,3; er kann als Warntraum bezeichnet werden. Abraham lebte mit Sara als Fremdling in Gerar und gab seine Frau Abimelech gegenüber als seine Schwester aus. Da greift Gott durch einen Traum ein: „Aber Gott kam zu Abimelech des Nachts im Traum und sprach zu ihm: Siehe, du bist des Todes um der Frau willen, die du genommen hast; denn sie ist eines Mannes Ehefrau." Abimelech redet im Traum mit Gott und sagt, dass er einfältig gehandelt habe. Vers 6 fährt dann fort: „Und Gott sprach zu ihm im Traum: Ich weiß auch, dass du das mit einfältigem Herzen getan hast. Darum habe ich dich auch behütet, damit du nicht wider mich sündigtest, und habe es nicht zugelassen, dass du sie berührtest." Der Traum des Königs Abimelech diente der Bewahrung Saras und Abimelechs.

Bei Labans Traum handelt es sich ebenfalls um einen Warntraum. Nachdem Jakob geflohen war und Laban mit seinen Brüdern ihm nachjagte, heißt es (1. Mose 31,24): „Aber Gott kam zu Laban, dem Aramäer, im Traum des Nachts und sprach zu ihm: Hüte dich, mit Jakob im Guten oder Bösen zu reden." Als Laban dann mit Jakob zusammentraf, bezog er sich auf seinen Traum (V. 29): „Ich hätte wohl so viel Macht, dass ich euch Böses antun könnte; aber eures Vaters Gott hat diese Nacht zu mir gesagt: Hüte dich, mit Jakob im Guten oder Bösen zu reden."

Der erste ausführlicher überlieferte Traum im Alten Testament ist der von Jakob in 1. Mose 28,10–22. Nachdem Jakob seinen Vater Isaak und seinen Bruder Esau betrogen hatte, floh er zu Laban, dem Sohn von Rebekkas Bruder. Da begegnete ihm Gott im Traum. Er sieht eine Himmelsleiter, auf der Gottes Engel auf- und niedersteigen. Gott verheißt ihm im Traum das Land und große Nachkommenschaft. Gott würdigt den Traum, um Jakob eine gewichtige heilsgeschichtliche Verheißung zukommen zu lassen. Diese Verheißung enthält die Zusage, dass Jakob von Gott begleitet werden wird und eine neue Zukunft erhält. Trotz seiner Schuld wird er nach Gottes Willen als Träger der Verheißung eingesetzt. So ist dieser Traum der Beginn der Beziehung zwischen Gott und Jakob und zugleich die Lösung von Jakobs Schuldproblem durch Gott.

Von Jakob wird in 1. Mose 31,10f. erzählt, dass er im Traum eine Engelsbegegnung hatte: „Und der Engel Gottes sprach zu mir im Traum: Jakob! Und ich antwortete: Hier bin ich." In diesem Traum erhielt Jakob den Auftrag, aus dem Land Labans und in das Land seiner Verwandtschaft zu ziehen. Auch hier ist der Traum ein wichtiges Instrument der Führung Jakobs durch einen Engel und damit letztlich durch Gott.

In der Josefsgeschichte spielen Träume an verschiedenen Wegabschnitten eine große Rolle: Zunächst träumte der siebzehnjährige Josef, den sein Vater mehr liebte als seine Brüder, zwei Träume, die seine spätere Bedeutung anzeigten (1. Mose 37,5–11). Im ersten Traum sieht Josef, wie sich beim Binden der Garben seine aufrichtete und die der Brüder sich vor seiner neigten. Im zweiten Traum neigten sich die Sonne und der Mond und elf Sterne vor ihm. In dieser Geschichte taucht ein wichtiger Zug auf: Mit einem Traum kann der Träumer unweise umgehen. Die Erzählung von Josefs Traum wirkt bei den Brüdern und beim Vater Unmut.

Als Josef im Gefängnis war, wurden der Mundschenk und Bäcker des Pharao ebenfalls inhaftiert. Als sie beide in derselben Nacht einen je unterschiedlichen Traum hatten, waren sie wegen der Ratlosigkeit über die Träume bedrückt. Josef sagte daraufhin zu ihnen die bedeutsamen Worte (1. Mose 40,8): „Auslegen steht bei Gott – doch erzähl mir's." Träume zu deuten bleibt nach alttestamentlichem Verständnis ein Geschehen, das an Gottes Willen und die von ihm verliehene Einsicht gebunden ist. Der Mundschenk träumte von drei Reben, die er im Becher des Pharao zerdrückte (40,9–11). Josef deutete diesen Traum als Ankündigung der Freilassung des Mundschenks. Den Traum des Bäckers, der von drei Körben mit Backwaren handelte, aus dessen oberstem Korb Vögel fraßen (40,16–17), deutete Josef auf die Erhängung des Bäckers nach drei Tagen. In diesen Träumen kommt eine prophetische Dimension zum Vorschein, die manchen Träumen eigen ist.

Josef war als Traumdeuter bekannt geworden. Als der Pharao von sieben fetten Kühen träumte, die von sieben mageren gefressen wurden (41,1–4), und von sieben vollen Ähren auf einem Halm, gefolgt von sieben mageren (41,5–7), erinnerte sich der Mundschenk an Josef als Traumdeuter. Und wieder verweist Josef auf Gott, der die Fähigkeit zur Traumdeutung verleiht: „Das (Deuten von Träumen) steht nicht bei mir ..." Die Träume bedeuten dasselbe: Nach sieben fetten Jahre werden sieben magere folgen. Und dann unterstreicht Josef, dass Gott den Pharao durch Träume und seine Traumdeutung führt (V. 28): „Das meinte ich, wenn ich gesagt habe zum Pharao, dass Gott dem Pharao zeigt, was er vorhat." Seine Deutung abschließend, gibt Josef einen Hinweis, der das baldige Eintreffen dessen verheißt, auf das die Träume verweisen (V. 32): „Dass aber dem Pharao zweimal geträumt hat, bedeutet, dass Gott solches gewiss und eilends tun wird." Diese Träume weisen auf die Zukunft und stellen symbolisch den

Heils- und Rettungsplan Gottes dar, der für Jakob und seine Familie in der Hungersnot zur Rettung werden wird. Er bewahrt zwar nicht vor Unheil, lässt aber einen Weg erkennen, wie die bevorstehende Not bewältigt werden kann.

Wie nahtlos Träume als mit dem Reden Gottes verbunden gedacht werden, kommt in 4. Mose 12,6 in einem Wort an Aaron und Mirjam zum Ausdruck: „Und er sprach: Hört meine Worte: Wenn unter euch ein Prophet ist, dann will ich, der Herr, mich ihm kundmachen in Gesichten oder mit ihm reden in Träumen." Zugleich ist dieses Wort ein Beleg dafür, wie schwer abgrenzbar in der Bibel Gesichte bzw. Visionen und Träume sind.

Richter 7,6–21 berichtet vom Sieg Gideons über die Midianiter. Gott verheißt Gideon den Sieg über dieses Volk. Er soll mit Pura zum Lager der Midianiter gehen und hören, was dort erzählt wird. Gideon hört, wie einer einem anderen einen Traum erzählt, in dem ein Laib Gerstenbrot zum Lager der Midianiter rollte, ein Zelt umstieß und eine Verwüstung anrichtete (V. 13). Der andere, der den Traum hört, weiß sogleich, dass dieser Traum den Sieg Gideons und der Israeliten über die Midianiter voraussagt. Dieser Traum war für Israel eine Ermutigung, für die Midianiter eine Entmutigung.

So wie Träume als ein Reden Gottes verstanden werden können, so kann ihr Ausbleiben als ein Gericht Gottes gedeutet werden: Als Saul dem Heer der Philister gegenübersteht, verzagte sein Herz. In seiner Verzweiflung wandte er sich an Gott: „Und er befragte den Herrn; aber der Herr antwortete ihm nicht, weder durch Träume noch durch das heilige Los noch durch Propheten" (1. Samuel 28,6; s. auch V. 15). Die Totenbeschwörerin von Endor holte auf Bitten Sauls den verstorbenen Samuel aus dem Totenreich herauf (V. 11–14), der die Verwerfung Sauls und damit das Gericht Gottes über ihm bestätigte.

Dem König Salomo erschien Gott im Traum, nachdem er in Gibeon tausend Brandopfer geopfert hatte (1. Könige 3,5–15).

In diesem Traum darf Salomo von Gott erbitten, was er will. Der König erbittet ein gehorsames Herz, um in seinem Volk Recht sprechen und verstehen zu können, was gut und böse ist. Gott antwortet auf die Bitte Salomos, dass er ihm „ein weises und verständiges Herz" (V. 13) geben wolle und noch dazu Reichtum und Ehre. Dieser Traum ist ein Offenbarungstraum, der dem König eine Begegnung mit Gott in einer direkten Gottesrede schenkt.

Im Buch Daniel sind zwei Träume überliefert, die als Symbolträume zu bezeichnen sind. Während in Offenbarungsträumen sich Gott mitteilt, sodass der Träumer sie ohne fremde Deutungshilfe zu verstehen mag, sind Symbolträume solche, bei denen der Träumer auf die Deutung eines Kundigen angewiesen ist.[67] Nebukadnezar hatte einen ihn beunruhigenden Traum, den die Zeichendeuter und Wahrsager des Reiches nicht deuten konnten. Daniel, der zum König gerufen wird, sagt zum diesem: „Aber es ist ein Gott im Himmel, der Geheimnisse offenbart" (Daniel 2,24). Auch hier ist das Verstehen der Träume Offenbarung Gottes. Im Traum sah Nebukadnezar eine Statue, bei der das Haupt aus Gold, Brust und Arme aus Silber, Bauch und Lenden aus Bronze, die Schenkel aus Eisen und die Füße teils aus Eisen, teils aus Ton waren. Am Ende trifft ein großer Stein auf die Füße und zerschmettert die Statue (2,31–35). Daniel deutet diesen Traum als Abfolge von vier aufeinanderfolgenden Reichen, bis am Ende der Gott des Himmels sein Reich aufrichten wird (2,36–45). In dieser Traumdeutung erweist sich Gott als der wahre Gott. Im zweiten Traum (4,7–14) sah Nebukadnezar einen riesigen, reich bewachsenen Baum, der auf Befehl eines Wächters aus dem Himmel gefällt werden sollte. Daniel deutet den Traum auf Nebukadnezar, der aus der Gemeinschaft der Menschen gestoßen werden wird, bis er erkannt hat, dass der Gott des Himmels Gewalt hat (4,17–24). Die Träume und ihre Deutung durch Daniel geben ihnen göttliche

Autorität. Sie weisen auf die Geschichtsmächtigkeit Gottes, der über dem König steht.

Hiob 33,14–18 führt Gedanken zu Träumen auf, die für das Verständnis der Träume im Alten Testament von besonderer Bedeutung sind. Diese Verse sollen deshalb hier zitiert werden:
(V. 14) „Denn auf eine Weise redet Gott und auf eine zweite; nur beachtet man's nicht.
(15) Im Traum, im Nachtgesicht, wenn der Schlaf auf die Menschen fällt, wenn sie schlafen auf dem Bett,
(16) da öffnet er das Ohr der Menschen und schreckt sie auf und warnt sie,
(17) damit er den Menschen von seinem Vorhaben abwende und von ihm die Hoffart tilge
(18) und bewahre seine Seele vor dem Verderben und sein Leben von des Todes Geschoss."
Diese Verse werden in der alttestamentlichen Wissenschaft der jüngeren Offenbarungsweisheit (im Unterschied zur älteren Erfahrungsweisheit) zugeordnet. „Offenbarungsweisheit zeichnet sich gegenüber der Erfahrungsweisheit dadurch aus, dass sie viel stärker göttliche Züge trägt, sozusagen göttlich qualifiziert ist. In den Aussagen der Offenbarungsweisheit kommt Gott direkter zu Wort."[68] In diesem Kontext sind Träume Ausdruck des Geistes Gottes, der in der ganzen Schöpfung wirkt. In ihnen wendet Gott sich den Menschen zu und wirkt in ihnen. Die zitierten Verse weisen dem Traum eine besondere Funktion zu; Gott führt die Träumenden in den Träumen. Zu diesen Funktionen gehört die Warnung in manchen Träumen. In anderen bewahrt Gott den Träumer vor dem Scheitern seines Lebens. Der Träumer wird von seinem Traum ermahnt, sein Leben nicht zu verfehlen, sondern es zum eigenen Besten zu verändern. Gott redet im Traum, um genau das zu bewirken. Es gibt im Traum göttlich-weisheitliche Lebenshilfe. Auch wenn der Traum keine religiösen Motive

enthält, so schließt er von seinem Wesen her den Gottesbezug und die Gotteserfahrung mit ein. Die Hinweise und Warnungen, die der Traum enthält, stehen in der Beziehung zum Leben des Glaubenden zu Gott. Damit kann jeder Traum einen Gottesbezug enthalten und entfalten. Wenn Träume so aufgenommen werden, können sie für den Glauben relevant werden.

Dieser Text in Hiob 33,15–18 kann als Anregung für geistliche Begleitung aufgegriffen werden:
- Im Traum „öffnet er das Ohr der Menschen". Hier ist die Anregung angesprochen, vom Traum her den inneren Zustand vor Gott zu prüfen. Diese nach innen gerichtete Traumfunktion kann zu einer ehrlichen Selbsterkenntnis führen.
- Der Traum „schreckt sie auf". Mit diesem Traumaspekt ist die Funktion der Mahnung angesprochen.
- „... damit er den Menschen von seinem Vorhaben abwende ...": Das ist die ethische Dimension der Träume, die ermahnt und den Menschen darauf hinweist, böse Wege zu verlassen und gute zu gehen.
- „... und von ihm die Hoffart tilge ...": Hier könnte man von einer reduktiven Funktion der Träume sprechen, weil sie den Träumer zu einer realistischen Selbsteinschätzung herausfordern.
- „... und bewahre seine Seele vor dem Verderben ...": Diesen Aspekt der Träume könnte man als prospektive, vorausschauende Funktion der Träume verstehen. Sie warnt vor dem, was den Menschen zerstört.

Nicht unerwähnt bleiben darf die Linie der kritischen Traumbewertung im Alten Testament. Die positive Sicht auf Träume ist dort nicht einhellig. So sind nun die kritischen Stimmen aufzugreifen. Zu ihnen gehören der Prediger (Kohelet) und der Prophet Jeremia:
Prediger 5,6 spricht folgende Warnung aus: „Wo viele Träume sind, da ist Eitelkeit und viel Gerede; darum fürchte Gott!" Der Kontext spricht von Gelübden und ihrer Einhaltung (V. 3): „Was

du gelobst, das halte." Gott selbst richtet über dem Wortbruch (V. 5); das ist wohl mit dem „Gerede" gemeint. Nicht die Worte des Einzelnen mit seinen Vorstellungen und Nichtigkeiten sind entscheidend, auch nicht seine Träume, sondern die Gottesfurcht, „darum fürchte Gott!" Damit wird nicht der Traum grundsätzlich verachtet oder abgelehnt, sondern er wird hier im Gegensatz zum eingehaltenen Wort des Gelübdes und zur Ehrfurcht vor Gott betrachtet. Das gerade in die Wahrhaftigkeit führende Potenzial der Träume sieht der Prediger hier nicht.

Zu den kritischen Stimmen in Bezug auf Träume gehört auch der Prophet Jeremia, der den Missbrauch von Träumen für eigene Interessen durch falsche Propheten anprangert. Gott spricht durch den Propheten mit den Worten (Jeremia 23,25): „Ich höre es wohl, was die Propheten reden, die Lüge weissagen in meinem Namen und sprechen: Mir hat geträumt, mir hat geträumt." Die falschen Propheten treten mit göttlichem Anspruch auf und verkünden Offenbarungsträume als Wort Gottes an sein Volk, was zur Folge hat, dass das Volk Gottes über seinen eigenen Träumen den Namen Gottes vergisst (V. 27). Dagegen hält der Prophet mit seinem Aufruf (V. 28): „Ein Prophet, der Träume hat, erzähle Träume, wer aber mein Wort hat, der predige mein Wort recht. Wie reimen sich Stroh und Weizen zusammen?" Jeremia lehnt also nicht grundsätzlich die Botschaft von Träumen ab, sondern lediglich einen Missbrauch, der sich göttliche Autorität anmaßt. In dieselbe Richtung weist das Gotteswort durch Jeremia (27,9): „So hört doch nicht auf eure Propheten, Wahrsager, Traumdeuter, Zeichendeuter und Zauberer, die euch sagen: Ihr werdet nicht untertan sein müssen dem König von Babel." Und Jeremia 29,8 bekräftigt dieselbe Botschaft: „Lasst euch durch die Propheten, die bei euch sind, und durch die Wahrsager nicht betrügen, und hört nicht auf die Träume, die sie träumen." Der Prophet erhebt seine Stimme im Namen Gottes gegen den Missbrauch von Träumen und Traumdeutung.

Im Neuen Testament spielt der Traum eine marginale Rolle: In der Kindheitsgeschichte nach Matthäus war Josef dreimal Empfänger von Träumen. Dreimal erschien ihm im Traum der Engel des Herrn. In 1,20–21 sagt er zu Josef, der erwägt, Maria wegen ihrer Schwangerschaft heimlich zu verlassen, er solle sie als seine Frau zu sich nehmen. In 2,13 weist der Engel des Herrn im Traum Josef an, mit Maria und Jesus vor der Bedrohung durch Herodes nach Ägypten zu fliehen. Und in 2,20 spricht der Engel des Herrn erneut zu Josef, dass er mit seiner Familie nach dem Tod des Herodes in das Land Israel zurückkehren solle.

Den Weisen aus dem Morgenland, die gekommen waren, um Jesus anzubeten, wurde im Traum befohlen, wegen der Bedrohung durch Herodes auf einem anderen Weg in ihr Land zurückzukehren. Hier ist also ein Warntraum angedeutet, der eine lebensbedrohliche Situation abzuwenden hilft. Im Traum handelt Gott an den Heiden genauso wie an Menschen seines Volkes; damit ist die Schranke zwischen dem Volk Gottes und den Heiden, die Jesus anbeten, zeichenhaft gefallen.

Das Matthäusevangelium erwähnt an einer weiteren prominenten Stelle einen Traum. Die Frau des Pilatus lässt ihrem Mann, als er auf dem Richterstuhl sitzt, ausrichten (27,19): „Habe du nichts zu schaffen mit diesem Gerechten; denn ich habe heute viel erlitten im Traum um seinetwillen." In allen matthäischen Belegen zeigt sich im Traum ein Reden Gottes bzw. eines Engels als des Boten Gottes.

Die Apostelgeschichte greift die endzeitliche Verheißung aus Joel 3,1–5 auf, in der von der Ausgießung des Heiligen Geistes in den letzten Tagen die Rede ist. Das Wirken des Geistes Gottes wird mit Zeichen verbunden sein (Apostelgeschichte 2,17): „Und eure Söhne und eure Töchter sollen weissagen, und eure Jünglinge sollen Gesichte sehen und eure Alten sollen Träume haben." Wie an vielen Stellen im Alten Testament ebenso

wie im Matthäusevangelium manifestiert sich in den endzeitlichen Träumen die Offenbarung Gottes und die verhüllte Begegnung mit ihm.

Im weiteren Verlauf der Apostelgeschichte werden verschiedene Visionen erwähnt: Der Hauptmann Kornelius erfährt in
der Vision eines Engels, dass seine Gebete erhört wurden und
er Petrus, der sich in Joppe befindet, zu sich holen lassen soll
(10,3–5). Auch Petrus hat eine „Verzückung", in der er ein Tuch
vom Himmel herabkommen sieht, in dem sich unreines Ge-
tier findet. Petrus wurde so auf die Begegnung mit dem Heiden
Kornelius vorbereitet. In 16,9 hat Paulus eine Erscheinung, in
der ein Mann aus Makedonien ihn bittet: „Komm herüber und
hilf uns!" Schließlich spricht auch Apostelgeschichte 27,23 f.
von einer Vision des Paulus, als er als Gefangener mit anderen
Schiffbruch erlitten hatte. Ein Engel trat zu ihm und verhieß
Rettung. Wie in der Einleitung zu diesem Abschnitt erwähnt,
unterscheiden diese Stellen der Apostelgeschichte nicht präzise zwischen einem Traum und einer Vision.

Fassen wir den Ertrag des biblischen Zeugnisses zusammen,
lässt sich Folgendes erkennen und folgern:

Im Alten wie im Neuen Testament stehen die Träume und ihre
Deutung nicht im Dienste der Selbsterfahrung, denn der Bibel
ist ein psychologisches Interesse an ihnen fremd. Sie haben dagegen häufig eine religiöse Bedeutung als Ansprache Gottes, die
einzelne Menschen oder auch ein Volk lenken kann. In vielen
Fällen werden sie als Hinweis oder Offenbarung des lebendigen
Gottes oder eines Engels gedeutet. Sie warnen verschiedentlich die Träumer oder jemand anderen vor Gefahren oder lassen den Willen Gottes in einer konkreten Situation erkennen.

Es ist von großer Bedeutung, wie ein Träumer mit seinen
Träumen umgeht. Er kann damit unweise sein wie Josef im Alten Testament in Bezug auf seine Brüder und seinen Vater. Der

Traum kann sogar gefährlich werden, wenn er, wogegen der Prophet Jeremia seine Stimme erhoben hat, als Offenbarung Gottes ausgegeben wird, ohne eine solche zu sein. Hier handelt es sich um die konkrete Gefahr religiösen Machtmissbrauchs. Ein für den seelsorglichen Umgang mit Träumen fruchtbarer Ansatz findet sich in Hiob 33,14–18. Die Offenbarungsweisheit erkennt die Bezogenheit des Traums auf Gott. Sie deutet nicht alle Träume als prophetisch, ist aber offen für die Gotteserfahrung in ihnen und durch sie. Träume können eine Art Hinweisschild auf Gott werden. Die Spuren des Redens Gottes im Traum können sich in aufbauenden, warnenden oder korrigierenden Hinweisen zeigen.

Auf dem Hintergrund des biblischen Zeugnisses ist es im seelsorglichen Umgang mit Träumen angemessen, für die religiöse Dimension in ihnen sensibel zu sein.

Zum einen heißt das: Es gibt Träume, die eine prophetische Botschaft enthalten können. Nach Pfingsten und der Ausgießung des Heiligen Geistes sind die Mitteilungen Gottes im Traum nicht beendet. Es wäre geistlich alles andere als weise, dies rundweg auszuschließen. Aber aus meiner eigenen umfangreichen Erfahrung in der Begleitung von Menschen mit nächtlichen Träumen kann ich sagen, dass im engeren Sinn prophetische Träume nicht alltäglich sind.

Deshalb gilt: Träume wollen in der seelsorglichen Begleitung auf ihre Relevanz für den christlichen Glauben des Träumers „abgeklopft" werden, sie wollen in die Gottesbeziehung der Glaubenden hineingenommen werden. Es lohnt sich, einen Traum geistlich aufmerksam zu betrachten, um die Bedeutung der Traumbotschaft für die Beziehung des Träumers zu Gott zu erkennen. So kann der Traum zum Gefäß der Gnade Gottes werden, indem Gott durch ihn wirkt und für den Glauben bedeutsame Anstöße geben kann. Da Gott uns auch im

Unbewussten nahe ist, können Träume immer wieder zum indirekten Reden Gottes werden.

7.3 Was sind religiöse Träume?

Als ich einem befreundeten Sozialarbeiter und Therapeuten von meinem Projekt erzählte, ein Buch zum seelsorglichen Umgang mit Träumen zu schreiben, erzählte er mir spontan den folgenden Traum, den er in den neunziger Jahren hatte:

Ich habe erfahren, dass Jesus wiedergekommen ist, und in mir war der starke Wunsch, ihn zu treffen. Deshalb entschloss ich mich, mit meiner Familie nach Jerusalem zu gehen. Als wir in Tel Aviv landeten, entdeckte ich zu meiner großen Verwunderung, dass viele andere Menschen dieselbe Idee hatten. Die Mietautos waren bereits alle ausgebucht. Auch alle Taxen waren unterwegs. Ich konnte vom Flughafen aus sehen, dass die Straße nach Jerusalem völlig mit Autos verstopft war und nichts mehr ging. Auf einmal wusste ich, dass es einen Fußweg über Latrun nach Jerusalem gibt. So beschloss ich, dass wir zu Fuß nach Jerusalem gingen. Ich lud auch noch ein paar Leute ein, die frustriert und ratlos herumstanden, mit uns nach Jerusalem zu wandern. Mir war klar, dass ich Jesus in Jerusalem an der Klagemauer finden würde. Deshalb ging ich mit meiner Familie direkt dorthin. In der Mitte der Klagemauer stand ein schöner Thronstuhl, auf dem Jesus saß. Ich ging direkt zu ihm hin, hielt ihm meine Hand zur Begrüßung entgegen und stellte mich vor: ‚Ich bin Hans und das ist meine Familie.‘ Dabei wies ich mit der linken Hand auf meine Familie zurück. Jesus schaute mich mit einem herrlichen Lachen an und sagte: ‚Ich kenne euch alle.‘ Das lachende Gesicht von Jesus war wunderschön.

Im Gespräch über diesen Traum erzählte mir der Träumer zunächst das Erlebnisumfeld, das ihn in den neunziger Jahren bewegt hatte: In dieser Zeit begann bei ihm ein Interesse an Israel zu erwachen, als er die Leitung des Hauses „Maranatha" übernommen hatte, ein CVJM-Zentrum für Seelsorge und Lebenshilfe. Außerdem hatten verschiedene Begegnungen und geistlich tiefgehende Literatur zum Thema Israel ihm die Augen für die Bedeutung des Gottesvolkes und des Heiligen Landes geöffnet. Schließlich hatte er bei einer Tagung eine erste Begegnung mit der Jesus-Bruderschaft in Gnadenthal. Im Zuge dieses Kontaktes kam er auch mit den Brüdern, die in der Außenkommunität in Latrun in Israel lebten, in Verbindung. Soweit zum persönlichen Hintergrund dieses Traumes.

Ich fragte den Träumer, ob er diesem Traum eine prophetische Dimension für sich zumessen würde. Seine Antwort darauf: „Auf diesen Gedanken wäre ich von mir aus nicht gekommen. Ich sehe in ihm nicht die Ankündigung der Wiederkunft Jesu zu meinen Lebzeiten." Ich fragte ihn nach seinem subjektiven geistlichen Erleben im zeitlichen Umfeld dieses Traumes. Er sagte: „Das war eine geistlich sehr bewegte Zeit. Vor diesem Hintergrund machen für mich die vollen Straßen sehr viel Sinn. Mir war im Traum klar, dass der normale Weg für mich nicht geht; ich brauche meinen eigenen Weg zu Jesus." Der Traum ist also in diesem Abschnitt subjektstufig zu deuten, was die innere Bewegtheit seiner Seele anbetrifft. Die Zentralbotschaft des Traumes fasste er für sich so zusammen: „Ich habe Jesus gesehen, und er hat mich lieb."

Ich fragte ihn vor dem Hintergrund der jungschen Traumanalyse, ob er Jesus als Archetypus seiner Seele verstehen könne. Er meinte darauf mit Bestimmtheit: „Ich würde sagen: Ich bin Jesus begegnet. Von meinem Erleben her war Jesus in meinem Traum kein innerseelisches Bild von ihm. Jesus kam auf mich zu. Ich hatte nach dem Aufwachen den Eindruck zu schweben. Dieser Zustand hat längere Zeit angehalten, selbst in der Zeit, als meine erste Frau an Krebs erkrankte und im Jahr 2002 starb. Auch wenn ich mich nach über zwanzig Jahren wieder mit diesem Traum befasse, ist Freude in mir." An dieser Stelle wird bereits deutlich, was im Abschnitt über prophetische Träume aufzugreifen sein wird, dass ein solcher Traum kein Gottesbeweis ist. Der Träumer lebte aber bewusst als Christ und öffnete sich auch bewusst der Wirksamkeit des Heiligen Geistes. Von daher ist es verständlich und angemessen, bei diesem Traum von einer Begegnung mit Jesus zu sprechen.

Was das Thema dieses Abschnitts betrifft, lässt sich vor dem Hintergrund dieses Traumes sagen, dass es sich bei ihm um einen ausgeprägt religiösen Traum handelt. Er enthält viele zentral jüdisch-christliche Symbole: das Heilige Land, Jerusalem als die Heilige Stadt, Jesus Christus und auch Latrun als Ort einer geistlichen Gemeinschaft.

Als Kontrapunkt zu dem soeben angeführten Traum bringe ich einen eigenen Traum, den ich in den Achtzigerjahren hatte. Er enthält kein christliches Symbol, ist aber, wie gleich zu sehen sein wird, für mich doch ein eminent religiöser Traum gewesen. Ich träumte:

Ich blicke in den Tank eines Autos. Darin befindet sich bleifreies Benzin. Als ich genauer hineinsehe, entdecke ich, dass das Benzin voller Dreck ist.

Zum Hintergrund: Ich lebte in einer Kommunität, zu der die Berufung zum Leben in Ehelosigkeit gehörte. In den Achtzigerjahren kam ich mit dieser Lebensform in eine tiefgreifende Krise. Die Leitung der Kommunität, der ich mit meiner Krise eine schwierige Lage bereitete, entließ mich in eine längere Zeit des Abstands von der Kommunität. In dieser Zeit hatte ich den erwähnten Traum. Ich traf mich damals regelmäßig mit dem damaligen Novizenbegleiter der Abtei Münsterschwarzach, Pater Meinrad Dufner. Als ich mit ihm über diesen Traum sprach, sagte er liebevoll, aber klar: „Du meinst, etwas Hochstehendes zu leben, aber was du lebst, ist verdreckt." Dieser Satz traf mich durch und durch: Das war die Kernbotschaft meines kurzen Traumes.

In den Achtzigerjahren begann die Auslieferung von bleifreiem Benzin an die Tankstellen. Es galt damals als etwas Hochwertiges. So meinte ich, in meinem damaligen Leben mit „hochwertiger geistlicher Untergrundmotivation" zu leben. Aber die geistlichen Motive meines damaligen Lebens waren verdreckt. Dieser Traum enthielt kein religiöses Motiv, und dennoch traf er in die Mitte meines damaligen (un-)geistlichen Lebens. So hat mich dieser Traum überführt, wie auf frischer Tat ertappt. Er rief mich in eine Umkehr zu einer Reinigung meines Lebens auch vor Gott.

Die Frage in der Überschrift über diesem Abschnitt „Was sind religiöse Träume?" mag befremden. Die Antwort scheint ja klar zu sein: Religiöse Träume haben religiöse Themen. Aber eine so eindimensionale Antwort würde der Vielschichtigkeit dieses Themas nicht gerecht. Warum ist diese Frage also dennoch berechtigt und nötig?

Zunächst ist eine Verständigung darüber erforderlich, was unter „religiös" zu verstehen ist. Etymologisch kommt das Wort „religiös" vom lateinischen Wort relegere, das sich mit „anbinden" oder „zurückbinden" übersetzen lässt. Im spirituellen Kontext wird damit eine Rückbindung an etwas Größeres angesprochen. Dieses kann im Menschen oder über ihn hinaus gedacht werden und kann ihn plötzlich und in unterschiedlicher Intensität ergreifen. Mystiker sprechen in diesem Kontext vom Seelengrund oder vom göttlichen Urgrund. Wird das Wort „religiös" im christlichen Zusammenhang verwendet, ist damit die Beziehung des Menschen zu Gott, dem Vater Jesu Christi, gemeint, die durch den Heiligen Geist ermöglicht wird. Wird ein Traum unter religiösem Gesichtspunkt betrachtet, so ist zu klären, welche Art von Einbindung er zum Ausdruck bringt. Diese kann eine allgemeine Sehnsucht beim Träumer sein oder auf den dreieinigen Gott ausgerichtet sein.

Wir bedenken in diesem Gesamtabschnitt die Verbindung zwischen den Träumen und dem christlichen Glauben. Und dabei drängt sich die Frage auf: Wie ist diese Verbindung angesichts der Tatsache zu verstehen, dass nicht wenige der Träume in ihrer Symbolwelt und in ihren Szenen keinen expliziten Bezug zu Themen des christlichen Glaubens erkennen lassen? Unter Punkt 7.5 wird gleich die Frage der Zuordnung von Träumen und Heiligung zu reflektieren sein. Die Heiligung stellt die Frage nach dem Leben als Christ im täglichen Dasein. In diesem Zusammenhang ergibt sich die in der Überschrift angeführte Frage „Was sind religiöse Träume?" Es wird sich zeigen, dass in den Träumen manchmal die Frage nach ihrer religiösen Relevanz verborgen ist wie ein Schmetterling in der Raupe. Was also an religiösen Fragen im Traum verborgen ist, will entdeckt werden.

In der Aufgliederung der Merkmale religiöser Träume greife ich den differenzierten Ansatz des Theologen und Therapeuten Ulrich Kühn auf.[69] Er unterscheidet sieben Merkmale; taucht eines dieser Merkmale auf, so kann von einem religiösen Traum gesprochen werden:

1. Ein religiöser Traum liegt dann vor, wenn in ihm Symbole, Gegenstände oder Gestalten auftauchen, die im christlichen oder andersreligiösen Kontext von Bedeutung sind. Das kann ein breites Spektrum von kultischen Personen über Kirchen bis zu Gebeten und anderen kultischen Ritualen sein.
2. Wenn ein Traum den Träumer existenziell stark anspricht und eine entsprechende Wirkung auf ihn ausübt, kann man von einem religiösen Traum sprechen. Das kann mit dem Gefühl verbunden sein, ihm nicht ausweichen zu können. Dahinter steckt häufig eine zentrale Botschaft, die den Träumer in der Tiefe seiner Existenz betrifft.
3. Auch die spontanen Einfälle und Assoziationen des Träumers oder des seelsorglichen Begleiters können einen Traum ohne

religiöse Symbole und Anklänge zu einem religiösen Traum werden lassen. So können etwa Verbindungen zum christlichen Glauben oder zu Gestalten der Bibel die Bezeichnung „religiös" rechtfertigen.

4. Eine intensive Beschäftigung mit Fragen des Glaubens kann zu Träumen führen, die eine Verbindung zu dieser Beschäftigung zeigen und deshalb den Traum als religiös qualifizieren.

5. In Träumen können Anklänge an Lebenserfahrungen enthalten sein, die zur Geschichte des Träumers mit Gott und zu seiner religiösen Entwicklung gehören. Auch dann kann von einem religiösen Traum gesprochen werden.

6. Gefühle, die dem Träumer jenseitig und alles Irdische und Begrenzende übersteigend erscheinen, können auf einen religiösen Traum hinweisen. Hier kann es um außerchristliche Erfahrungen gehen.

7. Ein Traum kann auch zu einer geistlichen Erfahrung, zu einem Erlebnis mit Gott hinführen, sodass sich in ihm ein religiöser Anklang zeigt. Das können Botschaften eines Traumes sein, die dem Träumer Lebensmut oder auch Schuldbewusstsein zukommen lassen oder auch Wegweisung oder Warnung.

Religiöse Träume bringen den Träumer in Beziehung zu einem letzten Lebensgrund. Dieser kann der biblisch bezeugte Gott sein, aber auch andere für den Träumer religiös besetzte Wesen sind möglich. Bereits an dieser Stelle zeigt sich, dass im Traumgespräch, das von einem geistlich-seelsorglichen Anliegen getragen ist, dem Träumer eine Hilfestellung zur Unterscheidung dessen gegeben werden kann, was er vom Verstand her in seinem Bewusstsein glaubt und was ihn aus tieferen Schichten seines Unbewussten prägt. Das führt bereits zum Zusammenhang zwischen Träumen und dem Aspekt der Heiligung.

7.4 Zwei Holzwege religiöser Traumdeutung: Diffuse Spiritualität und Biblizismus

Es ist ebenso interessant wie auffallend, dass in Büchern zum Verstehen von Träumen der religiöse Bezug der Träume in zum Teil ausführlicher Weise entfaltet wird. Mitten unter psychologischen Äußerungen zu den Träumen können Ausführungen zu dem auftauchen, was die jeweiligen Autoren für das wahre Verständnis des Religiösen als wichtig erachten. Unter solchen Äußerungen finden sich dann nicht selten geradezu als verbindlich ausgegebene christliche Lehraussagen. Dabei fällt auf, dass deutlich dogmatische oder dogmatisch relevante Aussagen zu Fragen des (christlichen) Glaubens gemacht werden. Man hat dabei den Eindruck, dass manche Autoren von Traumbüchern beanspruchen, den christlichen Glauben durch die tiefenpsychologische Deutung zu dem zu führen, was eigentlich mit ihm gemeint sein sollte. Im Abschnitt über die Heiligung werde ich Gedanken entfalten, die ebenfalls diesen Eindruck machen können. Das liegt in der Natur der Sache eines seelsorglichen Umgangs mit Träumen, der sowohl in psychologischer als auch in geistlicher Hinsicht sachgerecht sein will. So soll diese Fragestellung nach einer sachgerechten Verbindung von biblisch-reformatorischem Glauben mit der Interpretation von Träumen jetzt inhaltlich aufgegriffen werden: Was ist der Inhalt des christlichen Glaubens und wie bezieht er sich auf das Verständnis und den Umgang mit Träumen? Ich spreche hier von „diffuser" Religiosität, weil, wie gleich zu zeigen sein wird, zwar biblische Worte und christliches Gedankengut aufgegriffen werden, zugleich aber diese in einigen Konzeptionen mit anderen Inhalten gefüllt werden. Es geht also nun um das, was in die christliche Tradition als Unterscheidung der Geister Eingang gefunden hat. Hierbei wird auch der Umgang mit dem biblischen Zeugnis bedacht werden müssen. Dabei wird zum einen die Auseinandersetzung mit Carl Gustav Jungs religiösem Gedankengut unausweichlich sein. Zum andern werden die Positionen zweier Autoren von Traumbüchern dargelegt werden, die sowohl theologische und psychologische Bildung mitbringen als auch der psychologischen Schule jungscher Prägung zugehören: John Sanford und Maria Riebl.

Auf der anderen Seite gibt es Ansätze der Traumdeutung, die sich dezidiert als christlich verstehen und besonders bei der Interpretation von Träumen ganz nahe am biblischen Zeugnis bleiben wollen. Das führt sie dazu, ihre Interpretationsmethoden unmittelbar auf das biblische Wort zu gründen. Aber dieses Vorgehen wirft Fragen auf, die nicht übergangen werden dürfen. Wir werden im zweiten Teil dieses Abschnittes darauf eingehen, wie diese Methodik zu beurteilen ist, wie das Anliegen beurteilt werden kann und wie es möglicherweise angemessener begründet und entfaltet werden kann.

7.4.1 C.G. Jung und Religiosität in der Psychotherapie

Unter Abschnitt 3.3 wurde bereits darauf hingewiesen, dass C.G. Jung die scharfe Abgrenzung Freuds von religiösen Fragestellungen in der Traumdeutung je länger je weniger mitvollziehen konnte. Er beschäftigte sich mit verschiedenen Religionen und ihren Motiven. Ihn interessierten die Anspielungen auf diese, und er bezog ihre Interpretation in seine Arbeit mit Träumen ein.

Hierbei kann sich die Gefahr ergeben, dass Psychologie und Religion unheilvoll miteinander vermischt werden. Diese Gefahr sieht C.G. Jung klar und will sie auch vermeiden. So sagt er: „Wenn ich daher als Psychologe sage, Gott sei ein Archetypus, so meine ich damit den Typus in der Seele, was bekanntlich von typos = Schlag, Einprägung, herkommt. Schon das Wort ,Archetypus' setzt ein Prägendes voraus. Psychologie als Wissenschaft von der Seele hat sich auf ihren Gegenstand zu beschränken und sich davor zu hüten, ihre Grenzen etwa durch metaphysische Behauptungen oder sonstige Glaubensbekenntnisse zu überschreiten. Sollte sie einen Gott auch nur als hypothetische Ursache setzen, so hätte sie implizit die Möglichkeit eines Gottesbeweises gefordert, womit sie ihre Kompetenz in absolut unzulässiger Weise überschreiten würde. Wissenschaft kann nur Wissenschaft sein; es gibt keine ‚wissenschaftlichen‘ Glaubensbekenntnisse und ähnliche ‚contradictiones in adjecto‘. Wir wissen einfach nicht, woraus der Archetypus in letzter Linie herzuleiten ist, so wenig wie wir den Ursprung der Seele kennen. Die Kompetenz der Psychologie als Erfahrungswissenschaft geht nur so weit festzustellen, ob der in der Seele gefundene Typus aufgrund vergleichender Forschung billigerweise z. B. als ein ‚Gottesbild‘ bezeichnet werden darf oder nicht. Über eine mögliche Existenz Gottes ist damit weder positiv noch negativ etwas ausgesagt …"[70]

In dieser Äußerung sieht Jung sehr klar die letzte Grenze, die der Psychologie als Wissenschaft gesetzt ist. Der Psychologe will hier offenlassen, welche Realität hinter der Einprägung – Jung spricht von „Archetypus" – in der Seele steht. Würde diese Grenze nicht geachtet werden, so könnte daraus ein Gottesbeweis abgeleitet werden, und der ist unmöglich. Die wissenschaftliche Psychologie kann von ihrer Kompetenz her nur von Gottesbildern oder von Gottesvorstellungen sprechen.

Diese klare Sicht hält C.G. Jung nur leider in weiteren seiner Äußerungen nicht durch. Eine der Intentionen seiner psychologischen Arbeit formulierte er gegenüber Christen so: „Ich habe vor allem versucht, dem Christen sichtbar zu machen, was der Erlöser in Wirklichkeit ist und was die Auferstehung bedeutet."[71] In dieser Formulierung des Schweizer Psychologen spricht sich ein normativer Anspruch im Hinblick auf die Interpretation des christlichen Glaubensverständnisses aus. Dies befremdet, weil damit zumindest der Eindruck entsteht, als wollte der Psychologe dem Theologen sagen, wie er das Zentrum seines Glaubens richtig zu verstehen hätte (".... was der Erlöser in Wirklichkeit ist ..."). Diese Ausrichtung der jungschen Gedanken lässt aufhorchen, weil ihr Verfechter sich immer wieder kritisch gegenüber einem „dogmatischen" Christsein äußerte. Hier scheint sich das bekannte Phänomen zu bestätigen, wonach die Kritiker des Dogmas selbst die unerbittlichsten Dogmatiker sind.

Der Psychologe stellt einen grundsätzlichen Unterschied zwischen Alchemie und christlichem Dogma fest: „Überhaupt spielt hier (in der Alchemie) die Dynamik des Werdens eine dominante Rolle, während eine konfessionelle Dogmatik fix und fertig formuliert, wie eine Glaubenswahrheit (statisch) ist."[72] Vor diesem Hintergrund scheint Jung von der Alchemie mehr überzeugt zu sein als von einem christlichen Dogma. Ein paar Beobachtungen zu Jungs Gedanken sollen diesen Eindruck verdeutlichen:
– Jung stößt sich an der Trinität. Das kommt in seiner Auseinandersetzung mit dem Bösen zum Vorschein. Für ihn fehlt dem trinitarischen Gottesbild das Weibliche und das Böse. Er möchte das Böse in Gott hineinnehmen und in seiner überweltlichen Potenz nicht etwa als Teufel von Gott getrennt verstehen, sondern als „Dunkelaspekt Gottes zum Gottesbild" gehörig.[73] Für ihn ist der Teufel die dunkle Abspaltung eines als einseitig licht verstandenen Gottes. Seine Sicht zu diesem Thema vertieft Jung in seinen Gedanken zur „... Figur der Ganzheit, die nicht bereits durch die Trinität ausgedrückt ist. Ganzheit – das bestätigt die psychologische Forschung – wird erst dort erreicht, wo zur Drei das vierte Prinzip hinzutritt, sei es das Weibliche, sei es das Dunkle bzw. Böse. Die Vierzahl symbolisiert die Teile, Qualitäten und Aspekte des Einen."[74] Jung schließt sich mit seinem Urteil den Zeugnissen der Religionsgeschichte an, in denen der Faktor des Widersprüchlichen, Gegensätzlichen in Gott gedacht wird. Im Hinblick auf das alttestamentliche Zeugnis von Jahwe dekretiert Jung: „Das Böse existiert zusammen mit dem Guten – in Jahwe."[75]

C.G. Jung missversteht das biblische Zeugnis, wenn er meint, dass die monotheistische Religion nur durch die Hineinnahme des Teufels in Gott gewahrt werden könne. In der Versuchungsgeschichte (Matthäus 4,10) sagt Jesus zum Versucher, der Jesus für seine Anbetung ihm gegenüber alle „Reiche der Welt und ihre Herrlichkeit" verheißt: „Weg mit dir, Satan!" Damit ist festgehalten, dass Jesus Herr über den Teufel ist und dass er nicht ein Teil Jesu bzw. der Trinität ist. Es stimmt zwar, dass in der Art, wie in der christlichen Volksfrömmigkeit vom Teufel gesprochen wird, der Eindruck entstehen kann, als wäre Satan ein Gegengott; das ist jedoch ein Missverständnis. Aber die „Lösung" dieses Missverständnisses kann für den christlichen Glauben nicht darin bestehen, eine „Quaternität" zu postulieren, in der der Durcheinanderbringer in die Trinität hineingenommen würde. Der christlichen Kirche wäre es mit gutem Grund niemals eingefallen, ein solches neues Dogma zu konstruieren.

– Eine zweite Problematik in Jungs Gedankensystem betrifft das Sündenverständnis: Die Sünde steht für ihn nicht polar dem Guten gegenüber, das aus dem vertrauenden Gehorsam zu Gott erwächst. Sie ist vielmehr eine Energie und Antriebsmacht, „durch die das Gute erst seine volle Potenz als Gutes erhält ..."[76] In ähnlicher Richtung meint der Psychologe: „Gott hat offenkundig nicht die zu Söhnen erkoren, die bei ihm als Vater hängen bleiben, sondern diejenigen, die den Mut fanden, auf eigenen Füßen zu stehen. ... Ohne die Sünde gibt es aber keine Loslösung vom guten Vater ..."[77] Sünde wird hier verharmlost, indem ihre Abgründigkeit und Destruktivität in der Gottes- und Nächstenbeziehung nicht mehr gesehen wird und die stattdessen hegelianisch zu einem notwendigen Durchgangsstadium degradiert wird. Sie wird im Zuge der Reifung des Menschen als Notwendigkeit deklariert. Es kommt zu einer Nivellierung des Bösen, wenn behauptet wird, dass es kein Gutes gebe, aus dem nichts Übles, und kein Übles, aus dem nichts Gutes hervorgehen könnte. Wenn das doch geschieht, so ist das ein Wunder der Gnade, die in der Osternacht gründet; in diese Richtung weist das „felix culpa" (glückliche Schuld) in der Osternachtsliturgie, in der die Liebe Gottes zum Sünder im Tod Jesu am Kreuz und in seiner Auferweckung besungen wird.

– In eine ähnlich problematische Richtung weist Jung mit seinem Gedanken zu Christus als dem „Inbegriff des ‚Selbst'"[78] und zur Erlösung. Jesus Christus ist für Jung ein Archetypus. Dabei ist nicht mehr klar, ob der auferstandene Gekreuzigte für den Menschen ein Du, also ein transzendentes Gegenüber ist oder eine innerpsychische Instanz. In diese Richtung weist auch die Bemerkung Gerhard Wehrs: „Carl Gustav Jung setzt die Erfahrung des Selbst in die Nähe zur Gotteserfahrung." [79] Luther hat festgehalten, dass Jesus Christus – und als gültiges Zeugnis von ihm auch das biblische Zeugnis – extra nos (außerhalb von uns) bleibt, weil daran die Errettung des Sünders durch ihn hängt. Bei Jung geht diese grundlegende Dimension des Glaubens verloren. So rät er vor dem Hintergrund der Lehren Johannes Dorns, der im 16. Jahrhundert lebte: „Findet in euch selbst den ‚Stein des Weisen', bereitet ihn durch die Umschmelzung eures Wesens ..."[80] Mit dem Verlust der Erlösung durch Jesus Christus bleibt dem Menschen letztlich nur noch die Selbsterlösung.

– Ein weiteres für die Beurteilung des jungschen religiösen Gedankenguts relevantes Gebiet ist sein Bezug zum Spiritismus und zur okkulten und spiritistischen Literatur: Seine Mutter hatte bereits von ihrer Familie, den Preiswerks, her eine mediale Fähigkeit.[81] Jung hat sich an spiritistischen Séancen beteiligt.[82] Er berichtet außerdem von einer Begebenheit in der Begegnung mit Sigmund Freud am 29. März 1909; Freud hielt von parapsychologischen und präkognitiven Phänomenen nichts. In diesem Zusammensein mit Freud bekam Jung, wie er berichtet[83], plötzlich in der Gegend seines Zwerchfells ein glühendes Empfinden. In diesem Augenblick ertönte ein lauter Krach. Beide Psychologen erschraken heftig. Freud beteuerte nach dieser Erfahrung erneut seine Ablehnung gegenüber okkulten Phänomenen. Daraufhin prophezeite ihm Jung gleich danach noch einmal einen solchen Krach, der unmittelbar darauf sich ereignete. Jung wusste nicht, woher ihm diese Gewissheit einer Wiederholung zukam, aber er war sich der Wiederholung gewiss. Diese Beispiele zeigen, dass Jung sich einem okkulten Einfluss geöffnet hat, von dem er sich wohl nie distanziert, geschweige denn geistlich gelöst hätte. Bis ins hohe Alter beschäftigte er sich mit gnostischer, alchimistischer, okkulter und spiritistischer Literatur. Gerhard Wehr weist außerdem auf folgende Tatsache hin: „In wichtigen Entscheidungen seines Lebens pflegte Jung den I Ging zu befragen. Er kennt und nutzt dieses uralte chinesische Orakel- und Weisheitsbuch seit Beginn der Zwanzigerjahre."[84] Vor diesem Hintergrund ist es verständlich, dass er mit den zentralen Inhalten des christlichen Glaubens wie Trinität, Christologie, Erlösung und Sündenvergebung in der Tiefe nichts anfangen konnte.

– Es ist außerdem konsequent, dass Jung mit der geschichtlichen Realität der Kirche als der Gemeinschaft der Heiligen wenig bis nichts zu tun haben wollte. Gerhard Wehr bringt diese Distanz auf die knappe Formel: „Die Oppositionsformel lautete für Jung ...: Religion gegen Theologie und Kirche."[85] Ihm ging es mehr um eine „ecclesia spiritualis", die nach seinem eigenen Glaubenssystem geformt sein sollte. Auf seine Kindheit und sein Leben zurückblickend bekannte er sehr direkt: „Es wurde mir leichter, je ferner ich der Kirche rückte."[86] Seine religiösen Erfahrungen lagen meist außerhalb des kirchlichen Kontextes im Elementar-Unmittelbaren. In der Reformationszeit fielen vergleichbare ekklesiologische Konzeptionen unter das theologische Urteil der Schwärmerei.

7.4.2 John A. Sanford und Religiosität in Psychologie und Theologie

Es bietet sich an, der Skizzierung der jungschen Position zur Religiosität diejenige von John A. Sanford (1929–2005) als inhaltliche Ergänzung hinzuzufügen. Der Priester war in der Trinity Episcopal Church in Los Angeles tätig und verstand sich als Psychoanalytiker jungscher Prägung. Nach seiner 19-jährigen Arbeit als Priester eröffnete Sanford eine private psychologische Praxis. Sein 1966 erschienenes Buch „Gottes vergessene Sprache" wurde bereits erwähnt. Ihn in diesem Abschnitt zu nennen bietet sich auch deshalb an, weil C.G. Jung ihm am 10. März, ein knappes Vierteljahr vor seinem Tod am 6. Juni 1961, einen außergewöhnlich anerkennenden Brief zu einer von Sanfords Predigten geschrieben hat: „Sie (diese Predigt) ist ein historisches Ereignis, denn Sie sind – soviel ich weiß – der erste, der die christliche Gemeinde darauf aufmerksam machte, dass Gottes Stimme immer noch vernommen werden kann ... Die Kirche sollte die Traumlehre ernst nehmen, da die cura animarum zu ihren Pflichten gehört."[87] Sanford versucht in seinem Buch über Träume unter dem Titel „Das christliche Problem" auf 53 Seiten, sich mit einer Verbindung des von Jung her kommenden religiösen Gedankengutes mit dem christlichen Glauben in den Träumen auseinanderzusetzen. Hier soll eine möglichst knappe Zusammenfassung seiner Gedanken erfolgen:

– Wie bei Jung wird auch bei Sanford Christus zum Symbol der Ganzheit des Menschen. Der Psychologe und Theologe legt Christus folgende Worte in den Mund: „Wenn ich ganz in deinem Leben zum Ausdruck komme, dann wird die Ganzheit deines eigenen Wesens erkennbar sein, denn ich selbst habe diese deine menschliche Natur angenommen. Wenn deine Einheitlichkeit auf solche Weise sichtbar wird, dann wird in dir der Konflikt der Gegensätze aufhören, und an seine Stelle wird die Harmonie treten, die den Kern meiner Schöpfung bildet."[88]

Richtig sieht Sanford die Bedeutung der Menschwerdung Jesu in seiner Bedeutung für unser Menschsein und auch für den Umgang mit Träumen. Diese Worte Sanfords lassen aber den eschatologischen Vorbehalt nicht mehr erkennen: In der endzeitlichen Vollendung wird die tiefe, mit der Gefallenheit der Sünde einsetzenden Spaltung des Menschen in allen seinen Bezügen überwunden sein. Aber in dieser Weltzeit gilt das, was Martin Luther mit der Wendung „simul iustus et peccator" (zugleich Gerechter und Sünder) festhielt: Wir sind im Glauben an Jesus Christus gerecht vor Gott, aber wir bleiben zugleich bis zum letzten Atemzug Sünder. Damit ist kein schiedlich-friedliches Nebeneinander im Menschen angesprochen, sondern ein Kampf. Der Christ hat immer wieder mit der Sünde in jeder Beziehung zu tun. Die Gerechtigkeit des Glaubenden hängt an der fremden, zugesprochenen Gnade. Bei Sanford wird dieses Geschehen auf einen Erkenntnisvorgang reduziert: Der Mensch wird durch Jesus zu der Erkenntnis aufgerufen, dass er schon eine Einheit und Ganzheit ist. Es ist konsequent, dass Sanford mit dem biblischen Zeugnis über Jesus als dem endzeitlichen Richter über die Sünde nichts anzufangen weiß. Zu Offenbarung 19,11–15, wo das beginnende endzeitliche Gericht durch Jesus Christus angesprochen wird, kommentiert der Psychologe und Theologe: „Aus der Versöhnung und Erlösung verheißenden Gestalt Christi am Kreuz wurde die eines unbarmherzigen Richters gemacht, die mit dem Guten identisch ist und gegen das Böse schimpft."[89] Weil Jesu Feindschaft gegen die Sünde für Sanford letztlich ein Missverständnis der späteren Christenheit ist, kann er in den diesbezüglichen Aussagen nur eine Art verhängnisvoller Entwicklung sehen.

– In seinen Bemerkungen zum Bösen wird Sanford eigenwillig und geradezu polemisch gegenüber der traditionellen kirchlichen Lehre zur Sünde: Wie Jung meint er, dass einstmals das Gottesbild beide Prinzipien umfasst habe, das Gute und das

Böse.[90] Er entfaltet dann seine Dogmatik im Sinne Jungs: „Unglücklicherweise scheinen wir jedoch Satan vom Gottesbild zu stark abgespalten zu haben. Dadurch sind wir der zeitweisen Herrschaft der dunklen Mächte ausgeliefert worden und in einem unbewussten, autonomen, bedingungslosen Zustand zurückgeblieben. ... Trotz dem scheinbar unwiderruflichen Gegensatz zwischen Gott und Satan lässt sich nicht leugnen, dass ohne Satan das Ich niemals genügend bewusst und differenziert geworden wäre, um den ‚inneren Gott' zu erkennen und auszudrücken. Ohne die Schlange im Garten Eden wäre der Mensch ein moralischer Dummkopf geblieben. Ohne das Böse in der Welt wären heute die meisten von uns glückselige, bequeme Geistesschwache. Wer weiß, vielleicht entdecken wir, wenn am Ende des Dramas der Vorhang zum letzten Mal aufgeht, dass zwischen Gott und Satan immer schon ein geheimer Bund bestand ..."[91] So redet das biblische Zeugnis nicht. 1. Mose 3,1–7 spricht vielmehr davon, dass der Aufstand gegen Gott sich mitten aus der Schöpfung erhebt und dass der Mensch sich in diesen Aufstand hineinziehen lässt. Sünde gehört nach dieser Stelle und nach dem biblischen Zeugnis im größeren Ganzen nicht zur organischen Entwicklung des Menschen zu seiner Ganzheit hinzu. Sie führt vielmehr zur Entfremdung des Menschen von Gott (er verbirgt sich vor Gott, 3,8), vom Mitmenschen (er schiebt die Schuld auf die Frau, 3,12), von der Schöpfung („Die Schlange hat mich verführt ...", 3,13) von sich selbst (Furcht und Scham wegen seiner Nacktheit, 3,10). Das Zeugnis dieser biblischen Botschaft passt nicht zur Verharmlosung der Sünde als Durchgangsstation in der Entwicklung des Menschen. Sanford spricht zwar ironisch: „Wir haben vom Bösen gereinigt zu werden, damit es ausgetilgt wird. Aber ach, der arme Christ ist wieder dort, von wo er seinen Ausgang nahm. Denn bald erkennt er, dass, kurz nachdem er gereinigt wurde, das Böse wieder erscheint. Der dunkle Fleck in ihm lässt sich nicht wegwaschen.“[92] Aber genau das ist die Situation des Sünders vor Gott. Er ist täglich neu auf die Gnade Gottes angewiesen – bis zu seinem Tod, bis Jesus Christus wiederkommen wird.

– John Sanford weist in seinen Darlegungen der menschlichen Seele etwas Göttliches zu. So meint er: „Doch hinter all dem, was wir in unseren unbewussten Tiefen fürchten, steht eine große Liebe, eine Liebe, die aus unserer Seele kommt.“[93] Die so verstandene Seele scheint vom Sündenfall nicht betroffen zu sein. Mit C.G. Jung nennt er die seelische Mitte das „Selbst“, das einer unbewussten Quelle gleicht.[94] In diesem Selbst können für Sanford unversöhnliche Gegensätze zur Versöhnung finden, und Gott ist in ihm gegenwärtig. „Gott ist in der Tiefe eines jeden Menschen gegenwärtig. Darum ist die Seele immerwährend schöpferisch, darum steht sie ohne Unterlass im Dienste der Bewusstwerdung und Entwicklung.“[95] Auf diesem Hintergrund ist es logisch konsequent, dass die Begegnung mit dem Selbst zur Begegnung mit Christus wird: „Indem wir das Selbst in einer Art verwirklichen, die psychologisch fassbar ist, treten wir in Beziehung mit dem transzendenten Christus der Geschichte.“[96] Außerdem sind bei einer so gedeuteten Identität von Christusbegegnung und Selbst-Begegnung Glaubensbekenntnisse und Dogmen geradezu lästig. In dieser Richtung formuliert Sanford polemisch: „Wir wollen Glaubensbekenntnisse, nicht religiöse Erlebnisse, Dogmen, nicht Eingebungen.“[97] Biblisch-reformatorischer Glaube wird hier nicht mitgehen können oder dürfen. Die Realität der Sünde lässt sich nicht einfach „wegpsychologisieren“.

– In seinem Traumbuch geht Sanford auch auf die Bedeutung der Träume ein, die sich aus seiner theologisch-psychologischen Positionsbestimmung ergeben. Seine Sicht der Träume fasst er in dem Satz zusammen: „Stimmt mein Glaube, dann stehen unsere Träume – als die Stimme des lebendigen Gottes in uns – auch zum transzendenten Gott, der hinter dem gesamten Universum waltet, in Beziehung."[98] Das kann vom biblischen fundierten Glauben her nur unterstrichen werden. Dieser Bezug zu Gott ist in der christlichen Gemeinde leider sehr übersehen worden. Allerdings muss geklärt werden, wie diese Beziehung gedeutet wird, und das wird in dem gegebenen Zitat zur Frage, wenn Träume „als die Stimme des lebendigen Gottes in uns" begriffen werden. Der transzendente Gott wird hier ungebrochen mit der Stimme Gottes in uns identifiziert. Das ist nur möglich vor dem Hintergrund der oben dargelegten Verharmlosung der Sünde. Denn der Riss, der aufgrund der Sünde durch die ganze Schöpfung hindurchgeht, geht auch durch die Seele des Menschen und bestimmt immer wieder auch die Träume. Von daher ist die Stimme Gottes im Selbst auch in diesen durch die Sünde entstandenen Riss hineingezogen. Es ist deshalb nicht möglich, sie ungebrochen unmittelbar „als versöhnend und christusähnlich (zu) bezeichnen ...".[99] Träume vermitteln uns Einsichten des Unbewussten, die uns Gottes Reden zubringen können, die aber genauso von der Stimme des Versuchers geprägt sein können. Wie im gesamten Leben eines Christen bedarf es auch hinsichtlich der Träume der Unterscheidung der Geister. Von daher wird ein biblisch orientiertes Christsein die Lösung der Gegensatzproblematik nicht von der Beziehung zum Unbewussten abhängig machen und schon gar nicht von einem Gespräch mit dem Teufel, wie es Sanford nahelegt[100], sondern von der Beziehung im Glauben zum rettenden Christus. Freilich hat Sanford darin recht, dass ein Übergehen der Tiefenschichten der Seele, wie sie sich in den Träumen zeigt, mögliche Hinweise auf anstehende Wandlungen und unverarbeitete Probleme ungenutzt lässt. Das wird im Abschnitt über die Träume und die Heiligung entfaltet werden. Aber ein geistlicher Umgang mit Träumen hängt von der gelebten Beziehung zu Jesus Christus ab, in deren Kontext die Hinweise im Traum verarbeitet werden wollen.

7.4.3 Maria Riebl und Religiosität in der Bibelauslegung

Immer wieder stellte sich in den Ausführungen von C.G. Jung und John A. Sanford die Frage nach dem Verständnis der Bibel. Deshalb muss darüber noch eine Verständigung erfolgen. Das soll in der Auseinandersetzung mit dem Buch von Maria Riebl „Biblische Träume heute erfahren"[101] geschehen. Die Autorin dieses Buches, 1947 geboren, bewegt als Theologin und Psychotherapeutin Fragen, die auch im Kontext eines seelsorglichen Umgangs mit Träumen relevant sind. Zuerst skizziere ich Riebls Position, um diese dann vom biblisch-reformatorischen Glauben her zu beurteilen:

Maria Riebl stellt fest: „Vermutlich hat keiner von den Menschen, die sie (die biblischen Träume) uns überliefern, geahnt, dass wir uns Jahrtausende später damit beschäftigen. Offenbar können diese alten Träume in immer neuen Zusammenhängen für immer andere Menschen wirksam werden."[102] Riebl weist darauf hin, dass in der Konsequenz dieser Einsicht die biblischen Erzählungen von Träumen in verschiedenen Zeiten unterschiedliche Aspekte ihrer Botschaft aus sich heraus entfalten können: „Sie (die biblischen Träume) haben eine Aussagekraft, die weit über den biblischen Erzählzusammenhang hinausreicht." Im Anschluss an diese Aussage legt sie ihren hermeneutischen Ansatz offen: „Dabei gehe ich vorwiegend aus dem Blickwinkel heutiger tiefenpsychologischer Traumarbeit an die biblischen Beispiele heran."[103] Sie stellt fest, dass der Hörer und Leser des biblischen Wortes durch diese angesprochen werden kann: „Es gibt die Erfahrung, angerufen zu werden, das ist unbestritten ..."
In der Fortsetzung lässt sie offen, wer hinter dieser Ansprache steht: „Vielleicht ist es sekundär, wie wir den, der da ruft, deuten und benennen. Tiefenpsychologen könnten in jenem geheimnisvollen Rufer den Animus, das Seelenbild der Frau, oder sogar den Anruf des Selbst verstehen. Denn aus tiefenpsychologischer Sicht ist die Rede von Gott auch ein Bild für

den Anruf durch das Selbst. ... Ob wir dieses Innerste Wissen und Erfahren auf Gott projizieren, indem wir es ‚Gott' nennen und uns darunter einen ‚persönlichen' Gott vorstellen, oder ob es ‚nur' um die tiefste, im Menschen grundgelegte Möglichkeit sinnvollen Lebens geht, muss wohl offenbleiben."[104] Maria Riebl beschäftigt sich unter der Überschrift „Sternstunden zwischen Wachen und Schlafen" mit der Berufung Samuels in 1. Samuel 3,2–10. Um dem mit dem Verstehen der Bibel nicht vertrauten Leser diesen Bibelabschnitt zugänglich zu machen, empfiehlt sie: „Wenn das Wort ‚der Herr' oder ‚Gott' für Sie leer oder einseitig belastet ist, dann setzen Sie dafür das ein, was Ihnen das Wichtigste und Kostbarste in Ihrem Leben ist – das, was Sie unbedingt angeht, was Ihr Leben lebenswert macht, jetzt und aufs Ganze gesehen." [105] Den Hinweis Elis an Samuel, dass die Stimme, die Samuel gehört hat, ein Anruf Gottes an ihn sein könnte, deutet Riebl so: „Der Begleiter verweist den Jungen an sich selbst. Er soll sich wieder schlafen legen – und auf sein Inneres hören, würden wir vielleicht heute sagen. ... Statt großer Erläuterungen oder wohlgemeinter Anweisungen und Deutungen spiegelt der Lehrer ihm seinen eigenen Prozess. ... Der Lehrer Eli schickt Samuel an seinen Platz zurück. Das Eigentliche bleibt dem Jungen selbst überlassen. ... Was hat ein Mensch wie Samuel tatsächlich erlebt? Wir wissen es nicht."[106]

Die Träume des Pharao in 1. Mose 41,1–7 deutet Riebl folgendermaßen: „So kann das Traumbild von den Kühen auch als Spiegel unserer Konflikte verstanden werden: Verbote, Schuldgefühle, lange Zeit mitgeschleppte alte Erziehungsmuster und Verhaltensweisen, Minderwertigkeitsgefühle oder deren Überkompensation im Geltungsdrang – das alles kann in den dürren gefräßigen Kühen zum Ausdruck kommen. Unterentwickelte (‚magere') Anteile im Menschen können sich zerstörerisch auswirken. Auch Depression frisst das eigene Positive auf, lässt das Schöne im Leben übersehen und ersticken." [107]

Als letztes Beispiel für Riebls Umgang mit Traumerzählungen der Bibel zitiere ich ihre Gedanken zu den Träumen in den ersten beiden Kapiteln des Matthäusevangeliums: „Scheinbar ist alles ganz klar und eindeutig. Dem Josef und den Sterndeutern wird im Traum gezeigt, was sie zu tun haben. So erscheint es jedenfalls; anders sind diese Aussagen wohl gemeint. Betrachten Sie die Textauszüge einmal aus literarischem Gesichtspunkt. Leicht können Sie die Wort- und Gedankenwiederholungen erkennen. Der Verfasser ist dabei von Vorbildern aus dem Alten Testament geprägt. Solche Sprechweisen haben einen tiefen Sinn. Es gibt immer innere Gründe, warum Menschen Formulierungen gebrauchen und auch noch wiederholen! Offenbar machen Menschen jahrtausendelang die Erfahrung, dass Erlebnisse im Traum auch ihr konkretes Leben beeinflussen können. Wie das praktisch möglich wird, das ist allerdings die große Frage. Vermutlich nahmen jene antiken Literaten nicht an, dass Gottes Anweisungen so stereotyp-wiederholend ergehen und funktionieren. Modern formuliert, werden die traditionellen Ausdrucksweisen zum Symbol. Spüren Sie deshalb hinter der literarischen Überformung auf das, was eigentlich gesagt werden soll: dass Menschen in kritischen Situationen Orientierung erfahren und entsprechend handeln. Josef reagiert, er steht auf, so heißt es wiederholt. Mit dem symbolträchtigen griechischen Wort für ‚Auferstehung‘ wird gesagt: Der Impuls des Traums führt ihn weiter auf seinem Lebensweg, bringt ein Aufstehen in eine neue Zukunft. Und dieses Aufwachen-Aufstehen betrifft nicht nur Josef allein, sondern seine Familie, die er mit sich nimmt, wie es wiederholt heißt. Josef, der Gerechte, wie ihn der Evangelist Matthäus versteht, reagiert auf die göttlichen Weisungen. Und sie betreffen nicht nur den träumenden Menschen, sondern auch die Frau und das Kind, die ihm anvertraut sind; nicht nur er selbst soll vor Gefahren geschützt werden, sondern auch seine Familie. Auch dieser

Hinweis kann symbolisch betrachtet werden: Josef nimmt wohl auch seine innere Familie mit sich, wie wir eben immer auch unsere andere Seite und unser inneres Kind mit uns tragen. Die Impulse aus der Tiefe, für die ein solcher Mensch zugänglich ist, zeigen ihm seine Verantwortung und weisen ihm Wege, wie er ihr gerecht werden kann. Was ein Mensch wie der biblische Josef in seinen Träumen erlebt hat, wissen wir nicht." [108] Die Traumerzählungen im Umfeld der Kindheitsgeschichte Jesu nach Matthäus sind Türöffner für die Rettung und Bewahrung Jesu. Das Thema Rettung ist in der biblischen Botschaft zentral. Riebl gibt diesem biblischen Grundwort ihre Definition: „Gottes Rettung ist im Sinne der Tiefenpsychologie auch Symbol für die Kräfte des Selbst. Mit ‚Selbst' ist meine Lebensenergie gemeint, die mein Dasein von den Anfängen bis zum Ende steuert."[109]

Wie sind Maria Riebls Gedanken zu den biblischen Traumerzählungen zu beurteilen?

In ihren Gedanken findet sich das Bemühen, die alten biblischen Texte den Zeitgenossen des 21. Jahrhunderts zugänglich zu machen. Dieses Bemühen ist zu würdigen. Sie hat außerdem mit ihrer Bemerkung sicher recht, dass die biblischen Texte immer wieder zur Ansprache werden. Dies hat nach dem christlichen Glauben der Heilige Geist durch die Geschichte der Kirche hindurch immer neu bewirkt, und dies geschieht bis in die Gegenwart hinein. Riebl ist auch zuzustimmen, dass das Hören auf die biblischen Traumerzählungen zu verschiedenen Zeiten verschiedene Aspekte in ihnen aufleuchten lässt. Auch das ist für den christlichen Glauben das Wirken des lebendigen Gottesgeistes.

Anfragen erheben sich bezüglich ihres einseitig tiefenpsychologisch orientierten Deutungsansatzes der biblischen Texte. Das Problem liegt nicht im Betrachten dieser Texte auch unter tiefenpsychologischem Aspekt. Dadurch können biblische Traumerzählungen in einem neuen Licht erscheinen. Aber es muss im Blick bleiben, dass die biblischen Traumerzählungen keine tiefenpsychologische Lehre vermitteln wollen. Das kommt in den Deutungen Maria Riebls nicht klar genug zum Ausdruck, was sich z. B. darin zeigt, dass sämtliche Traumerzählungen von ihrem Geschichtsbezug losgelöst werden. Ein paar Beispiele sollen das damit Gemeinte verdeutlichen:

– In der Deutung Maria Riebls von 1. Mose 41,1–7 wird überdeutlich, wie der biblische Text zum Sprungbrett für die tiefenpsychologische Deutung herhalten muss. In ihrer Auslegung der mageren Kühe hat sozusagen alles einen Platz: Sie können von Schuldgefühlen bis zu Depressionen für alles stehen. Sicher kann man assoziativ das Motiv des pharaonischen Traums so lebendig werden lassen. Nur kommt auf solche Weise der letztlich heilsgeschichtliche Bezug, dass Gott durch diese Träume Josefs Familie rettet, nicht mehr in den Fokus.

– In der Berufungsgeschichte Samuels nach 1. Samuel 3,1 ff. wurde Samuel dreimal von Gott gerufen. Samuel meinte, Eli habe ihn gerufen. Als Samuel zum dritten Mal zu Eli kam, sagte dieser: „Geh, lege dich schlafen; und wenn er dich ruft, so sprich: Rede, Herr, dein Knecht hört." Bei Riebl wird daraus: „Der Begleiter weist den Jungen an sich selbst. Er soll sich wieder schlafen legen – und auf sein Inneres hören, würden wir vielleicht heute sagen." Diese Übertragung der Textaussage stellt eine empfindliche Verkürzung dar, weil das, was Riebl sagt, das Missverständnis nahelegt, Gott und das Selbst seien identisch. Zwar wird in manchen christlichen Kreisen davon gesprochen, „in sich hineinzuhören", aber damit wird das biblisch-reformatorische „Extra nos" (= außerhalb von uns) nicht preisgegeben. Dieses Außerhalb besagt, dass Jesus Christus, der vor 2000 Jahren in Israel auf die Welt gekommen ist, ein Gegenüber der

Glaubenden bleibt. Als unser Gegenüber ist er unser Erretter, auf den die Glaubenden bleibend angewiesen sind.

– Die Preisgabe des Geschichtsbezugs bei Maria Riebl zeigt sich in der Behauptung: „Vielleicht ist es sekundär, wie wir den, der da ruft, deuten und benennen." Sie erwähnt dann, dass Tiefenpsychologen bei diesem geheimnisvollen Anrufer vom „Animus" oder „Selbst" sprechen. Für das biblische Zeugnis ist grundlegend, dass dieser Anrufer Gott bzw. Jesus Christus ist. Andernfalls würde das Gespräch zwischen Mensch und Gott zum Selbstgespräch des Menschen mit seiner Seele.

– In ihren Bemerkungen zur Flucht der Heiligen Familie nach Ägypten erwähnt Riebl: „Josef nimmt wohl auch seine innere Familie mit sich, wie wir eben immer auch unsere andere Seite und unser inneres Kind mit uns tragen." Das Symbol der inneren Eltern und des inneren Kindes ist in der therapeutisch-seelsorglichen Arbeit sehr fruchtbar. Aber die Unterscheidung zwischen der inneren Familie und der Heiligen Familie ist für den christlichen Glauben fundamental, so wahr Jesus Christus und die Glaubenden bleibend unterschieden sind. Matthäus 2 spricht nicht von uns, sondern von Jesus Christus und seinen Eltern – auch wenn das, was dort berichtet wird, uns sehr wohl betrifft.

– Als letztes Beispiel für den das biblische Zeugnis empfindlich verkürzenden Umgang Maria Riebls möchte ich ihre Gedanken zur Rettung aufgreifen: „Gottes Rettung ist im Sinne der Tiefenpsychologie auch Symbol für die Kräfte des Selbst. Mit ‚Selbst' ist meine Lebensenergie gemeint …" Diese Formulierung ist Konsequenz der Preisgabe der Geschichte und des „Extra nos". Der Mensch bleibt in Riebls Gedankensystem mit sich selbst allein. Er wird nicht mehr durch Jesus Christus gerettet, sondern er muss sich selbst – psychologisch – retten. Diese Selbsterlösung wird ein biblisch-reformatorischer Glaube nicht mitvollziehen können.

An dieser Stelle möchte ich ein Zitat John A. Sanfords aufgreifen, das zum hier untersuchten Bibelverständnis von Riebl nahtlos passt: „Richtig gesehen ist die ganze Bibel die Geschichte vom Durchbruch Gottes aus dem Unbewussten in das menschliche Bewusstsein."[110] Bei dieser Deutung des biblischen Zeugnisses hat die Realität der Offenbarung Gottes, der aus seiner unsichtbaren Gegenwart heraus in der sichtbaren Welt eingreift und sie als Gegenüber gestaltet, keinen wirklichen Platz mehr. Die Geschichtsmächtigkeit des sich offenbarenden Gottes wird mit dieser Sichtweise in die Wirksamkeit von Seelenprozessen hinein aufgelöst. Dagegen ist für den biblisch-reformatorischen Glauben festzuhalten: Gott und Mensch sind zwar aufeinander bezogen, aber sie sind zugleich bleibend unterschieden.

Sehr treffend fasst Ulrich Kühn das Anliegen der biblischen Traumerzählungen mit den folgenden Worten zusammen: „Träume in der Bibel gehen über die bloße Selbsterfahrung hinaus. Ein rein psychologisches Interesse am Menschen oder an seinen Träumen ist ihr fremd. Vielmehr geht es darum, erkennbar und erfahrbar zu machen, wer Gott ist, wer die Menschen sind und wie Gott mit ihnen umgeht, mit ihnen seine Geschichte zu ihrem eigenen Wohl gestaltet. Die Traumberichte, wie sie uns in den überlieferten Texten vorliegen, sind dabei in das Gesamtanliegen der Bibel eingebettet, nämlich Gottes Geschichte mit seinen Menschen darzulegen."[111]

7.4.4 Ingrid Riedel und Religiosität in der Bibelauslegung

Die religiöse Gesamtsicht Jungs und seiner Schule hat Auswirkungen auch auf die Deutung von Träumen. Das wird besonders virulent, wo Träume mit religiösem Inhalt zur Debatte stehen. Das soll an einem Beispiel aus dem Buch von Ingrid Riedel „Träume, Wegweiser in neue Lebensphasen"[112] geschehen. Riedel sieht sich in ihrem Umgang mit Träumen auch der Schule C.G. Jungs verpflichtet. Sie gibt den Traum einer Träumerin wieder, den sie in voller Länge aufführt und interpretiert. Den Traum und seine Deutung stellt Riedel unter das Thema: „Jesus als Delphin". Ich gebe beides, lediglich in der Deutung ein wenig gekürzt, wieder:

„Für eine andere Frau, derzeit 41, in der kirchlichen Erwachsenenbildung tätig, ändert sich der Bezug zum ‚Proprium', dem Eigentlichen dieser Arbeit, das ihr die Kirche immer wieder vorschreiben wollte, nach einem befreienden Traum, der ihr wie eine Schwellenüberschreitung in ihrer religiösen Entwicklung erschien und ihr von da an große Eigenständigkeit und Authentizität in ihrer Berufsausübung verlieh.

Ich sehe im Traum einen jungen Mann in der abenteuerlichen Kleidung derer, die auf ihrer spirituellen Suche bis nach Indien reisen, und weiß auf einmal, dass es sich um Jesus selbst handelt. Dieser junge Mann nun wird verhaftet und soll sich vor dem Landeskirchenamt verantworten, das seine religiöse Einstellung prüfen will. Er wird in einem vergitterten Wagen eine Anhöhe hinan in Richtung Landeskirchenamt gefahren. Dabei führt die Straße an einem Steilufer entlang, von dem aus man in der Tiefe den Fluss heraufblitzen sieht. Auf einmal biegt der junge Mann, also Jesus, mit einem einzigen Griff das Gitter des Wagens auseinander und springt in einem herrlichen, kühnen Satz von dort aus hinab in den Fluss. Noch im Fluge verwandelt er sich in einen silberglänzenden Delphin, der in den Fluten verschwindet.

Der junge Mann, also Jesus, verwandelt sich in einen Delphin und ist dem Verhör durch das Landeskirchenamt gänzlich entzogen! Die Träumerin ist ergriffen und wie befreit durch diesen Schluss des Traumes. Es macht sie jedoch sehr nachdenklich, dass der Traum ihr erläutert, dass sich in diesem wie vielleicht in jedem der jungen Leute, die sich auf spirituelle Suche begeben und denen sie in ihrer Erwachsenenbildungsarbeit eine geistige Heimat zu geben versuchte, etwas von Jesus selbst verbirgt. Dies ist für die theologisch-kirchliche Kontrolle unerreichbar, so sagt dieser Traum und gibt damit der Träumerin eine tiefe Gewissheit, dass sie mit ihrem persönlichen Weg, die Bildungsprogramme zu gestalten, auf der richtigen Spur ist. Subjektstufig verstanden ist diese Jesusgestalt, die sich in den Delphin verwandelt, natürlich zugleich ihr eigenes inneres Christusbild, der Christus in ihr. Seine Verwandlung in den Delphin – übrigens ein uraltes geheimes Christussymbol seit der Katakombenzeit – bedeutet für sie auch, dass Jesus eine Zeit lang in die Tiefen des Unbewussten eintauchen, zum Delphin, zum weisesten aller Meeresgeschöpfe werden müsse, um als Seelenführer durch die Bereiche der Seelentiefe den Menschen wieder zu begegnen, die bis in diese Tiefen vorstoßen. Auch für sie bedeutete es, eine Zeit lang den Mut zu haben, ihr Christusbild bewusst theologisch nicht bestimmen zu können, um es dafür in einer Tiefe als lebendig zu erfahren, die ihr bis dahin unbekannt geblieben war. Dieser Traum leitete einen Lebensübergang für sie ein, in dem sie der seelischen Erfahrung den Vorrang vor jedem dogmatischen Wissen und Glauben gab, wobei sich ihr berufliches Wirken immer stärker auf Seelsorge verlagerte und weniger auf ‚Verkündigung'."[113]

Diesen Traum und seine Deutung angemessen zu beurteilen, ist nicht leicht; dies stellt ein Wagnis dar, was möglicherweise in Spekulationen endet. Eine Traumdeutung lebt, sofern sie zusammen mit einem Begleiter angegangen wird, wesentlich vom persönlichen Gespräch zwischen dem Träumer und dem Begleiter. Beim Versuch, schriftlich festgehaltene Träume angemessen zu deuten, besteht eine letzte Grenze, die eben in der nicht möglichen direkten Kommunikation mit dem Träumer besteht. Wenn ich hier den Traum und die Deutung unter dem Gesichtspunkt der sich in ihnen zeigenden Religiosität trotz dieser Grenze kritisch unter die Lupe nehme, dann deshalb, weil mir beides Anlass zu Fragen gibt. Folgende Beobachtungen geben mir dazu Anlass:

Der junge Mann, der sich im Traum als Jesus entpuppt, ist mit Kleidern spiritueller Sucher bekleidet, die bis nach Indien reisen. Warum Indien? Führt diese Reise wirklich zu Jesus Christus und zu den Quellen des christlichen Glaubens? Wohin mag sich die Träumerin, die diesen Traum hatte, entwickeln? Im Landeskirchenamt soll der Glaube Jesu geprüft werden. Es scheint naheliegend zu sein, diesen Jesus als psychischen Anteil der Träumerin zu verstehen. Der soll offenbar auf seine Rechtgläubigkeit hin geprüft werden. Von außen betrachtet scheint es dazu Anlass zu geben. Die Träumerin erlebt das zu vermutende bevorstehende Gespräch mit Vertretern des Landeskirchenamtes über ihren Glauben und ihre daraus folgenden Aktivitäten unter Jugendlichen als Verhör. Sicher gibt es Ungeschicklichkeiten und Grenzüberschreitungen bei kirchlichen Amtsinhabern. Leider erfährt man nichts über die inhaltlichen Gründe der anstehenden Auseinandersetzung. Sie müssen gravierend sein, weil sonst ein Landeskirchenamt nicht gleich intervenieren würde. Die Träumerin befreit sich aus dem Gefängniswagen. Wie ist dieser Befreiungsschlag zu beurteilen? Könnte nicht die Gefahr bestehen, zu viel vom christlichen Glauben über Bord zu werfen? Der Jesus der Träumerin verwandelt sich in einen Delphin. Was bedeutet diese Verwandlung für den christlichen Glauben? Könnte sie von der Mitte des trinitarischen Glaubens her nicht auch berechtigte Anfragen erfordern? Nicht jede Verwandlung ist dem christlichen Glauben gemäß. Immerhin legt der Traum diese Verwandlung an ein Steilufer, dort also, wo ein Abgrund sich auftut.

Die Anfragen werden in der Deutung dieses Traumes durch Ingrid Riedel nicht geringer:

Die Therapeutin spricht vom „Verhör durch das Landeskirchenamt". Hier erhebt sich die Frage: Gibt es nicht eine geistlich begründete Leitungsverantwortung kirchlicher Amtsträger? Ist es gut, dass sich der Jesus-Delphin im Traum dieser

Verantwortung völlig entzieht? Werden die jungen Leute, die sich auf „spirituelle Suche begeben" durch die Bildungsprogramme der Träumerin wirklich auf eine geistliche Fährte gesetzt? Und was mag wohl damit gemeint sein, wenn die Deuterin dieses Traumes sagt, dass die Träumerin „eine Zeit lang den Mut haben (solle), ihr Christusbild bewusst theologisch nicht bestimmen zu können, um es dafür in einer Tiefe als lebendig zu erfahren"? Hier wird die Träumerin faktisch dazu ermutigt, ihren Bezug zu dem Jesus, der für sie am Kreuz gestorben und auferstanden ist, „unbestimmt" zu lassen. Sicher gibt es Phasen, in denen das persönliche Christusbild in eine Krise kommt. Umso mehr ist es fundamental, in solchen Phasen den Blick auf den Herrn zu lenken, der am Kreuz die Tiefen der Gottesferne durchlitten hat und der als der Auferstandene in seinem Geist in solchen Krisen Halt und Orientierung zu geben vermag. Und schließlich weist die Bemerkung Riedels in eine (im wörtlichen Sinn) frag-würdige Richtung, wenn sie meint, dass dieser Traum der „seelischen Erfahrung den Vorrang vor jedem dogmatischen Wissen und Glauben" gebe. Hier wird die Traumbotschaft über das „Extra nos" (außerhalb von uns) im geschichtlichen Jesus, im Wort der Heiligen Schrift und über den Konsens der Christen, der sich im Dogma ausdrückt, gestellt.

Ich habe meine Bedenken gegenüber diesem Umgang mit dem Traum und seiner Deutung bewusst überwiegend in Frageform gehalten. Denn ich bin mir bewusst, dass sich die eine oder andere Rückfrage im direkten Gespräch mit der Träumerin als unbegründet erweisen könnte. Aber ich stelle diese Fragen, um eine nicht aus der Luft gegriffene Gefahr im Umgang mit Träumen herauszustellen. Diese Gefahr besteht darin, den Traum über den gekreuzigten und auferstandenen Jesus Christus, wie er im Wort der Bibel bezeugt ist, zu stellen. Daraus würde folgen, dass nicht mehr Jesus Christus den Traum bzw. den Träumer korrigiert, sondern umgekehrt. Aus einem solchen Umgang mit Träumen würde notwendig folgen, dass früher oder später nur noch Christusbilder über den Träumer regieren.

Den Ausgangspunkt einer solchen Fehlentwicklung bildete die Unklarheit des Christus als Archetypus in der Seele, wie wir ihn bei C.G. Jung und seinen Schülern gefunden haben. In dieser Traditionslinie bleibt immer wieder unklar, ob Christus als bleibendes Gegenüber des Menschen verstanden wird oder ob er zu einer letztlich nur psychologischen, innerseelischen Kategorie verkürzt wird. Dass diese Gefahr nicht aus der Luft gegriffen ist, soll im folgenden Exkurs zu klären versucht werden.

7.4.5 Exkurs: Traumdeutung nach Ortrud Grön

Ortrud Grön (Jahrgang 1925) hat jahrzehntelang psychotherapeutisch mit Träumen in der von ihr gegründeten Lauterbacher Mühle am Ostersee in Oberbayern gearbeitet. In zwei Büchern legte sie ihre Traumlehre dar: „„Ich habe einen Traum.' Was hat er zu bedeuten?" [114] und „Pflück dir den Traum vom Baum der Erkenntnis. Träume im Spiegel von Naturgesetzen" [115]. Sie entfaltet in ihren Traumbüchern einen schöpfungsmystischen Ansatz: Für sie dient „die ganze Schöpfung, die wir überblicken können, ... in unseren Träumen als Gleichnis für unsere geistige Entwicklung. Ich denke, dass Träume das ideale Instrument sind, um zwischen unserer Welt und einer spirituellen Wirklichkeit einen Austausch zu schaffen. Sie geben uns die Sicherheit, dass wir in eine allumfassende Ordnung eingebunden sind." [116] Mit dieser Orientierung schlägt sie eine Einheitsreligion vor. „Denn sie alle (nämlich die Religionen) nutzen die Bilder der Welt, um den Weg zu Gott zu zeigen." [117] Der Bezug zu Jesus Christus in seiner Hingabe für uns am Kreuz und seiner Auferweckung um der Rettung des Menschen willen entfällt bei ihr. Im Hinblick auf den Heiligen Geist meint Grön: „Was verstehen wir unter dem Heiligen Geist? Ich denke, wir alle sind Kinder Gottes und brauchen den Orientierungssinn der Taube, um immer wieder nach Hause, d. h. zu uns selbst, zurückzufinden."[118] Der Gottesbezug ist in dieser Sicht letztlich mit dem Selbstbezug identisch. Das alles muss nicht weiter dargestellt werden.

Warum Ortrud Grön als Exkurs im Abschnitt über „Religion in der Traumdeutung" zur Sprache gebracht wird, liegt in der Tatsache begründet, dass dem Traum eine göttliche Funktion zugeschrieben wird. Die Autorin begründet ihre Sicht mit dem Hinweis auf das Traumbewusstsein: „Ich nenne es (das Traumbewusstsein) ‚das göttliche Du'."[119] In ähnliche Richtung weist auch das, was sie zum Unbewussten lehrt: „Für mich ist das Unbewusste, das nach gängiger Meinung die Träume erschafft, das Bewusstsein der Welt – das Gottesbewusstsein."[120] Weltbewusstsein, Selbstbewusstsein und Gottesbewusstsein können hier nicht mehr wirklich unterschieden werden. Warum auch? Ortrud Grön berichtet von sogenannten „Traumbotschaften", die sie immer wieder im Schlaf erhält. Was sie darunter versteht, erläutert sie folgendermaßen: „Ich höre im Traum einzelne Sätze, wache auf und schreibe sie sofort nieder." Sie ist dann, häufig zwischen zwei und vier Uhr, hellwach und hört nach innen. „In diesem Zustand schreibe ich alles auf, was ich höre – manchmal nahezu unbewusst, ein anderes Mal so bewusst, dass ich auch Fragen stelle. ... ‚Klartexte' bringen mir eine Fülle von Einsichten ..."[121] Diesen Erfahrungen misst Grön eine Offenbarungsbedeutung zu. Immer wieder zitiert sie in ihren Büchern sich selbst in ihren Traumbotschaften. So wird ihre Lehre zu den Träumen selbstbezogen. Eine solche Botschaft endete z. B. mit folgenden Worten: „ICH bin dein Gott in dir – ICH bin ein Gott in dir. ICH bin Millionen und Billionen Götter."[122] Solche von außen betrachtet etwas wirr klingende Äußerungen haben doch eine interne Logik. Wenn das Unbewusste mit dem Gottesbewusstsein identifiziert wird, ist der Weg für einen Polytheismus frei. Das kann als Endpunkt einer

Sicht herauskommen, die vom biblischen Zeugnis von Gottes Wirken in der Geschichte seines Bundesvolkes und in seiner Offenbarung in seinem Sohn Jesus Christus losgelöst wird.

7.4.6 Ertrag aus der Auseinandersetzung mit der Religiosität C.G. Jungs und seiner Schüler

Es ging in diesem Abschnitt um Konzepte der Zuordnung von Psychologie und Seelsorge im Umgang mit der Traumdeutung. Er begann mit Jungs religiösem Gedankengut, das auch seinen Umgang mit Träumen betrifft. Er wurde fortgesetzt mit dem Einfluss von Jungs Entwurf auf die dogmatischen Überlegungen eines Theologen (John A. Sanford) und auf den Umgang mit der Bibel (Maria Riebl) und schließlich auf die religiöse Deutung von Träumen (Ingrid Riedel). Der Exkurs zu Ortrud Grön hat diese Entwicklungslinie in einem sehr eigenwilligen Entwurf weitergezeichnet. Am Ende dieses Abschnitts soll der Ertrag dieses Weges für den seelsorglichen Umgang mit Träumen zusammengefasst werden:

– In der Auseinandersetzung mit C.G. Jung wurde deutlich, dass der Religiosität in seinem psychologischen Arbeiten eine vielschichtige Bedeutung zukam. Sein religiöses Interesse richtete sich auf ein breites religionsphänomenologisches Spektrum. Dieses war letztlich vom biblischen und kirchlichen Kontext losgelöst. Seine Rede von Jesus als einem Archetypus hatte etwas Schillerndes: Der Christus in der Seele hatte bei ihm keinen klaren Bezug zum auferstandenen Gekreuzigten. Walter Rebell bemerkt präzise: „Der Vorwurf, der Jung trifft, ist der, dass er alles Religiöse in den Bereich der Seele hineinholt, es in Seelisches auflöst. ... Jung wirft die Frage auf: ‚Ist das Selbst ein Symbol Christi, oder ist Christus ein Symbol des Selbst?‘ und entscheidet sich für die letztere Möglichkeit." [123] Selbstwerdung ist das Primäre, die Heilstat und das Heilswirken Christi ist das Sekundäre. In der Traumdeutung interessiert Jung vor allem das Archetypische, nicht der Bezug zu einem lebendigen Gott. Eine seelsorgliche Bearbeitung von Träumen wird die Möglichkeiten eines bewussten Gottesbezugs offenhalten und sie gerne nützen. In diesem Zug wird sich eine christliche Traumdeutung der Unterscheidung von Sünde und Heil stellen und diese nicht durch die jungsche Integration des Teufels in Gott zu umgehen versuchen. Ein seelsorglicher Umgang mit Träumen wird auch, anders als Jung, kritisch gegenüber okkulten Einflüssen sein. Er will ja Menschen, die durch okkulte Einflüsse gebunden sind, in die Freiheit der Söhne und Töchter Gottes führen.

– Die Anfragen an C.G. Jung richten sich natürlich auch an seinen Schüler John A. Sanford. Er spricht zwar von der Menschwerdung Gottes und sieht sie zu Recht in Beziehung mit der Seele des Menschen stehen. Aber Christus steht bei ihm ebenso wie bei Jung für die als göttlich verstandene Tiefendimension der menschlichen Seele. Dadurch wird die Realität des Sündenfalls für die menschliche Seele nicht mehr ernst genommen. Die Seele hat nicht so ungebrochen an der Ganzheit teil, wie es Sanford nahezulegen scheint. Entsprechend ist auch der Traum nur im gebrochenen Sinn als Stimme Gottes zu verstehen.

– In der Auseinandersetzung mit Maria Riebls Bibelinterpretation zeigte sich eine deutliche Psychologisierung des biblischen Zeugnisses. Eine angemessene Balance zwischen der in Abschnitt 2.2 angesprochenen Ausgewogenheit zwischen biblisch-theologischer und psychologischer Sachgerechtheit hat sie nicht gefunden. Eine theologisch verantwortete Beschäftigung mit den Träumen der Bibel wird dagegen auf die Unterscheidung zwischen dem geschichtlichen Wirken Gottes, der sich in Jesus Christus geoffenbart hat, und der Bedeutsamkeit dieses Wirkens für die Seele des Menschen achten. Das bewahrt den auf die Bibel hörenden Menschen vor einer Selbstzentrierung im Sinne eines psychologischen Egozentrismus. Vor dieser Gefahr einer verengenden Selbstzentrierung schützt eine theozentrische Anthropologie (= Lehre vom Menschen). Außerdem hat uns die Auseinandersetzung mit Riebls Verständnis von „Rettung" die Augen dafür geöffnet, dass Rettung nicht Selbsterlösung, sondern Erlösung durch Jesus Christus meint. Dieser Unterschied ist für die Trauminterpretation grundlegend, weil die Träume immer wieder den Träumer mit seiner Unerlöstheit konfrontieren.

Bei Riebls Deutungen der biblisch überlieferten Träume findet sich eine empfindliche Verschiebung der Gewissheitsproblematik: Sie weist häufig darauf hin, dass wir nicht wissen, was für Gotteserfahrungen die Gottesmänner und -frauen gemacht haben. Ihre Deutungen erwecken den Eindruck, dass wir diese Gewissheit auf der psychischen Ebene in unseren eigenen Erfahrungen zu suchen haben. Das große Du Gottes kommt empfindlich zu kurz. Diese Verkürzung ist im Glauben an den durch seinen Heiligen Geist lebendig wirkenden Gott und den Zugang zu seiner Botschaft in der Bibel nicht nötig.

– Die Untersuchung zur Deutung eines religiösen Traumes bei Ingrid Riedel hat gezeigt, welche Folgen die Loslösung der Traumdeutung vom biblisch-reformatorischen Glauben haben kann. Weil für einen Christen die Beziehung zum gekreuzigten und auferstandenen Herrn über seinem ganzen Leben steht, wird er dieser Beziehung auch sein Unbewusstes zuordnen wollen. Dazu würde eine Traumdeutung nicht passen, die diese Beziehung relativiert oder ihr keinen Raum gibt. In der Praxis ist das nicht leicht, weil auch beim Christen Verdrängungsprozesse im Spiel sein können, die aus dem Unbewussten hervorgehend zu Abwehr von Traumbotschaften führen kann. Ein seelsorglicher Umgang mit Träumen wird aber bei aller Wahrheitsliebe den nicht ausschließen können, der von sich sagt: „Ich bin der Weg, die Wahrheit und das Leben" (Johannes 14,6). Für den Christen ordnet sich jede Traumbotschaft seiner Zusage der Erlösung und dem Anspruch seiner Gnade

unter. Den zur Selbstherrlichkeit und zu Menschenvergötte-
rung neigenden Tendenzen der Traumdeutung Ortrud Gröns
kann sich ein christlicher-seelsorglicher Umgang mit Träumen
sicher nicht öffnen.

Am Ende des Ertrags zu Jung und seiner Schule möchte ich
Anselm Grün zu Wort kommen lassen. Vor dem Hintergrund
der geistlichen Begleitung kommt er zu einem weisen Rat, der
in vollem Umfang für den seelsorglichen Umgang mit Träumen
gilt: „Die Unterscheidung der Geister, die für die geistliche
Begleitung so wichtig ist, darf und soll sich auch der Träume
bedienen, um zu erforschen, was der Wille Gottes für diesen
Menschen ist. Aber es ist eben auch notwendig, die Träume
nicht als letzte Instanz zu sehen, sondern sie mit der Unterscheidung der Geister zu prüfen und zu beurteilen. Die Träume
sind nicht die höchste Norm. Sie müssen immer konfrontiert
werden mit dem Wort der Schrift und mit der Realität des Alltags."[124] Anselm Grün würdigt damit die Bedeutung der Träume für den Weg im christlichen Glauben. Unterscheidung der
Geister im Hinblick auf die Träume ist etwas anderes als Igno-
rierung der Träume. Aber in der Unterscheidung der Geister
werden die Träume und ihre Deutung auf das Fundament des
christlichen Glaubens bezogen. Diese Rückbindung bewahrt
davor, die Träume und den Umgang mit ihnen zu einem unangemessenen Kult werden zu lassen. Am Ende dieser kritischen
Gedanken zur Religiosität Jungs und seiner Schule soll noch
einmal betont werden, dass sie die vielen deutungssensiblen
Einsichten Jungs, die im Abschnitt 4 zusammengetragen wurden, in keiner Weise abwerten. Auf der Basis einer bewussten
Beziehung zu Jesus Christus lassen sich viele dieser Einsichten losgelöst vom religiösen Kontext bei Jung in ein geistliches
Leben integrieren.

7.4.7 Ira Milligan oder Engführung durch biblizistische Traumdeutung

Die im Abschnitt 7.4.1 bis 7.4.5 skizzierten Konzepte zeichneten sich dadurch aus, dass sie sich vom biblisch-reformatorischen Glauben mehr oder weniger deutlich distanzierten. Nun sind Positionen zu beleuchten, die zwar erklärtermaßen am biblischen Zeugnis festhalten wollen, die aber dennoch in ihrer grundlegenden Konzeption zu den „Holzwegen" zu zählen sind. Dazu ist Ira Milligan mit seinem Buch „Träume deuten, Träume verstehen. Ein biblisches Handbuch, um Gottes Stimme zu hören" [125] zu zählen. Zuerst soll ein Einblick in die Grundgedanken Milligans gegeben werden, um dann grundsätzlich auf die Beurteilung dieses Ansatzes einzugehen.

Der Autor gibt in seinem Vorwort zu verstehen: „Ich bin der Meinung, dass die *meisten* Träume von Gott sind. Sind sie (sic!) ein genaues Spiegelbild unserer individuellen Situation, aber sie sind symbolisch, und weil sie symbolisch sind, erscheinen sie bedeutungslos. ... Das größte Hindernis, das bei der Deutung überwunden werden muss, ist die Symbolik." [126] In eben diesem Vorwort präsentiert Milligan auch gleich eine Lösung für diese Problematik, die er mit seinem Buch nahebringen will: „Ein Schlüsselwortlexikon befähigt die meisten Christen, unmittelbar Gottes Stimme zu erkennen (Ich habe ausgezeichnete Rückmeldungen erhalten)." [127] Der im Original in Klammern gesetzte Satz liefert am Beginn des Buches dem Leser gleich die Bewertung dieses milliganschen Versuchs mit; er habe bereits „ausgezeichnete Rückmeldungen" erhalten. Offenbar hat jedoch der amerikanische Bibellehrer und Konferenzredner die Erfahrung gemacht, dass sich trotz seiner Deutungshilfen Träume nicht erschließen lassen. Dafür gibt er folgende Regel aus: „Es gilt die allgemeine Regel: Sollten wir, nachdem wir die Symbole durch die Schlüsselworte und Grundgedanken eines Traumes ersetzt haben, noch immer keine erkennbare

Botschaft herausfinden, handelt es sich wahrscheinlich um unerwünschte ‚Reklame‘, die aus irgendwelchen verwirrten oder schwierigen Regionen unserer Seele abgesendet wurde. Dieser Traum ist nicht von Gott …"[128] Immerhin fährt Milligan ebenda fort: „(Trotzdem sollte er [der Traum] aufgeschrieben werden, denn bei der Beurteilung nachfolgender anderer Träume kann es sich herausstellen, dass die Bedeutung zum Zeitpunkt des Träumens einfach nicht ersichtlich war). Das bedeutet nicht, dass ein Traum, solange er nicht direkt von Gott kommt, unnütz ist. Unsere Träume offenbaren die Geheimnisse unseres Herzens (auch wenn wir sie eigentlich nicht wissen wollen)." Ein unverständlicher Traum rangiert bei Milligan also irgendwo zwischen unerwünschter „Reklame" und einer gewissen Nützlichkeit.

Der Autor legt dann die Quelle seiner Deutungserkenntnis für Träume dar; im folgenden Zitat äußert er sich dazu im Kontext der Erschließung von Zahlen im Traum: „Die Bibel ist die einzig legitime Quelle der Erkenntnis, wenn es um die symbolische Bedeutung von Zahlen geht." [129] Und grundsätzlicher dekretiert er im Hinblick auf eine ausschließliche Zugrundelegung der Bibel für die Traumdeutung: „Legen wir unsere persönliche Erfahrung und unsere kulturelle Sichtweise bei der Auslegung von Träumen zugrunde, werden wir Irrtümern unterliegen. Nehmen wir etwas anderes als das Wort Gottes als Quelle der Auslegung, verlassen wir uns auf eine falsche Grundlage."[130] Daraus geht hervor, dass Milligan auf der ganzen Linie darum bemüht ist, eine aus dem biblischen Zeugnis eruierte Traumdeutung zu entfalten. Und so ist es in seinem Lehrgebäude klar, wie man erkennen kann, ob ein Traum von Gott ist: „In den meisten Fällen werden Sie es erst dann wissen, wenn Sie den Traum richtig ausgelegt haben. Stimmt die Botschaft mit den gerechten Prinzipien der Bibel überein, spricht alles dafür, dass der Traum von Gott war." [131]

Milligan bietet eine ausführliche Zahlendeutung, die er aus der Bibel hergeleitet haben will. Einige Beispiele sollen einen Eindruck davon vermitteln: Auf dem Hintergrund von Offenbarung 2,10 („... ihr werdet Bedrängnis haben zehn Tage") schlussfolgert Milligan, dass die Zahl Zehn „gewogen" meint, und fährt dann fort: „Wir sehen also, wenn wir träumen, dass wir im zehnten Stock aus dem Fahrstuhl steigen, kann dies eine Warnung sein, dass wir eine Zeit der Prüfung vor uns haben."[132] An späterer Stelle geht er dann auf die Hunderterzahlen ein und resümiert: „Um unsere verkürzte Liste der Hunderter zum Abschluss zu bringen: *Vierhundert* enthält völlige Herrschaft, *Fünfhundert* weist auf vollendeten Dienst hin, *Sechshundert* meint vollendetes Bild, *Siebenhundert* heißt vollendete Fülle, *Achthundert* ist völlig abgetan und *Neunhundert* steht für volle Ernte."[133] So kommt für Milligan jeder Zahl eine spezifische Deutung zu.

Auch bei anderen Traumsymbolen gelten für ihn spezifische Deutungszuweisungen. So lehrt er z. B. im Hinblick auf Fahrzeuge, die im Traum auftauchen: „Gott gebraucht Fahrzeuge auch dazu, um mit uns über unseren geistlichen Dienst zu reden. Lehrer träumen in der Regel von Schulbussen und Propheten von Flugzeugen. Ist jemand Prophet und Lehrer, träumt er natürlich von beiden."[134] Und Bekleidungsstücke werden von ihm folgendermaßen gedeutet: „Mantel = Bedeckung: Salbung, Autorität, Schutz, Trauer, Scham, Verwirrung. Hemd = *Bedeckung des Herzens* (durch Gerechtigkeit oder Sünde). Ohne Hemd (männlich oder weiblich) = *Selbstgerechtigkeit:* Selbstrechtfertigung, Gesetzlichkeit, Scham, Verführung ..."[135]

Milligan geht dann auch auf Richtungsangaben im Traum ein. Zu 1. Petrus 3,22, wo von Jesus Christus die Rede ist, der „zur Rechten Gottes" ist, gibt er folgende Erklärungen: „*Links* entspricht dem Geistlichen und *rechts* dem Natürlichen. Das sind zwei der wichtigsten Richtungen, die uns durch das Wort Gottes gegeben werden. Wenn jemand träumt, dass er rechts abbiegt, spricht Gott von einer natürlichen Veränderung. Biegt er links ab, so verändert sich etwas im geistlichen Bereich. Das Rechtsabbiegen kann sich auf die Arbeit oder Karriere beziehen oder auch darauf, dass ein Umzug in eine andere Gegend bevorsteht. Die geistliche Veränderung kann alles von Errettung bis Charakterveränderung bedeuten." [136] Er meint an eben dieser Stelle, dass zur Linken Gottes der Heilige Geist sein müsse, wenn zu seiner Rechten Jesus sitze.

Für Albträume, in denen ein Mord begangen wird, hat der Autor folgende Interpretation: „... Ein Furcht einflößender Traum, in dem man erstochen oder auf andere Weise ermordet wird, (zeigt) die Anwesenheit eines Geistes der Angst, von dem man befreit werden muss ... Einen solchen Traum nennt man *Albtraum* und dahinter stecken dämonische Kräfte." [137] Und prophetische Träume sind für ihn folgendermaßen zu erkennen: „Das Gegenüber der Vergangenheit ist die Zukunft. Träumt jemand von der Zukunft, so ist es gewöhnlich prophetisch." [138]

Wie ist dieser Ansatz nun zu beurteilen? Die Antwort auf diese Frage soll in der Unterscheidung zwischen einer biblischen und einer biblizistischen Begründung eines seelsorglichen Umgangs mit Träumen herausgearbeitet werden:

– Zum einen muss in der Begründung eines als biblisch qualifizierten Ansatzes zwischen der *Bibel als Quelle* der Erkenntnis und ihrer Verwendung als *Kriterium der Erkenntnis* unterschieden werden. Wird die Bibel als Quelle der Erkenntnis verwendet, sucht man in ihr nach biblischen Belegen für Sachverhalte, z. B. aus verschiedenen Bereichen der Wissenschaft, die einer ganz anderen Zeit entstammen. Damit gerät man schnell in eine Sackgasse: Entweder muss man die Sachverhalte mehr oder weniger gekünstelt in biblische Belege hineindeuten oder Sachverhalte aus der Wissenschaft müssen vorschnell als „unbiblisch" bewertet werden. Wird die Bibel dagegen als Kriterium der Erkenntnis verstanden, können diese Kriterien konkret benannt werden. Auf diese Weise können Entscheidungen auf der Grundlage des biblischen Zeugnisses im interdisziplinären Dialog transparent gemacht werden.

Der Unterschied zwischen diesen beiden Ansätzen, einen anstehenden Sachverhalt auf biblischer Grundlage zu beurteilen, lässt sich mithilfe psychologischer Kenntnisse erläutern. Die Psychologie als Wissenschaft, wie wir sie heute kennen, hat ihre Anfänge im 19. Jahrhundert. Es wäre widersinnig, wollte man Einsichten der wissenschaftlichen Psychologie auf einzelne Bibelworte im Sinne von beweisenden Schriftbelegen begründen. Das würde dazu führen, dass Wissenschaft, in unserem Fall die psychologische, auf den Stand des Beginns unserer Zeitrechnung festgeschrieben würde. Bei der Beurteilung von Sachfragen mit der Bibel als Kriterium der Erkenntnis können für die Beantwortung psychologischer Fragen Kriterien angegeben werden wie das jüdisch-christliche Menschenbild, das biblische Verständnis von Sünde, die Rechtfertigung aus Gnade usw.

Das Verständnis für solche Zusammenhänge fehlt bei Ira Milligan völlig. Deshalb wird auch die Verständigung darüber, was biblisch ist, kaum zu einem Konsens führen. So muss für ihn aus Offenbarung 2,10 die Zahl Zehn „gewogen" bedeuten, weil dies angeblich aus dem Kontext dieser Bibelstelle hervorgeht. Und seine Erkenntnisse über „rechts" und „links" sind vor dem Hintergrund von 1. Petrus 3,22 mehr oder weniger immer unabhängig vom Träumer dem Geistlichen (links) und dem Natürlichen (rechts) zugeordnet. Eine solche Logik führt notwendig zu einer als gesetzlich zu bezeichnenden Traumdeutung. Und weil eine solche Deutung als „biblisch" ausgegeben wird, hat sie eine personen- und zeitübergreifende Bedeutung. Menschen mit einer auf Sicherheit bedachten Persönlichkeitsstruktur werden sich von solchen starren Kriterien anziehen lassen. Was jedoch bei dieser Theorie verloren geht, ist ein lebendiger Umgang mit den Träumen und mit den Träumern. Traumdeutung wird so zu einem Deutungssystem, das, überspitzt formuliert, ohne den Heiligen Geist und eine im christlichen Glauben geprägte Intuition auskommt.

– Eine zweite Anfrage an Milligans Konzeption erhebt sich aus einer systematisch-theologischen Einsicht, die Martin Luther mit der Zwei-Regimenten-Lehre ins Spiel gebracht hat. Rolf Sons hat diese auf das Verhältnis zwischen Seelsorge und Psychologie angewendet.[139] Knapp zusammengefasst hat diese Lehre folgenden Inhalt:

Gottes Regiment in der Welt geschieht in zweifacher Weise: in einem geistlichen und einem weltlichen Regiment. Auf beide Weisen – und das wurde in der nachreformatorischen Zeit zum Teil übersehen – wirkt Gott auf den Menschen und diese Welt ein. Im geistlichen Regiment wirkt Gott durch das Evangelium Heil, im weltlichen Regiment Frieden, Recht und Ordnung. Luther ging es in dieser Lehre um eine sich ergänzende Einheit der Herrschaft Gottes in Schöpfung und Erlösung. Die Seelsorge – und mit ihr ein seelsorglicher Umgang mit Träumen – als einer Lebensäußerung der Kirche ist dem geistlichen Regiment, und die Psychotherapie – und mit ihr eine therapeutisch begründete Deutung der Träume – ist dem weltlichen Regiment zuzuordnen. Für unseren Zusammenhang lässt sich zugespitzt sagen: Gottes Wirken im psychologischen Deuten von Träumen und Gottes Wirken im seelsorglichen Verstehen von Träumen sind nicht voneinander zu trennen, sondern aufeinander zu beziehen. Sie stehen im komplementären Verhältnis zueinander. Die psychotherapeutische Traumarbeit trägt dazu bei, psychische und auch soziale Konflikte bearbeiten zu helfen. Dieser Zusammenhang betrifft psychische Folgen der Sünde. Der seelsorgliche Umgang mit Träumen behält in den psychotherapeutischen Einsichten die Beziehung zu Gott, zu seiner Gnade und damit die Versöhnung des Menschen mit ihm im Blick. Zur Trennung kommt es in den verschiedenen Blickrichtungen der Traumdeutung, wenn die Realität des Psychischen übergangen wird. Dagegen ist festzuhalten, dass hinter beiden Umgangsweisen mit Träumen der Liebeswille des einen Gottes steht; in der therapeutischen Traumarbeit ist die Liebe indirekt, in der seelsorglichen kann sie immer wieder direkt thematisiert werden.

Nimmt man diese Unterscheidung von therapeutischer und seelsorglicher Traumdeutung bei gleichzeitiger Bezogenheit zur Kenntnis, lässt sich in der Konzeption von Ira Milligan eine Grenzüberschreitung erkennen: Es fällt auf, dass Milligan in seinen Darlegungen zur Traumdeutung weitgehend ohne das Gespräch mit der psychologischen Traumdeutung auskommt. Er lässt die Psychologie in Sachen Traumverständnis zu wenig zu Wort kommen. Alle Deutungen der Traumsymbole sollen mithilfe der Erschließung des biblischen Zeugnisses abgedeckt werden. So wird die Reichweite des biblischen Zeugnisses überzogen und Gottes indirektes Wirken durch die wissenschaftliche Traumdeutung verdrängt; so wird das differenzierte Gefüge der Zwei-Regimenten-Lehre in der Frage eines seelsorglichen Umgangs mit Träumen zerstört.

Auf die Auseinandersetzung mit C.G. Jung und seiner Schule zurückblickend ist, vom Anliegen der Zwei-Regimenten-Lehre her beurteilt, die gegengleiche Vereinseitigung zu konstatieren: Dort wurde die Überbewertung der Psychologie gegenüber der Theologie deutlich. So ergaben sich gegenüber der theologischen Seite Grenzüberschreitungen von psychologischer Seite aus, indem dogmatische Aussagen von Psychologen infrage gestellt wurden.

– Eine dritte Anfrage an die Konzeption Milligans stellt sich vom Symbolverständnis her: Unter Abschnitt 4.1 wurde herausgearbeitet, dass sich Traumsymbole durch ihre Vielschichtigkeit, ihren häufig dynamischen Charakter und durch eine gegensatzvereinigende Aussagefähigkeit auszeichnen. Bei Milligan kommt diese Bedeutungsvielfalt nur am Rande vor. Wohl führt er immer wieder verschiedene Aspekte zu einem Symbol an. Aber in seinen Darlegungen findet sich immer wieder die Tendenz zur Allegorisierung von Begriffen. Diese Tendenz zeigt sich in seiner Deutung von Zahlen oder in seiner Meinung, Lehrer würden häufig von Bussen, Propheten häufig von Flugzeugen träumen. Vor allem wird sie darin sichtbar, dass er unter der Überschrift „Schlüsselwortlexikon mit biblischen Beispielen" ca. 170 Seiten lang eine umfangreiche Liste von Schlüsselbegriffen aufführt. Diesen Begriffen ordnet er die von ihm in der Bibel ermittelten Bedeutungen zu. So beginnt er unter der Überschrift „Tiere, Vögel, Fische und Insekten" mit dem ersten Begriff „Adler" und schreibt dazu „Leiter = Prophet (falscher oder echter), von oben her sehen (aus der Sicht eines Adlers), Diener, wilder Räuber, Zauberer, Amerika". Er versucht hier das Tier deutend zu definieren, bringt aber dann doch wieder eine Streuung, die nicht präzise ist. Bei diesem Ansatz wird übersehen, dass Symbole in der Praxis bei jedem Träumer eine individuelle Einfärbung und persönliche Konnotation erfahren. Je stärker die Allegorisierung, desto stärker wird auch die Starrheit und willkürliche Bedeutungszuschreibung bei der Traumdeutung sein. Das wird z. B. in dem oben bereits angeführten Beispiel unter dem Stichwort „Bedeckung" ersichtlich; dort heißt es: „Ohne Hemd (männlich oder weiblich) = *Selbstgerechtigkeit:* Selbstrechtfertigung, Gesetzlichkeit, Scham, Verführung ..." Ein seelsorglicher Umgang mit Träumen wird viel stärker auf die persönlichen Assoziationen des Träumers achten, als auf eine Allegorisierung von Traumsymbolen zu setzen. Im Unterschied zu einem Biblizismus wird der seelsorgliche Ansatz sich auf der Grundlage des christlichen Glaubens auf die Auseinandersetzung mit der Psychologie und vor allem auf die individuellen Assoziationen des Träumers zu seinen Träumen bewusst einlassen.

7.5 Träume und Heiligung

Der ganze vorhergehende Abschnitt 7.4 befasste sich bereits mit der Frage der Religiosität in der Psychologie bzw. der Psychologie in der Religiosität im Umgang mit Träumen. Für einen seelsorglichen Umgang mit Träumen zeigten sich zwei Problembereiche: Zum einen war es unabdingbar, den Inhalt der jeweiligen Religiosität genauer zu betrachten. Einer christlichen Spiritualität wird dieser nicht egal sein können. Zum anderen zeigte es sich, dass das Verhältnis zwischen Religiosität und Psychologie in der Traumdeutung in zwei Richtungen Vereinseitigungen erfahren kann: Entweder tendiert die Psychologie dazu, die Theologie zu dominieren, oder umgekehrt. Im Folgenden soll nun eine für einen seelsorglichen Umgang mit Träumen mir angemessen erscheinende Position zur Darstellung kommen.

Als Einstieg in diesem Themenzusammenhang bringe ich den Traum einer Christin, der sie aufschrecken ließ. Sie träumte:
Ich bin mit einer Freundin in der Kita, wo noch andere Mitarbeiterinnen aus unserer Gemeinde sind. Ich habe Geburtstag und bekomme keine Geschenke, nur diese liebe, duftende Karte von der Freundin. Und diese wundert sich, dass ich nichts bekomme, wo ich doch Christ bin. „Was sind das für Christen?", fragt sie mich, als wir über die Straße laufen.
Im Gespräch über diesen Traum sagte die Träumerin, dass sie immer wieder gerne in der Kindertagesstätte mithelfe und sich um Kinder kümmere. Die im Traum auftauchende Freundin war der Träumerin in der Realität bekannt. Sie habe zu ihr einen guten Kontakt und erlebe diese ihr gegenüber als wohlwollend. Die Freundin kann, subjektstufig gedeutet, auch als ein wohlwollender Anteil der Träumerin begriffen werden. Die Träumerin hatte im Traum Geburtstag. Die Freundin hatte ihr eine duftende Karte zukommen lassen. Wir sprachen darüber, dass der Wohlgeruch des Kartengrußes für etwas Wohltuendes

und Wertschätzendes steht, das ihr zum Geburtstag als Fest ihres Lebens zukam.

Im Gespräch über die Fortsetzung des Traumes wurde der Träumerin bewusst, dass der Traum eine immer wieder vorkommende Erfahrung in ihrem Leben darstellte: Sie bekam, symbolisch verstanden, keinen Geburtstagsgruß und ging damit leer aus. Sie erlebte es immer wieder, dass sie von anderen nicht gesehen und nicht geachtet wurde und sich deshalb immer wieder als zu kurz gekommen empfand. Ich fragte sie dann, wie sie sich selbst sehe. Sie zögerte zuerst, aber dann sprach sie direkt aus, dass sie sich selbst immer wieder abwerte und zurückstelle. Sie hatte in sich das Lebensmotto: Ich bin doch nicht wichtig.

Die Freundin wunderte sich im Traum, dass die Träumerin an ihrem Geburtstag leer ausging, und stellte dabei eine wichtige Verbindung zum christlichen Glauben her: Zum einen stellte sie fest, dass die Träumerin doch Christin war. Das schien offensichtlich in ihrer Seele angekommen zu sein; die Träumerin lebte bewusst als Christin und setzte sich auch aus dem Glauben heraus häufig für andere ein – zum Teil in einem solchen Ausmaß, dass sie selbst zu kurz kam. Die Freundin wunderte sich im Traum darüber, dass die Träumerin leer ausgegangen war, „obwohl sie doch Christin ist". Der Traum signalisierte der Träumerin, dass sie zu den anderen Christen gehörte. Es wäre von daher eigentlich angemessen gewesen, von dieser Gruppe ein Zeichen der Aufmerksamkeit zu erhalten.

Wir sprachen also zuerst über die objektstufige Deutung dieses Traumteils: Die Träumerin erlebte tatsächlich einige der Christen ihrer Umgebung als wenig offen und ihr gegenüber als wenig kommunikativ. Das machte ihr immer wieder zu schaffen. Wir sprachen darüber, wie sie geistlich mit dieser Situation umgehen könne. Dann blickten wir unter subjektstufigem Aspekt auf den Traum: Da gingen ihr die Augen dafür auf, dass es in ihr auch einige Anteile gab, die sich noch nicht dem christlichen Glauben gemäß verhielten. Man könnte sagen, dass die Träumerin mit sich selbst manchmal nicht gerade christlich umging.

Die abschließende Frage „Was sind das für Christen?" machte sowohl auf der Objektstufe als auch auf der Subjektstufe einen Sinn:

Auf der Objektstufe stellte sich die Träumerin diese Frage, wenn sie sich durch den Umgang anderer Christen mit ihr verletzt fühlte. Sie erlebte dann, wie sie ihr Herz in innerer Traurigkeit und Wut verschloss und sich ihrerseits von ihnen distanzierte.

Auf der Subjektstufe richtete sich die Frage an sie selbst. Wie gehe ich mit mir selbst um, wo ich doch Christin bin und unter der Liebe Gottes zu mir leben darf? Hierbei dämmerte ihr, dass sie im Umgang mit sich selbst dem christlichen Glauben noch ziemlich wenig Raum gab und ziemlich ungnädig war. Unter diesem Aspekt brauchte ihre Seele noch weitere „Innenevangelisierung", weil es noch Anteile in ihrer Seele gab, die die Liebe Gottes nicht aufgenommen hatten. Diese Erkenntnis wurde für die Träumerin zur dringenden Einladung, im Hinblick auf ihr Urteil über andere Christen zurückhaltender zu werden.

7.5.1 Rechtfertigung, Heiligung und der seelsorgliche Umgang mit Träumen

Dieser Traum kann uns darin helfen, der Frage auf die Spur zu kommen, warum und in welcher Weise Traum und Heiligung im Leben eines Christen miteinander in Beziehung stehen oder treten können. Dazu soll zunächst geklärt werden, worum es in der Heiligung geht, um anschließend den möglichen Bezug der Träume zur Heiligung herauszuarbeiten:

In der biblisch-reformatorischen Theologie, auf deren Grundlage sich die hier dargelegten Ausführungen verstehen, steht die

Rechtfertigungslehre im Zentrum. Sie besagt, dass der Mensch im Vertrauen auf Jesus Christus allein durch die Gnade von Gott angenommen wird. Taufe als geschenkhaftes Handeln Gottes am Täufling und Glaube als kleines Ja des Täuflings zum großen Ja Gottes zu ihm sind aufeinander bezogen. Auf dieser Grundlage besteht zwischen der Rechtfertigung und der Heiligung ein festes inneres Band. Genau genommen ist die Heiligung in der Rechtfertigung gegründet. Wie die Rechtfertigung ist die Heiligung ein vom Heiligen Geist gewirktes Geschehen im Glaubenden und wird aus Gottes Zuwendung zu ihm empfangen. Für den Glaubenden gibt es keine Heiligung, die über die Rechtfertigung hinausführen könnte.Wenn die Heiligung in der soeben skizzierten Weise in der Rechtfertigung gründet, erhebt sich die Frage: Warum bedarf es neben der Rechtfertigung noch des Hinweises auf die Heiligung? Sie ist aus dem einfachen Grund berechtigt, weil die Heiligung das dynamische, effektive Moment im Rechtfertigungsgeschehen festhält. Dabei geht es um die Lebenserneuerung aus der Gnade heraus. Gottes Gnade befreit den Sünder in der Rechtfertigung nicht nur von der Trennung von Gott (Sünde), sondern bevollmächtigt ihn auch, in „einem neuen Leben (zu) wandeln" (Römer 6,4). Die Rechtfertigung ist das Einmalige, die Heiligung das Wachstümliche. Der Hinweis auf die Heiligung macht deutlich, dass die neue Wirklichkeit des Heiligen Geistes bereits im Glaubenden am Werk ist. Die zur Heiligung gerufenen Glaubenden wissen um den immer wieder möglichen Rückfall aus dem neuen Leben in das alte Wesen der Sünde. Sie wissen, dass sich ihr Sein im Werden ereignet. Darin liegt das Beieinander von Indikativ und Imperativ begründet: Das neue Leben ist Geschenk (es geschieht an mir, „Modus Indikativ") und herausfordernder Auftrag („Modus Imperativ"). Glaubende sollen leben, was sie sind. Weil der Heilige Geist in den Glaubenden am Werk ist, wirkt er in ihnen und durch sie Erneuerung. Würde dieser

Zusammenhang verschwiegen, würde der christliche Glaube sich zur Folgenlosigkeit verurteilen. Der Heilige Geist wirkt in den Glaubenden neue Gemeinschaftsfähigkeit zu Gott hin, zu sich selbst, zum Mitmenschen und zur Kreatur.

Was haben diese Einsichten mit dem Umgang eines Christen mit seinen Träumen zu tun?

Träume können auf der einen Seite ermutigende und bestätigende Botschaften enthalten, auf der anderen Seite können sie uns über die geheimsten und verstecktesten Wünsche unseres Unbewussten ins Bild setzen, die der Träumer manchmal am liebsten auch vor sich selbst verbergen möchte. Sie können auch helfen, Konflikte, Spannungen und Vorurteile bewusst zu machen, und auf Fragen und Probleme des Glaubens hinweisen. In dem allem sind Träume Offenbarungen des Unbewussten, die symbolisch darstellen, was der Träumer denkt, glaubt und lebt. Dabei kommen auch immer wieder geistliche Fehleinstellungen ans Licht. Das alles geschieht bei Christen in der mit der Rechtfertigung geschenkten und im Glauben ergriffenen Beziehung zu Gott. Damit sind die Glaubenden in die Gegenwart Gottes hineingenommen, der auch beim nächtlichen Kopfkino verborgen gegenwärtig ist. Christen werden offen dafür sein, dass Gott ihnen im Traum auch so etwas wie einen Spiegel vorhalten kann, der sie z. B. mit dem eigenen Schatten oder mit verborgenen Seiten ihrer Persönlichkeit konfrontiert, die ihnen möglicherweise unangenehm sind und sie schockieren können.

Betrachtet ein Christ unter dem Gesichtspunkt der Heiligung seine Träume, wird er erkennen, dass das Unbewusste Themen und Zusammenhänge bewegt, die mit dem Glauben des Träumers in Verbindung stehen und ihn direkt betreffen. Träume können unter diesem Aspekt etwas über die Beziehung des Träumers zu Gott aussagen und ebenso über sein ethisches Verhalten. Sie können die Richtung von anstehenden

Entscheidungen andeuten, die Vergangenheit erhellen helfen oder ein Licht auf die Zukunft werfen. Wer an den gegenwärtigen Gott glaubt, wird auch seine Traumbotschaften in den Gottesbezug hineinnehmen wollen. Er kann seinen Träumen Aufmerksamkeit schenken und in ihnen die Stimme Gottes entdecken, auch wenn selbstverständlich nicht alle Träume als Offenbarung Gottes zu verstehen sind. Träume als Weg in das Unbewusste sind eine Möglichkeit, die Gott gebraucht, um dem Träumer überführende und heilsame Botschaften zukommen zu lassen. So können Träume zu geistlichen Anstößen werden. Sie können für den Träumer zur Konkretisierung des biblischen Wortes werden, wobei das biblische Wort normierende Kraft bleibt und bleiben muss. Die Tatsache, dass die Nachrichten vom Unbewussten verschlüsselt gesandt werden, spricht nicht gegen diese grundsätzliche Sicht; sie mag eher eine Herausforderung sein, die Sprache des Unbewussten kennenzulernen, um sie und die darin enthaltenen Spuren Gottes zu verstehen.

Dem Gedanken der Rechtfertigung und Heiligung zufolge steht der ganze Mensch unter der Gnade und der Gegenwart des Heiligen Geistes. Es gibt also keinen Bereich, keine Dimension des Menschen, die davon ausgeschlossen wäre. Zum ganzen Menschen gehört auch seine Psyche mit dem Unbewussten. Vor dem Hintergrund dieser Aussage ist zweierlei festzuhalten:

Zum einen gilt, dass ein Christ in der Beschäftigung mit seinen Träumen seinen Glauben weder negieren noch seinen sein Leben prägenden Wert schmälern muss. Er sieht sich ja als Ganzes im Licht Gottes.

Zum andern erscheint es wenig sinnvoll, eine psychologische Betrachtung des Menschen und seiner Träume als „nichts als Psychologie" abzuqualifizieren. In diesem Zusammenhang trifft zu, was Anselm Grün treffend so formuliert: „Das Unbewusste ist nicht die Domäne der Psychologie, sondern auch der Bereich, in dem Gott wirkt ..." [140] Die psychologischen Einsichten und mit ihnen die Träume werden in der Heiligung in die Beziehung des Glaubens zu Gott hineingenommen und damit geheiligt. Träume stehen mit der Heiligung auch deshalb in Beziehung, weil sie das wahre Wesen des Menschen offenlegen. Gott selbst hat das Interesse, uns bis in die Tiefen unseres Unbewussten hinein zu prägen. So helfen uns die Träume zu einer realistischen Sicht unserer selbst. Dadurch verhilft Gott dem Träumenden dazu, alles, was sich in den Träumen zeigt, bewusst mit Gott zu teilen und von ihm durchdringen zu lassen. Gott spricht in diesem Prozess den Träumer direkt oder indirekt an. So können wir in Träumen Mahnungen und Warnungen erkennen und auf Sünden und Fehlhaltungen hingewiesen werden. Man könnte unter diesem Gesichtspunkt Träume als Fußspuren Gottes in der Seele deuten. Sie sind für den Glaubenden mehr als eine psychologische Selbsterfahrung. Weil er in allem aus der Gottesbeziehung lebt, kann er seine Träume als Hinweis oder als Warnung auf seinem Weg mit Gott sehen lernen; jeder Traum kann zur Botschaft Gottes werden, auch wenn diese Botschaft in symbolisch verschlüsselter Form erscheint und „rein psychologisch" betrachtet werden könnte. Der Traum kann aus dem Vertrauen auf Gott betrachtet werden und so den Glauben des Träumers vertiefen und erweitern. Auf diese Weise kann der Traum den Christen auf dem Weg der Heiligung hilfreich begleiten.

Gerade in der seelsorglichen oder allgemeiner in der geistlichen Begleitung kann die Berücksichtigung von Träumen enorm fruchtbar sein. Anselm Grün sieht hier in der Theorie und Praxis der geistlichen Begleitung einen Mangel. Sehr nachdenklich machend bemerkt er: „Aber dass wir auf unserem geistlichen Weg die Träume beachten sollen, davon findet man in der spirituellen Literatur wenig. ... Es geht um eine Spiritualität, die den Menschen mit allen seinen Bereichen berücksichtigt. ... Für Evagrius Ponticus gibt es keine echte Gottesbegegnung ohne ehrliche Selbstbegegnung. Spiritualität wird leicht zu einer frommen Flucht vor sich selbst, wenn wir die Selbstbegegnung ausklammern."[141] Die Träume spiegeln zum Teil schonungslos den inneren Zustand des Träumers wider. Wenn es in der Seelsorge und geistlichen Begleitung um einen Weg zur Herzensreinheit geht, dann kann die Betrachtung der Träume sehr ernüchtern und erden. Gerade die im Hinblick auf die eigene Herzenseinstellung desillusionierenden Träume können zu einer Einladung und Herausforderung werden, sich mit der eigenen Begrenztheit und Bedürftigkeit bewusst an Christus zu wenden, der sie verwandeln will. Die Beachtung von Träumen kann nützlich sein, um einen Träumer auf sein Wunschdenken aufmerksam zu machen und ihm zu zeigen, wo er etwas verdrängt oder überspielt; auf die Sicht des Unbewussten zu hören, ist eine Hilfe auf dem Weg zu einer realistischen Selbstsicht. Durch Träume kann Gott den Träumer auf eine Form von innerer Blindheit hinweisen und ihn die Wahrheit Gottes für sich erkennen lassen gemäß dem Wort Jesu: „Ihr werdet die Wahrheit erkennen und die Wahrheit wird euch frei machen" (Johannes 8,32). Wenn Jesus Christus „unser Friede" (Epheser 2,14) werden will, dann bedarf es einer Begegnung zwischen ihm und dem friedlosen Herzen des Träumers. Der Traum kann dabei helfen, sich ehrlich dieser Friedlosigkeit zu stellen, und zu einer schonungslosen Selbsterkenntnis führen. In diesem Zusammenhang ist das zu hören, was David Benner so zusammenfasst: „Eine christliche Religiosität, die nicht das Unbewusste einbezieht, bleibt zwangsläufig seicht, schal und rational."[142] In der Stille vor Gott und in der Stille der Nacht im Traum können sich das Bewusstsein und das Unbewusste offen zeigen und eine Reinigung durch Gott anstoßen. So kann der Traum zu erkennen helfen, welche innere Arbeit und welche Schritte in der täglichen Lebensgestaltung für den Träumer dran sind. In dieser Richtung rät Anselm Grün den begleitenden Personen: „Sobald man merkt, dass es beim anderen stockt, dass nichts in Bewegung gerät, ist es ratsam nach den Träumen zu fragen."[143]

Das Gegenteil von Stagnation ist Wachstum – nicht über den Glauben hinaus, sondern in ihn hinein. Solches Wachstum gehört zentral zum geistlichen Leben, das in der Heiligung vollzogen wird. Jesus will die Glaubenden in der seelsorglichen und geistlichen Begleitung zum Leben in seiner Fülle führen. Dieses wird behindert, wenn wir ihm nur die fromme Oberfläche hinhalten. Der Träumer ist eingeladen, alles, was in seinen Träumen auftaucht, in das Licht Jesu zu halten, dass er es verwandeln und zum Leben erwecken kann. Das gehört zu den Kernanliegen der Heiligung in Verbindung mit geistlich orientierter Traumarbeit. Vor diesem Hintergrund ist die Ermahnung Anselm Grüns zu verstehen, die die Gefährdung einer an der Oberfläche bleibenden Begleitung benennt: „Alle geistlichen Wege, die den Schatten ausschließen, führen immer in eine gefährliche Spannung. ... Eine ganzheitliche Spiritualität kann es sich nicht leisten, den Leib auszuklammern und die Träume zu vernachlässigen." [144] Das positive Ziel eines geistlichen Umgangs mit Träumen besteht darin, den Träumer immer mehr in das Bild hineinwachsen zu lassen, das Gott von ihm hat, sodass er Gott mit den bewussten und unbewussten Kräften zur Verfügung steht und von seinem Geist verwandelt wird.

Der Traum weist jedoch nicht allein auf die Defizite des Träumers. Er stellt auch das dar, was sich bei inneren Prozessen an Wachstum und Fortschritt auf dem geistlichen Weg vollzieht. Immer wieder ist es faszinierend und beschenkend, wenn Menschen in seelsorglicher Begleitung am Tag einen positiven Entwicklungsschritt auf ihrem inneren Weg gegangen sind und dieser Schritt im nächtlichen Traumgeschehen ermutigend „kommentiert" wird.

Am Ende dieses Abschnitts soll auf die Frage eingegangen werden, was die zentralen Unterschiede zwischen der unter Abschnitt 7.4 dargestellten Konzeptionen und dem Umgang mit

Träumen in der seelsorglichen Begleitung sind. Ich meine, dass diese sich in zwei Kerngedanken zusammenfassen lassen:

Zum einen weiß sich der seelsorgliche Begleiter mit Träumen an den dreieinigen Gott und das Heil in Jesus Christus gebunden, wie es im biblischen Zeugnis zugesagt ist und in der Reformationszeit neu entdeckt wurde. Diese Bindung ist in den unter Abschnitt 7.4 untersuchten Konzeptionen mehr oder weniger verloren gegangen.

Zum andern liegt einem seelsorglichen Umgang mit Träumen an einem partnerschaftlichen Dialog zwischen der psychologischen Traumdeutung und einer Traumdeutung auf der Grundlage des christlichen Glaubens. Zu diesem partnerschaftlichen Dialog gehört auf der einen Seite die Achtung der jeweiligen Grenzen von Psychologie und Theologie, auf der anderen Seite der Bezug beider Disziplinen aufeinander. Dieser Dialog dient der Entfaltung des Menschen in psychologischer wie in geistlicher Hinsicht.

7.5.2 Heiligung und Verantwortlichkeit im Hinblick auf den Traum

Die Heiligung tangiert die Frage der ethischen Verantwortlichkeit: Ist der Träumer verantwortlich für seine Träume und wenn ja, in welcher Weise? Auf diese Frage ist nun noch einzugehen. Sie erfordert eine differenzierte Antwort:

Zunächst ist dazu zu sagen, dass Träume als ein vorethisches Gebilde des Unbewussten zu betrachten sind, das heißt: Träume sind zwar auf ethisch relevante Einstellungen und Verhaltensweisen bezogen; die nächtlichen Kreationen sind häufig ein Reflex derselben. Aber das Unbewusste ist seinem Wesen nach amoralisch.

Hier muss freilich die biblisch-reformatorische Einsicht ergänzt werden, wonach der Mensch als Sünder in allen seinen Dimensionen von der Sünde betroffen ist. Das umfasst auch das

Unbewusste des Menschen. Entsprechend betrifft die Rechtfertigung aus Glauben sowie die Heiligung auch die bewusste
Reaktion des Träumers auf seine Traumbotschaften aus seinem
Unbewussten. Wie der Träumer also auf das reagiert, was ihm
seine Träume nahebringen wollen, ist ethisch höchst relevant.
Ein Beispiel dazu soll das verdeutlichen. Jemand erzählte:

Ich sehe das Haus meines Chefs. Es brennt lichterloh.
Im Gespräch über den Traum kommt der Träumer ziemlich
schnell auf seine Wut gegenüber seinem Chef zu sprechen. Er
wünscht ihm sozusagen Feuer aufs Dach.

Der kurze, prägnante Traum bezieht sich auf eine eminent
ethische Frage: Wie gehe ich mit der Wut auf meinen Chef um,
die ich unbewusst mit mir trage? Er könnte dem Chef etwas antun. Er könnte ihn meiden. Er könnte im Kollegenkreis gegen
ihn Stimmung machen usw. Hier wird ersichtlich: Auch wenn
er für seinen Traum nicht bewusst verantwortlich war, spiegelte dieses nächtliche Gebilde doch eine ihm eingeschränkt
bewusste emotionale Lage seiner Psyche getreu wider. Der
Traum als vorethisches Ereignis will also vom bewussten Ich
aufgenommen werden und zu einer verantwortlichen Einstellung und Handlung führen.

Die Botschaft eines Traumes fordert immer wieder eine zu
verantwortende Reaktion des Träumers heraus. Wer als Christ
Träume in ein Leben der Heiligung einbezieht, wird auch auf
die Traumaussage reagieren wollen und dabei die Beziehung
des Glaubens zu Gott in diese Reaktion einbinden. Wenn etwa ein Traum Befürchtungen und Ängste aufdeckt, dann rufen
solche Einsichten danach, diese mit dem Vertrauen auf Jesus
Christus in Verbindung zu bringen. Das ist manchmal alles andere als einfach, aber die Botschaft des Traumes sucht in diesem
Fall nach einer angemessenen und umsetzbaren Antwort des
Träumers. Entsprechend wollen Versäumnisse und Mängel, auf

die ein Traum hinweisen kann, zu einem verantwortlichen Eingeständnis und einer angemessenen Korrektur führen. Wenn ein Traum auf versteckte Sünden hinweist oder vor sündhaften Handlungen warnt, dann stellt ein solcher Traum einen Aufruf Gottes dar, der vom Träumer beantwortet werden will. Antworten auf aktuelle Lebensfragen, die ein Traum nahelegt oder zu denen er herausfordert, wollen aufgenommen und ins Alltagsleben umgesetzt werden. Unter dem Gesichtspunkt der Heiligung will Gott also über Traumbotschaften das Leben des Träumers gestalten, verwandeln und in diesem Sinn bessern. Das wird sehr häufig eine ethische Verantwortung des Träumers tangieren.

Die Verantwortlichkeit in der Aufnahme einer Traumbotschaft zeigt sich noch in anderer Hinsicht. Ich will das am Umgang mit dem Schatten im Unterschied zum Umgang mit einem z. B. verurteilenden inneren Anteil verdeutlichen: Im Abschnitt 4.5 haben wir im einführenden Beispieltraum von einem Verbrecher gehört, der im Traum in das Haus der Träumerin eindringen wollte. In der Bearbeitung des Traumes hatte ich der Träumerin empfohlen, diesen Verbrecher auf einen Stuhl zu setzen und mit ihm zu sprechen. Im Verlauf dieses Dialogs kam es zur Versöhnung der Träumerin mit dieser zu ihr gehörigen Seite. Es kann sich jedoch im Traum auch eine destruktive Seite melden, die den Träumer in seiner Lebensentfaltung empfindlich behindert. Integration wäre in diesem Fall zumindest missverständlich, manchmal sogar unangebracht. Ein Verständnis dafür, wie ein solcher Anteil entstanden ist und welche Funktion er hat, kann wichtig sein. Es muss aber das Ziel einer Entmachtung eines solchen Anteils im Blick behalten werden. Heiligung ist in einem solchen Kontext verbunden mit einer Art Unterscheidung der Geister: In welchem Fall ist Integration angesagt und in welchem Fall Entmachtung? Hier erweist sich eine Begleitung in der Traumbearbeitung als sinnvoll, weil der Träumer in einem solchen Fall häufig mit seinem Traum so verwoben ist, dass ihn diese Unterscheidung leicht überfordern kann.

Das Thema Verantwortlichkeit und Träume hat noch einen zum bisher Bedachten gegenläufigen Aspekt: Der Traum kann nicht für das Dunkle verantwortlich gemacht werden, das in der Seele vor sich geht. Die Träume sind geprägt von der Lebenswirklichkeit des Träumers und zeigen das darin vorhandene Übel auf; sie produzieren es aber nicht. Auch wenn ein Traum negativ erscheinen mag, so ist er selbst nicht böse.

Schließlich ist am Ende des gesamten Abschnitts über den Zusammenhang von Traum, Verantwortung und Heiligung festzuhalten: Die Verantwortung für wichtige Lebensentscheidungen sollte nicht auf die Träume abgeschoben werden. Sie mögen in einem anstehenden Klärungsprozess einen wichtigen Impuls geben, aber die Verantwortung für das Leben lässt sich nicht an Träume delegieren. In diesem Sinn stellt Petro Messeguer präzise fest: „Träume sind nicht ein letzter Schiedsrichter bei der Führung des Lebens, aber ein gelegentlicher Helfer des Bewussten." [145] In jedem Fall lädt ein verantwortlicher Umgang mit Träumen ein, mit Gott über die Träume zu sprechen – entweder als Träumer selbst oder auch als Begleiter.

7.5.3 Die Affinität der psychologischen Erschließungskategorien zur Heiligung

Unter dem einführenden Punkt 1.2 wurde die Begründung für den seelsorglichen Umgang mit Träumen dargelegt. Dabei ist deutlich geworden, dass der psychologische vom seelsorglichen Umgang mit Träumen zwar zu unterscheiden ist, aber nicht davon getrennt werden darf, weil beides wechselseitig aufeinander bezogen ist. Diese wechselseitige Bezogenheit von Glaube und Psychologie gilt nun auch in der Beziehung zwischen Heiligung und psychologischer Traumdeutung mithilfe der Erschließungskategorien. Diese Beziehung bei gleichzeitig bleibender Unterschiedenheit scheint mir durch den Begriff der Affinität angemessen definiert.

Alles, was unter den Punkten 4.1 bis 4.6 dargelegt wurde, lässt sich vor diesem Hintergrund unter dem Aspekt des Glaubens beleuchten, denn alles steht für den Christen in Bezug zum dreieinigen Gott. Ich möchte nun exemplarisch diesen Bezug im Sinne der Affinität an *ausgewählten* Punkten vor Augen führen, die ich im Hinblick auf die zentralen Inhalte des christlichen Glaubens als relevant betrachte:

– Was unter Punkt 4.2. zum inneren Kind gesagt wurde, kann in Beziehung zur Kindersegnung (Markus 10,13–16) gesehen werden. „Lasst die Kinder zu mir kommen und wehret ihnen nicht, denn solchen gehört das Reich Gottes." Hier kann die Ego-State-Arbeit, in der es um innere, mehr oder weniger voneinander abgegrenzte Anteile geht, nahtlos mit dem Vertrauen zu Jesus Christus verbunden werden, der diese Anteile durch seine Liebe zu integrieren hilft.

– Unter Punkt 4.5 wurde der Schatten in Träumen in den Blick genommen. Er kann dazu führen, dass auch Jünger und Jüngerinnen Jesu innerlich wie gespalten leben. Jesus lädt die Seinen in Matthäus 5,48 ein: „Seid also vollkommen, wie euer Vater im Himmel vollkommen ist." Genauer könnte man übersetzen: „Seid ungeteilt ..." Dieses Wort bezieht sich hier zuerst auf die Nachfolge Jesu, aber den Bezug auf innere Anteile, die sozusagen ihre eigenen Wege gehen, kann man sehr wohl ebenfalls aus dieser Stelle herauslesen. Dieser Punkt betrifft zentral das Leben eines Christen in der Heiligung.

Albträume im Sinne von Nightmares und von Nightterrors (Punkt 4.6) brauchen eine Begegnung mit dem verwandelnden und heilenden Christus. Jesus stellt sich nach Lukas 4,16–19 in seiner Antrittspredigt in der Synagoge in Nazareth mit Jesaja 61,1–2 vor: „Der Geist des Herrn ist auf mir, weil er mich gesalbt hat, zu verkündigen das Evangelium den Armen; er hat mich gesandt, zu predigen den Gefangenen, dass sie frei sein sollen, und den Blinden, dass sie sehen sollen, und den Zerschlagenen, dass sie frei und ledig sein sollen, zu verkündigen das Gnadenjahr des Herrn." Natürlich spricht Jesus hier nicht vom Umgang mit Träumen, aber es ist sicher berechtigt, diese Verheißung auch auf Menschen zu beziehen, die durch Albträume geplagt sind. Dabei gilt es vor dem Hintergrund des christlichen Glaubens genau hinzusehen, ob ein Traum mehr auf die anstehende Integration abgespaltener Anteile hinweist oder ob es bei traumatisierten Menschen um einen Heilungsweg geht. Auch hier besteht eine Verbindung zur Frage der Heilung und der Heiligung.

Unter Punkt 4.7 ging es um Autoregulation und Kompensation. Träume können eindrücklich in Symbolen und Traumszenen zeigen, wo der Träumer in seinem Denken und Leben zu einer Einseitigkeit und Unausgewogenheit neigt. Auch dieser Zusammenhang tangiert die Frage der Heiligung. Jesu Wille für die Seinen ist es, bei aller Entschlossenheit und Radikalität in seiner Nachfolge zu einem ausgewogenen Leben und damit zu einer dem Evangelium entsprechenden Ganzheit zu finden.

Kausalität und Finalität (Punkt 4.8) können durch den Bezug zum christlichen Glauben eine Korrektur oder auch Vertiefung erfahren: Wenn ein Träumer in seinen Träumen auf seine Prägung durch zurückliegende Zusammenhänge hingewiesen wird, so kann der Bezug zur Erlösung durch Jesus Christus eine neue Freiheit eröffnen, und damit ist auch hier die Heiligung ein Thema. Der Gesichtspunkt der im Traum angelegten Finalität kann durch den Bezug zum lebendigen Gott eine Vertiefung von seinem Willen her erhalten.

Um nicht missverstanden zu werden, möchte ich diese Bezüge zur Heiligung mit folgenden beiden Bemerkungen abschließen:

Zum einen ist der christliche Bezug psychologischer Umgangsweisen mit den Träumen nicht nur durch einzelne biblische Zitate aufzuweisen. Auch wenn verschiedene der oben angeführten Verweise auf die Abschnitte 4.1 bis 4.9 mit einzelnen biblischen Belegen in Verbindung gebracht wurden, so wird über biblische Einzelverse hinaus das, um mit Martin Luther zu sprechen, „was Christum treibet" bzw. was dem Zeugnis des dreieinigen Gottes entspricht, im Hinblick auf den Einsatz psychologischer Interventionen gesehen werden müssen. Es geht nicht um ein biblizistisches Begründen von psychologischen Einsichten. Wie wichtig diese Unterscheidung ist, wurde oben im Abschnitt 7.4.6 thematisiert.

Zum andern könnte nach dem soeben Gesagten der Eindruck entstehen, als würden psychologische Einsichten durch eine nachträgliche christliche Interpretation sozusagen mit einem christlichen Firnis überzogen. Das wäre ein Missverständnis. Seelsorge ist, entgegen der Aussage von Joachim Scharfenberg, nicht nur „Psychotherapie im kirchlichen Kontext". Heiligung ist zuerst ein Leben aus der erneuernden Beziehung zum Vater Jesu Christi. Ich verstehe hier das Einbeziehen psychologischer Interpretationsmethoden für die seelsorgliche Traumarbeit als ihre Fruchtbarmachung aus dem Vertrauen zu Gott heraus. Das äußere Erscheinungsbild der Traumarbeit mag sich durch diesen Gottesbezug zum Teil nicht viel vom säkularen Vollzug dieser Arbeit unterscheiden. Der Unterschied liegt jedoch darin, dass in der hier dargelegten seelsorglichen Traumarbeit bei aller gebotenen psychologischen Fachlichkeit mit dem lebendigen Wirken Gottes gerechnet wird und dass dies im praktischen Vollzug der Begleitung – wenn es angemessen erscheint – auch explizit angesprochen werden kann.

Den Abschnitt über die Heiligung abschließend, führe ich mehrere Träume an, die zum Teil ebenso kurz wie inhaltsreich sind. Sie betreffen alle zentral ein Leben in der Heiligung, auch wenn in der Symbolik kein unmittelbarer Bezug zu biblisch-christlichen Inhalten auftaucht. Eine Träumerin träumte:

Ich sehe einen großen Haufen von Schuhen. Von den dazugehörigen Menschen ist nichts mehr zu sehen.
Im Gespräch über diesen Traum ging es zunächst um die Frage, was die Träumerin mit dem Berg von Schuhen assoziierte. Es kam ihr die Erinnerung an Bilder aus den Vernichtungslagern des Dritten Reiches. Da sind auf Bildern aus den Konzentrationslagern auch immer wieder Haufen von Gegenständen zu sehen, die von umgebrachten Menschen stammen. Das Gespräch kreiste dann um die Frage, was ihr zu den Menschen einfiel, denen die Schuhe gehörten. Da zeigte sich die Träumerin plötzlich peinlich berührt: Sie äußerte als Bekenntnis, dass sie immer wieder negativ über abwesende Menschen gesprochen hatte. Die Leute, über die sie herzog, konnten sich nicht wehren, und damit beging sie Rufmord. Die Träumerin erlebte sich durch diesen Traum wie auf frischer Tat ertappt. Sie nahm diese Botschaft betroffen auf. Weil sie erkannte, dass sie mit der üblen Nachrede auch vor Gott schuldig wurde, tat sie Buße – ein konkreter Akt der Heiligung.

Eine andere Träumerin träumte während einer einwöchigen Auszeit:
Es ist ziemlich dunkel. Schattenhaft sehe ich einen riesigen Mann, der auf mich bedrohlich wirkt. Ich mache das Licht an und der riesige Mann schrumpft plötzlich zusammen; er wird ziemlich klein.
Das Gespräch über diesen Traum drehte sich zuerst um die Frage, an wen die Träumerin bei diesem Mann dachte. Sehr schnell kam sie in ihrer Assoziation auf ihren Ehemann. Sie erlebte ihn regelmäßig als dominant und überfahrend, sodass sie immer wieder vor ihm Angst hatte. Dabei kam sie sich ihm gegenüber ausgeliefert vor. Das weitere Gespräch drehte sich um die Frage, was der Gegensatz zwischen dunkel und hell in Verbindung mit übergroß und ziemlich klein im Traum ansprechen

könnte. Zuerst war sie bei dieser Frage ratlos. Dann äußerte die Begleiterin einen Einfall: Könnte es sein, dass die Dunkelheit für eine diffuse Sicht auf ihren Ehemann stand und die Helligkeit für einen realistisch klaren Blick auf ihren Mann? Das zündete. Es fiel ihr wie Schuppen von den Augen, dass sie durch ihre unterwürfige Haltung ihren Mann unbewusst auf ein Podest gestellt hatte. Bei Licht besehen zeigte sich hinter der äußeren Pseudostärke des Ehemanns ein kleines inneres Kind, das sich bei Dunkelheit zu einem übergroßen Mann aufbaute. Durch diese Einsicht wurde der Träumerin bewusst, dass sie ihrem Ehemann gegenüber zur Menschenfurcht neigte, die bei ihr zu einer unguten Unterwürfigkeit führte. Das wiederum führte dazu, dass sie sich in ihrer Einstellung und Position gegenüber ihrem Ehemann viel zu schnell infrage stellen ließ – ihr Umgang mit dieser Erkenntnis war ein wichtiger Schritt der Heiligung in ihrer Ehebeziehung.

Eine Träumerin erzählte:
Ich höre, dass meine Mutter gestorben ist. Sie liege in der Leichenhalle. Ich gehe dorthin. Die Leichenhalle ist ziemlich groß. Es liegen ziemlich viele Leichen drin. Teilweise sind sie sitzend. Ich gehe die Reihen entlang. Da erkenne ich meine Mutter. Ich gehe zu ihr hin. Erschreckt stelle ich fest, dass sie atmet. Sie lebt noch. Ich überlege, was ich jetzt machen muss. Bange frage ich mich: Wo soll ich die jetzt unterbringen? Ich habe zu Hause keinen Platz. Mein Mann ist in einiger Entfernung im Hintergrund. So kann ich ihn jetzt nicht fragen. Im Traum sage ich mir dann: Ich muss sie auch nicht unbedingt bei uns unterbringen.

„Entsetzt wache ich auf. Ich habe ein schlechtes Gewissen, dass ich über meine Mutter so gedacht habe wie im Traum. Eigentlich müsste ich sie doch aufnehmen."

Im Gespräch über diesen Traum fragte ich die Träumerin, was ihr selbst zum Traum einfalle. Zunächst sagte sie: „Ich kann überhaupt nichts damit anfangen." Und gleich danach: „So darf man doch nicht mit seiner Mutter, die im Sterben liegt, umgehen." Sie war spürbar davon bewegt, dass sie ihrer Mutter – genau genommen handelte es sich um ihre Stiefmutter, aber sie nannte sie Mutter – keinen Platz bei sich in der Wohnung schaffen wollte. Der Tod der Mutter lag zum Zeitpunkt des Traumes schon mehrere Jahre zurück. Wir sprachen darüber, dass die Mutter im Traum in ihr noch lebt. Die Träumerin hatte von ihr viele Verletzungen durch gesetzliche Frömmigkeit erfahren. So machte die Mutter der Träumerin permanent aus „frommen" Gründen ein schlechtes Gewissen. Diese Prägung hatte ihre Seele noch stark im Griff. Wir sprachen darüber, dass ihr Traum sie auf eine noch ausstehende Auseinandersetzung mit dem Mutterintrojekt wies.

In diesem Zusammenhang arbeiteten wir den Unterschied zwischen dem Verhalten ihres Traum-Ichs und des Wach-Ichs heraus: Im Traum gelang ihr die Abgrenzung schon besser als in der Realität. Sie sagte sich ja am Ende des Traums: „Ich muss sie auch nicht unbedingt bei uns unterbringen." Der Traum signalisierte ihr, dass sie sich auch im Wachbewusstsein guten Gewissens von ihrer Stiefmutter distanzieren durfte. Ich wies sie darauf hin, dass in ihr wohl eine unterschwellige Wut gegenüber ihrer Stiefmutter am Werk sei, die sie aber noch nicht anzuschauen wage. Das bestätigte sie, aber sie meinte, dass man doch als Christ nicht zornig auf seine Mutter sein dürfe. Darauf führte ich in unserem Gespräch die Unterscheidung zwischen der Mutter und dem Mutterintrojekt ein: Die reale Mutter ist schon gestorben – und sie war im Glauben gestorben. So ist Jesus Christus für sie verantwortlich. Aber die Mutter in ihr lebte noch und machte ihr immer wieder konkret das Leben schwer. Diese durfte guten Gewissens aus ihrer Seele hinausgeworfen werden. Und sie hatte, vom Traumbild her betrachtet, auch in keiner Weise mehr etwas in ihrer Wohnung zu suchen. Ich wies sie im Hinblick auf die Auseinandersetzung mit ihrer Wut der Mutter gegenüber auf Jesu Umgang mit den Pharisäern hin (z. B. Matthäus 23). Sie war herausgefordert, sich ihrer Wut ehrlich vor Jesus zu stellen, weil er ohnehin diese Wut in ihr kannte.

Unter dem Gesichtspunkt der Heiligung enthielt dieser Traum mehrere für die Träumerin relevante Themen:

– Sie war durch ihn herausgefordert, für sich zu klären, inwieweit sie wirklich von der Gnade geprägt war, die ihr, von ihrem Verstand her, sehr am Herzen lag bzw. nach der sie sich so sehr sehnte.

– Sie war außerdem herausgefordert, sich mit ihrer uneingestandenen Wut auseinanderzusetzen. Denn Wut war auch dann noch Wut, wenn sie im Unterbewussten agierte. Als uneingestandene Wut konnte sie mindestens genauso viel Unheil anrichten wie eine bewusste und fehlgeleitete Wut.

– Sie war schließlich herausgefordert, ihre Persönlichkeitsgrenzen zu klären. Ihre Mutter hatte sie immer wieder mit einer überfahrenden Frömmigkeit überschüttet. Das hatte sie, besonders durch ein permanent „fromm" geprägtes schlechtes Gewissen, bis in ihr erwachsenes Leben hinein daran gehindert, gesunde Grenzen gegenüber anderen zu ziehen. Sie tendierte dazu, sich ausnutzen zu lassen. Und wenn sie es einmal wagte, anderen ein „Nein" zu einer Anfrage zuzumuten, dann hatte sie über längere Zeit mit innerer Unruhe zu kämpfen, weil sich dann die hartnäckigen Bedenken des beunruhigten Gewissens meldeten.

Alle drei Herausforderungen betrafen zentral Punkte der Heiligung, die die Beziehung zu Gott und das Leben mit ihm tangierten. Letztlich ging es dabei um die Frage, wer wirklich Herr ihres Lebens war: Jesus Christus oder ihre (verstorbene!) Mutter. Ohne diesen Traum wäre das der Träumerin nicht so deutlich klar geworden.

Dass Träume dabei helfen können, transgenerationale Schuld zu erkennen und unter die Vergebung Jesu zu stellen, zeigt das folgende Beispiel:

Im November 2018 nahm die Träumerin des folgenden Traumes an einem Seminar zum Thema „Die Folgen des Dritten Reiches und die Kriegsfolgen" teil. Vier Tage nach dem Seminar hatte sie folgenden Traum:

Ich bin bei einem Arzt und will ihm meinen Bauch zeigen, da aus ihm eine Öffnung klafft, aus dem ein lebendiges Ferkel rausguckt bzw. dort gewachsen ist.

Dieser Traum war für die Träumerin so lebendig, dass ihr erster Blick nach dem Aufwachen zu ihrem Bauch ging, um zu klären, ob er zu oder offen war. Die Träumerin erklärte dazu: „Ich bin auf dem Bauernhof mit Schweinen aufgewachsen. Da habe ich aus unmittelbarer Anschauung Zucht und Mast, Geburt, Tötung und Verendung von Schweinen miterlebt. Aber da gab es noch einen anderen Zusammenhang: Als ich gezeugt wurde, war mein Vater glühender Nazi, und das blieb er bis zum Lebensende. Er war im Tötungssystem Hitlers integriert, wo sie Juden als „Schweine" betrachteten und umbrachten. Die Nazis waren in ihrer Gottlosigkeit und dämonischen Verwirrung selbst Schweine, Terroristen und Mörder. Das habe ich bekannt und Gott um Vergebung gebeten an diesem Wochenende. Dadurch musste Verwirrung, Dreck – das ‚Ferkel'– raus aus mir; ich will ja als Kind Gottes leben. Diese Zusammenhänge zeigten sich mir durch meinen Traum. Für mich war er eine logische Auswirkung des Seminars, bei dem ich Buße tat über die Sünde meines Vaters im Dritten Reich bzw. durch die Hitler-Nachfolge."

Folgenden Traum brachte eine Katholikin in einem Gespräch ein:
Ich sehe Papst Franziskus als zwölfjährigen Jungen. Er ist dabei, das Stellen von Weichen zu lernen. Zuerst hat er ziemlich viel

Mühe damit. Aber zum Ende des Traumes hin klappt es schon ziemlich gut.

Ich fragte die Träumerin, welche Assoziationen sie zu Papst Franziskus habe. Sie fand ihn sympathisch, authentisch und liebevoll zugewandt. Außerdem fügte sie noch hinzu, dass der Papst ja eine sehr große Verantwortung trage. Dann fragte ich die Träumerin, was ihr zum erwähnten Alter einfalle. Sie erinnerte sich daran, dass sie sich mit zwölf schon ziemlich kompetent gefühlt habe. In diesem Alter sei sie bereits zur Kommunion zugelassen worden; das sei zum damaligen Zeitpunkt ziemlich früh gewesen. Wir kamen im Gespräch darauf, dass sie auf der einen Seite als Kind stolz darauf war, schon so früh die Kommunion feiern zu dürfen. Aber auf der anderen Seite wurde sie entsprechend früh herausgefordert, Verantwortung wie eine junge Erwachsene übernehmen zu sollen. Zu Beginn des Traumes war der Zwölfjährige mit dem Stellen der Weichen überfordert, aber am Ende des Traumes ging es damit schon ganz gut. Zu „Weichen stellen" fiel der Träumerin ein: eine wichtige für die Zukunft entscheidende Entscheidung fällen. Im Gespräch kamen wir darauf, dass die frühe Übernahme von Verantwortung einen hohen Preis für sie gehabt habe. Sie war damit überfordert gewesen und lebte bis in ihr Erwachsenenalter hinein in einer tendenziellen Überanspannung.

Sie befand sich in der Gegenwart in einer Phase, in der es für sie auch darum ging, Weichen in ihrem Leben zu stellen. Der Traum zeigte ihr auf der einen Seite ihre Kompetenz, Verantwortung für sich zu übernehmen. Auf der anderen Seite machte er ihr ihre Überforderungsgefühle und die „Überforderungsfalle" deutlich, die sie seit ihrer Kindheit begleitete. Unter dem Gesichtspunkt der Heiligung legte dieser Traum ihr die Frage vor: Wie ist es angesichts deiner Überforderungsgefühle und der mit ihnen verbundenen „Überforderungsfalle" um dein Vertrauen zu Gott bestellt? Die Papstseite in ihr wartete darauf, entspannen zu dürfen und von diesen destruktiven Verhaltensmustern befreit zu werden.

Mir selbst wurde während einer dreiwöchigen Intensivseelsorgegruppe im Jahr 2004 in einem Traum auf eindrückliche Weise die Dimension der Heiligung deutlich. Ich träumte:
Vor mir sehe ich eine alte, baufällige Kirchenmauer mit gotischen Fenstern. Sie sieht beeindruckend groß aus. Plötzlich stürzt sie mit einem den Boden erschütternden Stoß ein. Ich habe im Traum diese Erschütterung geradezu physisch gespürt. Im nächsten Augenblick steht ein im Bau befindliches neues Gebäude da, das bis zum ersten Stockwerk und einem Teil des zweiten Stockwerks aufgebaut ist.

Im Gespräch über diesen Traum wurde mir deutlich, dass die baufällige Kirchenmauer mit gotischen Fenstern für meine religiöse Prägung von meinem Vater her stand. Er liebte romanische und gotische Kirchen. Sie machen als Bauwerke einen festen, unerschütterlichen Eindruck. So massiv wie die Bauwerke, so massiv war ich auch von seinen Vorstellungen und Bewertungen geprägt. In der dreiwöchigen Intensivseelsorgegruppe setzte ich mich intensiv mit dieser Prägung väterlicherseits auseinander. Ich kam in inneren Heilungsprozessen an tief sitzende Wut und Trauer über gut gemeinte religiöse Prägungen heran, die aber zum Teil durch erzieherische Gewalt mit massiven Verletzungen verbunden waren. Diese Prozesse hatten mich die heilende Liebe Gottes neu erleben lassen. Es war so, als ob alte, noch vereiterte Wunden sich in Jesu Gegenwart öffnen und der Eiter abfließen würde. Das hatte ich als einen meine Seele aufbauenden Prozess erlebt. Im Traum stürzte die alte Mauer ein. Ihren erschütternden Aufprall habe ich noch heute in meiner Seele kinästhetisch (im Körperempfinden verankert) präsent.

Im nächsten Augenblick war im Traum ein Neubau bis zum zweiten Stock sichtbar. Das war ein deutliches Bild für den

Verwandlungsprozess, der in meiner Seele im Zuge der Verarbeitung alter Gefühlsprägungen im Gang war.

Heiligung ist ein Prozess der Verwandlung, der unter der Gnade Gottes geschieht. Mein Traum meldete mir in diesem Sinn die im Prozess befindliche Verwandlung meiner Seele zurück, die in den geistlich-seelsorglichen Prozessen im Laufe der damaligen Seelsorgegruppe im Gang war. Zugleich drückte das Symbol des noch im Bau befindlichen Neubaus aus, dass dieser Prozess noch weitergehen sollte. Bei Luther findet sich der tiefsinnige Gedanke, dass unser neues Sein „im Werden" begriffen ist. Genauso fühlten sich diese Prozesse damals für mich an.

7.6 Prospektive und präkognitive Träume in Unterscheidung zu prophetischen Träumen

Immer wieder wird die Frage gestellt: Gibt es prophetische Träume? Die Antwort darauf ist eindeutig: Ja, es gibt sie. Zugleich ist dazu zu bemerken, dass eine Verständigung darüber notwendig ist, was *prophetisch* in diesem Zusammenhang genau bedeutet. Dabei ist eine Differenzierung zwischen prophetischen Träumen auf der einen und prospektiven und präkognitiven Träumen auf der anderen Seite sinnvoll. Um das Bedeutungsspektrum prophetischer Träume abzustecken, beginne ich mit zwei in ihrer Art deutlich unterschiedlichen Beispielträumen.

Den ersten hat der Chinese, der Bruder Yun genannt wird, empfangen. Er erlebte in seinem Heimatland grausame Verfolgung. Zum Ende seiner Zeit in China hatte er folgenden Traum, der für ihn eindeutig prophetischen Charakter hatte:

„In einem Traum sagte Gott zu mir: *Ich werde Dich an einen neuen Ort senden. Du wirst von der Sprache dieser Menschen kein einziges Wort verstehen, und Du wirst viele fremde Gesichter sehen, aber gehorche meinem Auftrag: ‚Geh und wecke diese Menschen auf!'*

Kurze Zeit später schickte mir der Herr einen tapferen Mit-
christen, der mir half, China zu verlassen. Seitdem verkündige
ich das Evangelium im Süden und in der gesamten westlichen
Welt, wie es der Herr mir angekündigt hat."[146]

Als zweiten Beispieltraum bringe ich den Traum von einer Träumerin, der ihr zunächst ziemlich unverständlich erschien, sich
ihr aber dann als Gottes Reden erschloss. Das Gespräch über
diesen Traum war eingebettet in ein Gespräch über ihr gegen-
wärtiges Befinden. Sie sagte, dass sie sich in letzter Zeit immer
wieder traurig und leer empfinde. Sie könne keine konkreten
Gründe für diese Gefühle nennen, weil es ihr von den äußeren
Bedingungen eigentlich gut gehe. Ich machte ihr Mut, dieser
Leere und Traurigkeit nachzugehen. Sie meinte darauf, dass ihr
das schwerfalle. Sie könne eigentlich ihre Gefühle nicht richtig
wahrnehmen. Dann ließ sie beinahe beiläufig einfließen: „Übrigens, ich hatte da kürzlich einen Traum. Können wir darüber
sprechen?" Sie erzählte:

*Es ist ziemlich spät am Abend und so dunkel, dass ich nur
Umrisse von Köpfen sehe. Mit anderen gehe ich dann im fast
Dunkeln über einen Friedhof, auf dem man mehrere eingefal-
lene Gräber sieht. Beim genaueren Hinsehen merke ich, dass
die Gräber offen sind. Ich beschwere mich darüber, dass die
Gräber offen sind.*

Im Gespräch über diesen Traum griffen wir das Bild vom
Dunkel auf; ihre Seele war offenbar im Dunkeln. Es fiel ihr dazu
ein, dass sie mehr Klarheit darüber haben wolle, was in ihrem
Inneren vor sich gehe und wofür sie da sei. Dann kamen wir
auf die Leichen zu sprechen. Ich schlug ihr vor, sich der Seite
in ihr, die durch die Leichen im Traum symbolisiert wurde,
gegenüberzusetzen. Das befremdete sie zunächst, aber nach an-
fänglichem Widerstand war sie bereit, sich darauf einzulassen.

Um keine Missverständnisse aufkommen zu lassen, sei hier eingeschoben, dass es bei dieser Intervention nicht um eine Totenbeschwörung ging, die nach biblischem Zeugnis, z. B. in 1. Samuel 28,3 ff., nicht zum Jahweglauben passt. Vielmehr berührte sie die subjektstufige Deutung des Traumes, nach der die Gräber und die Toten in ihrem Traum Anteile ihrer Seele sind, die darauf warten, zum Leben erweckt zu werden.

Das Gespräch lief etwa so ab:

Träumerin (T.): „Wieso seid ihr da?"

Leichenseite (L.): „Wir sind übersehen worden. Uns hat niemand geliebt und niemand hat auf uns geachtet."

T.: „Es muss sich wohl jemand um euch kümmern."

L.: „Du vernachlässigst uns genauso."

T.: „Ich glaube schon, dass ihr Zuwendung braucht, aber irgendwie mag ich euch nicht."

L.: „Du könntest dich doch um uns kümmern."

T.: „Ja, aber ihr seid mir irgendwie so fremd."

In dieser Phase kam der Dialog ins Stocken. Wir sprachen darüber, dass hier ihr Problem liege. Auf der einen Seite wollte sie weiterkommen, aber auf der anderen Seite waren ihr diese Leichengefühle und -anteile fremd und die Auseinandersetzung mit ihnen war mühsam. Wir sprachen auch darüber, dass ihr diese für sie wichtige Zuwendung zu sich selbst und ihren Gefühlen nicht durch Jesus abgenommen wird. Da hatte sie ein Aha-Erlebnis: „Ich habe vor Jahren mein Leben Jesus anvertraut. Meine ‚Leichengefühle' sind da offenbar noch nicht wirklich mitgekommen. Peinlich, das ist jetzt offenbar für mich dran. Begeistert bin ich zwar nicht, aber ich ahne, dass das jetzt für mich wichtig ist. Ich brauche dafür Jesus an meiner Seite."

Die so verstandene Traumbotschaft hatte für sie eine prophetische Dimension: Gott hat Interesse an ihren Leichengefühlen und will ihnen zum Leben verhelfen. Und er forderte sie auf, sich auf diesen Prozess einzulassen.

Vor dem Hintergrund der Beispielträume erhebt sich die Frage: Was ist ein prophetischer Traum? Landläufig kommt auf diese Frage die Antwort: Ein prophetischer Traum ist einer, der in die Zukunft weist. Der erste Beispieltraum könnte als Bestätigung für diese Sicht verstanden werden. Aus meiner Erfahrung in über dreieinhalb Jahrzehnten eigener Traumbeobachtung und in über zwanzigjähriger Einzelbegleitung bzw. Begleitung von Seelsorgegruppen kann ich sagen, dass solche Träume alles andere als häufig sind. Eine Fokussierung auf solche Träume würde deshalb bei der Deutung von Träumen leicht durch eine unangemessene Verengung in eine Sackgasse führen. Bevor wir auf eine Verständigung über das zugehen, was prophetische Träume auszeichnet, soll hier kurz auf prospektive und präkognitive Träume eingegangen werden.

7.6.1 Prospektive Träume

Wir haben diese Thematik bereits unter Abschnitt 4.8 in Verbindung mit dem finalen Aspekt von Träumen angesprochen; darauf kann jetzt zurückgegriffen werden. Finalität und Prospektivität richten beide vom Traum her den Blick auf die Zukunft des Träumers. Die vorausblickende Funktion der Träume besteht darin, Lösungen für die Zukunft zu finden. Pedro Meseguer erläutert diese Funktion des Unbewussten folgendermaßen: „Das Unbewusste setzt, wenn es in die Zukunft schaut, nur das Werk des Bewussten fort, und beide erfüllen bloß eine der ursprünglichen Funktionen des Lebens: Teleologie." [147] Anders gefasst, stellen prospektive Träume ein Vorauskombinieren von Wahrscheinlichkeiten dar. Diese Kombinationen können dann mit konkreten Erfahrungen zusammentreffen. Dass dieses Phänomen nichts mit prophetischen Träumen zu tun hat, betont unmissverständlich Verena Kast unter Berufung auf C.G. Jung: „Geschieht dies (das Zusammentreffen von Vorauskombinationen und konkreten Erfahrungen), spricht man leicht von ‚prophetischen' Träumen.

Dagegen verwahrt sich Jung: ‚Sie sind ebenso wenig prophetisch wie eine … Wetterprognose.' Und zwar eine Wetterprognose um 1930!"[148] Man wird gut daran tun, die prospektive Funktion der Träume, auch wenn sie hilfreich ist, weder psychologisch noch geistlich zu überhöhen. Sicher kann sich Gott dieser Fähigkeit des Unbewussten bedienen, aber es wäre unangemessen, den prospektiv gedeuteten Traum an die Stelle ‚Gottes' zu setzen und sie vorschnell als prophetisch zu qualifizieren. Einer Überbewertung der prospektiven Funktion hält Kast entgegen: „Dem Unbewussten gegenüber braucht es die bewusste Kontrolle." [149] Die prospektive Funktion von Träumen gehört zu den geschöpflichen Fähigkeiten des Menschen, die der Heilige Geist in seinen Dienst nehmen und für die psychologische Entwicklung des Träumers fruchtbar machen kann.

7.6.2 Präkognitive Träume

Solche Träume, die auch Wahrträume genannt werden, haben Inhalte, die in mehr oder weniger naher Zukunft tatsächlich eintreffen. Brigitte Holzinger, die sich intensiv mit Träumen befasst, weist darauf hin, dass präkognitive Träume in unserer Kultur reichlich vorkommen. Ich gebe hier ihre differenzierte Zusammenfassung zu diesen Träumen wieder:

„Es vergeht kaum ein Tag, an dem mir nicht jemand einen Wahrtraum schreibt oder erzählt. Die Leute schreiben sie, weil sie nicht wissen, wie sie sie einordnen sollen, denn offiziell gibt es solche Träume in unserer Kultur nicht! Manche sind sehr aufgewühlt und sogar verstört, denn wenn man z. B. träumt, dass jemand stirbt, und er stirbt dann auch tatsächlich, ist das sehr verwirrend. Eine junge Frau etwa, die geträumt hatte, dass ihr völlig vitaler Vater von einem herunterfallenden Balken in seiner Werkstatt erschlagen wird, und der dann tatsächlich drei Monate später so zu Ende gekommen ist, ist völlig erschüttert, denn wie sie meint, hätte sie den Tod des Vaters vielleicht verhindern können, wenn sie dem Traum eine andere Wendung hätte geben können. Für viele Menschen sind diese Träume sehr belastend. Ich möchte nicht weiter auf präkognitive Träume eingehen, denn ich habe selbst keine Erklärung dafür. Ich möchte sie an dieser Stelle würdigen und vor allem auch alle Träumer, die solche Träume erlebt haben oder erleben, würdigen und ihnen mitteilen, dass sie diese Erlebnisse mit vielen anderen Menschen teilen. Am Institut für Grenzgebiete der Psychologie und Psychohygiene in Freiburg liegen Hunderte solcher Träume und warten darauf, erforscht zu werden. Eine Schwierigkeit ist, dass man ja immer nur retrospektiv einen Traum präkognitiv nennen kann, kaum jemand erkennt einen präkognitiven Traum, bevor das Ergebnis eingetroffen ist." [150]

Präkognitive Träume rufen nach der Unterscheidung der Geister. Ich gehe davon aus, dass Gott der Vater durch Jesus Christus unser Heil will. Auch wenn sich derartige Träume weder pauschal als prophetisch noch als okkult einstufen lassen, sind bei ihrem gehäuftem Auftreten okkulte Zusammenhänge als möglich in den Blick zu nehmen. Wenn mir Ratsuchende von derartigen Träumen erzählen, schlage ich ihnen vor, diese Fähigkeit, präkognitiv zu träumen, bewusst im Gebet unter die Herrschaft Jesu zu stellen. Dabei empfehle ich zweierlei: Zum einen weise ich sie auf die Möglichkeit hin, das eigene Leben mit dieser Fähigkeit bewusst unter das Kreuz zu stellen, weil dort die Macht der Finsternis durch den Tod und die Auferstehung überwunden wurde. Zum anderen rate ich ihnen, diese Fähigkeit bewusst an Gott zurückzugeben mit der Bitte an ihn, nur das zurückzuerhalten, was zu ihm und seinem Reich passt. Für den aktuellen Abschnitt mit dem Schwerpunkt prophetische Träume ist die Beschäftigung mit präkognitiven Träumen eher zweitrangig, weil bei dieser Art von Träumen der Bezug auf den lebendigen Gott letztlich fehlt. Davon wird im nächsten Abschnitt bei den prophetischen Träumen die Rede sein, wo dieser Bezug zentral ist.

Als Beispiel erwähne ich einen präkognitiven Traum, den die Träumerin nach dem Eintreffen der Katastrophe erzählte. Sie träumte ihn etwa zwei Wochen vorher. Der Traum war sehr kurz: *Ein Flugzeug auf dem Flug nach Düsseldorf stürzt in den Bergen ab.*

Zum Hintergrund des Absturzes[151]: Am 24. März 2015 war ein Linienflugzeug (Flug 9525) der Fluggesellschaft Germanwings von Barcelona nach Düsseldorf unterwegs. An diesem Tag zerschellte das Flugzeug im südfranzösischen Departement Alpes-de-Haute-Provence. Alle 150 Insassen kamen dabei ums Leben. Die Untersuchung dieser Flugzeugkatastrophe ergab, dass sich der psychisch kranke Copilot im Cockpit eingeschlossen und das Flugzeug absichtlich zum Absturz gebracht hatte.

Als die Träumerin mir diesen Traum erzählte, sagte sie spürbar bewegt: „Als ich morgens aufwachte, wusste ich, dass eine schlimme Katastrophe eintreffen würde. Ich habe spontan angefangen zu beten." Ich fragte dann die Träumerin, ob sie irgendeinen Bezug zu Düsseldorf habe. Das verneinte sie. Weiter fragte ich sie, ob sie Bekannte oder Verwandte habe, die mit den verunglückten Passagieren verwandt oder bekannt seien. All das verneinte sie.

Für diesen Traum trifft das typische Merkmal Brigitte Holzingers zu, dass von solchen Träumen im Rückblick gesprochen wird. Das ist sicher eine Grenze für die Beurteilung ihrer Authentizität. Ich hatte bei der Art, wie die Träumerin von ihrem Traum erzählte, keinen sensationshungrigen Eindruck; sie erzählte sehr nüchtern, eher betroffen, von ihrer Erfahrung. Als Christin ist sie meines Erachtens mit diesem Traum geistlich angemessen umgegangen, indem sie ihre Beunruhigung zum Gebet gemacht hat.

Bei diesem Traum müssen verschiedene Fragen offenbleiben: Welche „Funktion" hatte er? Er betraf ja nicht unmittelbar das Leben der Träumerin. Sie konnte auch durch diesen Traum nichts an der Katastrophe ändern. Welchen Sinn ihr Gebet für die Verunglückten hatte, wird in dieser Weltzeit nicht zu beantworten sein. Die Abgrenzung von einem prophetischen Traum, wie er im nächsten Abschnitt bedacht wird, ist nicht einfach: Die Frage der Adressaten des Traumes und des Heilsbezugs ist letztlich nicht zu beantworten. Aber es ist nicht zu bestreiten, trotz der offenen Fragen, dass das Phänomen des präkognitiven Traumes, des Klartraumes, existiert.

7.6.3 Prophetische Träume

Die letzten beiden Abschnitte haben gezeigt, dass Träume manche die Zukunft betreffende Aspekte enthalten können und trotzdem nichts mit prophetischen Träumen zu tun haben müssen. Diese Beobachtung zeigt bereits, dass das spezifisch Prophetische eines solchen Traums nicht an einem die Zukunft vorhersagenden Aspekt festzumachen ist. Um als prophetisch eingeordnet werden zu können, scheinen mir bei Träumen drei Komponenten von grundlegender Bedeutung zu sein:

– Die erste Komponente hat mit der Frage des Adressaten oder der Adressatengruppe zu tun. Prophetische Rede ist adressierte Rede; dasselbe gilt für prophetische Träume. Manchmal kann es vorkommen, dass ein Traum einer versammelten Gemeinschaft mitgeteilt wird und einige Personen, die ihn hören, davon existenziell betroffen sind. Der Träumer ist herausgefordert, gegebenenfalls mit anderen Christinnen und Christen zu klären, ob sein Traum nicht zuerst ihm selbst, sondern anderen Menschen gilt.

– Die zweite Komponente betrifft die Erfahrung des Redens Gottes durch den Traum. Wie ein Prophet nicht ein „Vorhersager" Gottes, sondern ein „Hervorsager" seines Willens ist, gilt Entsprechendes auch für einen prophetischen Traum: Im Kern beinhaltet ein solcher Traum die Ansage des Willens Gottes für einen Träumer, einen anderen Adressaten oder gegebenenfalls für einen Adressatenkreis, der mit der Botschaft eines solchen

Traumes angesprochen werden soll. Hier kommt noch einmal die Thematik zur Sprache, die unter dem Abschnitt 5.1 mit dem Stichwort „Subjektivität" bei den Deutungshilfen für den Umgang mit Träumen erwähnt wurde. Streng genommen kann nur der Träumer selbst (oder eine andere Person bzw. ein Adressatenkreis), der sich von einem Traum angesprochen weiß, feststellen: Das ist für mich ein prophetischer Traum, weil ich in ihm Gottes Reden an mich erkenne. Diese Qualifizierung ist eine Deutung, die sich aus der Evidenzerfahrung des Glaubens in von einem solchen Traum Betroffenen ergibt. Daraus folgt, dass ein als prophetisch qualifizierter Traum niemals ein Gottesbeweis sein kann; er kann ja nur aus der Innenperspektive des von ihm Angesprochenen heraus als prophetisch verstanden werden und ist auch dann noch seiner Subjektivität unterstellt. Diese gegebene Subjektivität tut der geistlichen Qualität eines als prophetisch erlebten Traumes keinen Abbruch. Mit dieser Subjektivität ist aber zugleich gegeben, dass ein prophetischer Traum nicht als solcher gehört werden kann, wenn ein möglicher Adressat den Traum mit mangelnder innerer Offenheit hört.

Die Subjektivität eines prophetischen Traumes lässt sich am zweiten Beispieltraum – mit dem Gang über den Friedhof – veranschaulichen: Für die Träumerin hatte der Traum etwas Prophetisches, weil sie in ihm das Reden Gottes erkannte, das ihr Entscheidendes bezüglich ihrer Einstellung zu ihren Gefühlen nahebrachte.

– Die dritte Komponente betrifft den Kairos eines Traumes: Der Kairos ist die Gotteszeit, der richtige Augenblick, in der der Traum seine Botschaft entfaltet. Hier geht es um das richtige Wort (Gottes) zur richtigen Zeit. Freilich muss dazu gesagt werden, dass dieser Kairos nicht immer leicht zu durchschauen ist. Wie bei präkognitiven Träumen ist häufig erst im Rückblick zu erkennen, dass einem Träumer ein prophetischer Traum genau zum rechten Augenblick zuteilwurde.

Auch diese Komponente finden wir im zweiten Beispieltraum: Die Träumerin hatte im zeitlichen Umfeld ihres Traumes mit Gefühlen der Leere und der Traurigkeit zu tun. Nun brachte ihr der Traum genau zur richtigen Zeit die Botschaft nahe, dass sie sich um ihre Leichengefühle kümmern sollte, damit sie zum Leben kommen und dass sie Gott auf diesem Weg miteinbeziehen kann. Der richtige Zeitpunkt hatte für sie etwas Prophetisches, indem der Traum ihr half, aus ihrer Leere und Traurigkeit herauszukommen.

Bei manchen Träumen ist es angemessener, nicht von einem prophetischen Traum zu sprechen, sondern von einer prophetischen Dimension, weil das konkrete Reden Gottes nicht selten unter einem psychologischen Gewand geschieht. Darauf weist der Psychotherapeut mit dem Schwerpunkt Logotherapie, Uwe Böschemeyer, hin, indem er auf C.G. Jung zurückgreift. Professor Böschemeyer sagt, dass Träume „nicht nur eine Brücke zwischen dem Bewussten und dem Unbewussten (sind), sondern auch zwischen der Immanenz und der Transzendenz, d. h.: Manchmal sind Träume auch ‚somnia a deo missa' (C.G. Jung), von Gott gesandte Träume." [152] Gott kann dem Träumer durch Träume, die auch auf psychologischer Ebene einen tiefen existenziellen Sinn machen, prophetische Anstöße und Einsichten schenken, die für den Träumer zur direkten Ansprache Gottes werden.

Heinrich Christian Rust befasst sich in seinem Buch „Prophetisch leben – prophetisch dienen" mit prophetischen Träumen. Als Mann der Praxis in der Gemeindeleitung liegt ihm daran, prophetische Träume in der Gemeindepraxis fruchtbar werden zu lassen. Er denkt bei dieser Art von Träumen an eine Gabe Gottes: „Es gibt Personen, bei denen die Sensibilität für diesen Bereich (den der prophetischen Träume und Visionen) ausgeprägter ist als bei anderen. Manchmal werden sie als ‚Träumer' belächelt (1. Mose 37,19)." [153] Rust macht Mut, sich für die Möglichkeit zu öffnen, prophetische Träume zu empfangen: „Gott liebt es, mit seinen Kindern in vertrauter Weise zu kommunizieren. Er will uns mit seinen Augen leiten (Psalm 34,8). Im Schlaf kann Gott das sehr eindrücklich tun. ... In diesem nächtlichen Vorgang der Neusortierung des Lebens durch Träume meldet sich auch der Geist Gottes zu Wort. Es wäre geradezu verwunderlich, wenn Träume nicht auch als Offenbarungswege vom Heiligen Geist genutzt würden."[154] Aber Rust warnt zugleich davor anzunehmen, dass Menschen mit prophetischer Begabung selbstverständlich nur Träume mit prophetischem Charakter hätten: „Es ist völlig unrealistisch, davon auszugehen, dass nun alle Träume im Leben eines prophetisch orientierten Christen auch Offenbarungscharakter haben. ... Träume sind kein ,Ausweis' für Propheten! Alle Träume können bei sorgfältiger Analyse zwar dienlich sein, wenn ich mein Leben besser verstehen lernen möchte. Jedoch nur vereinzelte Träume stellen eine Begegnung mit Gott mit seiner Wirklichkeit dar. In solchen Fällen können wir von prophetischen Träumen sprechen."[155] Prophetische Träume öffnen den Blick für Gottes Möglichkeiten. Sie enthalten immer wieder Wegweisung für eine konkrete Situation und den nächsten Wegabschnitt. Sie können auch eine in die Wahrheit führende und in diesem Sinne überführende Ausrichtung haben.

Am Ende der theoretischen Ausführungen zu prophetischen Träumen soll ein Hinweis von Ira Milligan stehen, der zu einem verantwortlichen Umgang mit Träumen ruft, denen eine prophetische Dimension zugesprochen wird: „Informationen oder Anweisungen, die wir durch Träume erhalten, sollten auf andere Weise bestätigt werden, bevor wir danach handeln."[156] Das heißt in der Praxis, dass der Träumer seinen Traum, den er für prophetisch hält, zusammen mit reifen Christinnen und Christen betrachtet. Dadurch kann einem unbedachten Umgang mit ihnen vorgebeugt werden. Das zeigt sich exemplarisch im nächsten Traumbeispiel.

Der jetzt wiedergegebene Traum wurde von der Vorsitzenden des Kirchengemeinderates der Apostel-Petrus-Gemeinde im Märkischen Viertel in Berlin geträumt. Während ihrer Amtszeit wurde mehr und mehr dringlich, das 50 Jahre alte, energetisch ineffiziente Gemeindehaus mit Kita, Familienzentrum und Café grundlegend zu sanieren und umzubauen. Der Architekt erarbeitete einen Entwurf, dessen Kosten sich auf 1,5 Millionen Euro beliefen. Die Gemeinde erhielt erste Zusagen für Fördermittel aus verschiedenen Quellen. Aber dann kam eine herbe Ernüchterung, die das ganze Projekt grundsätzlich infrage stellte. Der Antrag für die Kita-Fördermittel wurde abgelehnt – weil er als zu teuer eingestuft wurde. Die Gemeindeleitung war sehr deprimiert, weil sie die Kita so gerne erweitern wollte und der Bedarf an Kita-Plätzen enorm hoch war. Die Leiterin des Kirchengemeinderates lud Politiker ein in der Hoffnung, Unterstützer zu finden. Sie konnten ihr jedoch nicht weiterhelfen. Am Abend nach dem Besuch der Politiker in der Gemeinde ging die Vorsitzende des Kirchengemeinderates niedergeschlagen ins Bett. In der Nacht hatte sie folgenden Traum:

Ich sah unser Gemeindehaus. An einer Stelle, an der gar keine bauliche Veränderung geplant war, sah ich einen wunderschönen, lichtdurchfluteten, wintergartenähnlichen Anbau. Gebäudeschenkel des bisherigen bestehenden Baus waren mit einer neuen Decke überspannt. Kinder rannten in diesem neu entstandenen Raum herum.

Die Träumerin wachte aufgeregt auf und konnte sich an jedes Detail des geträumten Raumes erinnern. Wenige Stunden später rief sie den Architekten der Gemeinde an und beschrieb ihm die neue Idee, die ihr der Traum gezeigt hatte. Er versprach alles zu prüfen, und eine Woche später lag der Entwurf zum neuen Wintergartenraum auf dem Tisch, der genau dem entsprach, was die Träumerin geträumt hatte. Somit war eine Lösung für die neue Kita gefunden, die innerhalb des finanziellen Rahmens lag und 75 neue Kita-Plätze vorsah. Der Kirchengemeinderat stellte einen neuen Förderantrag und bekam aufgrund des veränderten Bauplans tatsächlich die benötigten Bundes- und Landesmittel aus dem Kita-Ausbauprogramm! Sie beendet ihren Bericht mit der Bemerkung: „Gott hatte durch diesen Traum spürbar eingegriffen und die Wende herbeigeführt." So weit der Bericht der Vorsitzenden des Kirchengemeinderates. Sehen wir uns diesen Traumbericht und den deutenden Umgang mit ihm an:

Wie bei allen prophetischen Träumen gibt es im Hinblick auf die Deutung eine Außen- und eine Innenperspektive. Von der Außenperspektive her kann man von der Dimension des Glaubens absehen und feststellen: Die Seele der Träumerin hat mehr und tiefer gesehen als ihr Wachbewusstsein. Die Kreativität ihres Unbewussten hat die beiden Mauern des bestehenden Gebäudes wahrgenommen und genial kombiniert. Ein solcher Traum lässt sich rein innerpsychisch begreifen. Hier wird noch einmal deutlich, was oben bereits erwähnt wurde: Prophetische Träume sind kein Gottesbeweis; sie lassen sich, aus der Außenperspektive betrachtet, innermenschlich deuten.

Aber da gibt es bei diesem prophetischen Traum auch die Innenperspektive: Dazu gehört die bewusst geistliche Gestaltung der Leitungsverantwortung dieses Kirchengemeinderates. Dieses Gremium trifft sich regelmäßig dreimal im Monat zu Sitzungen. Eine Sitzung ist dem hörenden Beten gewidmet, eine zweite Fragen des Gemeindeaufbaus und eine dritte den administrativen Aufgaben in der Gemeinde. In diesen Kontext gehörte auch das intensive gemeinsame und persönliche Gebet um eine Lösung für den Umbau des Gemeindehauses. Es ist vor diesem Hintergrund naheliegend, den geschilderten Traum als Gebetserhörung zu sehen.

Zur Innenperspektive gehören auch die drei oben erwähnten Komponenten, die für prophetische Träume typisch sind:

Der Adressatenkreis des Traumes war klar: Zu ihm gehörte nicht nur die Träumende selbst, sondern auch der Kirchengemeinderat und letztlich die ganze betroffene Gemeinde. Die Träumerin hat diesen Traum zusammen mit dem Kirchengemeinderat als deutliches Reden Gottes erlebt. Sie hatte den Traum in sämtlichen Details sehr intensiv vor Augen und war von ihm geradezu erregt.

Der Kairos war überwältigend: In dem Augenblick, als das Umbauprojekt des Gemeindehauses gestorben zu sein schien, tat sich von völlig unerwarteter Seite durch diesen Traum die Lösung für das Problem auf.

Beim Umgang mit ihrem Traum hat sie das Gespräch mit dem Kirchengemeinderat und mit dem Architekten der Gemeinde gesucht. Dieses Gespräch hat ihr bestätigt, dass dieser Traum wirklich als prophetisch bezeichnet werden konnte.

Auch Warnträume können eine prophetische Dimension beinhalten. Eine Träumerin hat in der Nacht vor einem Besuch bei einer sich christlichen gebenden Gemeinschaft, die sich jedoch als Sekte entpuppte, folgenden Traum:

Ich träume von einem Kardinal und einem Bischof, die mir beide eine Hostie in den Mund zwingen. Es heißt, das diene dazu, dass die Toten zum Leben finden.

Die Träumerin, die schon seit längerer Zeit auf ihre Träume achtete und im Umgang mit ihnen einige Erfahrung gesammelt hatte, versuchte nach dem Aufwachen ihrem Traum subjektstufig einen Sinn abzugewinnen. Aber auf diesem Weg konnte sie zu keiner ihr stimmig erscheinenden Deutung finden. In unserem Gespräch fragte ich sie, ob es sein könne, dass sie sich in Fragen des christlichen Glaubens immer wieder unter Druck setze. Diese Rückfrage löste bei ihr keine Resonanz aus, weil sie für sich keine Gefahr sah, den christlichen Glauben gesetzlich zu leben.

Dann kamen wir auf die Möglichkeit zu sprechen, den Traum objektstufig zu deuten. Es fiel ihr wie Schuppen von den Augen. Eine solche Deutung war für sie stimmig: In der Begegnung mit den Vertretern dieser Sekte erlebte die Träumerin viel Druck, der in religiösem Gewand auf sie ausgeübt wurde. Ihr wurde immer wieder von den Sektenmitgliedern im Hinblick auf den Leiter eingehämmert: „Du musst auf ihn hören! Du musst auf ihn hören!" Sie sollte im Grunde genommen dem zustimmen, was der Leiter dieser internationalen Gruppierung ihr vorlegte und was dessen Adjutanten ihr in seinem Gefolge vorschreiben wollten. Sie hatte den Zwang deutlich gespürt. Den Kardinal und den Bischof konnte sie auf den Leiter der Sekte und seinen Stellvertreter beziehen, die beide bei der Begegnung der Träumerin mit der Sekte zugegen waren. Nach ihrer Entscheidung, mit dieser Gruppierung nichts mehr zu tun haben zu wollen, erinnerte sich die Träumerin noch einmal sehr lebendig an ihren Traum aus der Nacht vor der Begegnung mit dieser Sekte. Im Rückblick stand ihr erschreckend klar vor Augen, wie sehr sie manipuliert worden war.

Ich lenkte dann noch ihren Blick auf die Pseudoverheißung, mit der der Traum endete. Die Toten sollten zum Leben finden. In der Seele der Träumerin gab es noch ziemlich viele „Todesspuren" aus einer Erziehung, in der sie keine Unterstützung gefunden hatte, ihre Gefühle wahrzunehmen und mit ihnen zu leben. Dieser emotionale Mangel bot unbewusst den Boden dafür, sich beinahe in die Arme einer sektenähnlichen Gruppierung zu werfen, um dort Leben zu finden. Dieser Traum in Verbindung mit der Begegnung der Sekte hinterließ in der Träumerin einen starken Aufruf zur Wachsamkeit und zu guter emotionaler Selbstfürsorge, um eine Anfälligkeit gegenüber geistlichem Missbrauch vorzubeugen. Die Erfahrung dieses Traums bedeutete für die Träumerin ein intensives Aha-Erlebnis, das ihr zeigte, wie wichtig der Inhalt ihrer Träume sein kann und dass Gott durch sie zu reden vermag.

Das nächste Traumbeispiel ist dem Buch von Heinrich Christian Rust „Prophetisch leben – prophetisch dienen" entnommen. Der Autor erwähnt, dass er mehrfach Träume empfangen hat, die für ihn prophetischen Inhalt hatten. Er schreibt[157]:

„In einem anderen Traum sprach Gott zu mir auf eigentümliche Weise.

Ich war als Ehrengast in einer Familie eingeladen. Es gab ein großes Festmahl. Die Familie war um den Tisch geschart, und der Hausvater verteilte einen großen Braten und die Beilagen nach und nach an die Mitglieder seiner Familie. Am Ende lagen noch einige Krumen und Reste auf dem leeren Tisch. ‚Möchten Sie etwa auch etwas haben?', fragte er mich zu meinem Erstaunen, denn ich saß immer noch vor meinem leeren Teller, während alle anderen aßen. Ich wurde traurig. Dann hörte ich eine Stimme, die laut sprach: ‚Für den Herrn niemals die Reste, für den Herrn gebt nur das Beste!'

Anschließend erwachte ich."

Rust berichtet anschließend an den Traum seinen Umgang mit ihm:

„Ich schrieb diesen markanten Traum in mein geistliches Tagebuch. Wollte Gott mich dadurch ermahnen, dass ich immer zuerst an ihn zu denken habe, auch in finanzieller Hinsicht? Das war sicher ein wichtiger und guter Gedanke. Und dennoch wuchs in mir betend der Eindruck, dass dieser Traum wohl für die Gemeinde war, die ich am darauffolgenden Wochenende besuchen würde, um dort einige Vorträge zu halten. Es war eine verhältnismäßig wohlhabende Gemeinde, auch das geistliche Leben schien mir lebendig zu sein. ‚Irgendetwas blockiert uns allerdings!', klagten die Mitglieder der Gemeindeleitung. ‚Wir finden jedoch nicht heraus, was es ist.' Zurückhaltend erzählte ich von meinem Traum und dem Eindruck, dass dieser Traum für die Gemeinde eine Botschaft enthalten könnte. Ich bat sie um Prüfung. Es stellt sich heraus, dass viele Mitglieder der

Gemeinde zwar die Gottesdienste genossen, sich jedoch kaum daran beteiligten, die Finanzen der Gemeinde- und Missionsarbeit zu tragen. ... Dieser Traum berührte einen sehr wunden Punkt und er veränderte die Gemeinde positiv."

Aus der Innenperspektive hatte Heinrich Christian Rust die Gewissheit, dass dieser Traum ein Reden Gottes für die Gemeinde war, der er am Wochenende danach als Referent diente. Die drei oben erwähnten Komponenten prophetischer Träume finden sich auch in dieser Perspektive: Die Adressaten waren für Rust die Gemeinde, die er besuchte, das Reden Gottes betraf den Umgang mit materiellen Gütern in Bezug auf Anliegen des Reiches Gottes, und der Kairos, der Zeitpunkt Gottes, war passend, da in der besuchten Gemeinde offenbar bereits ein Fragen im Gang war, was das Gemeindeleben blockierte.

Ich möchte nun zu diesem Traum einige ergänzende Beobachtungen aus der Außenperspektive hinzufügen. Rust selbst regte dazu bereits mit seinen differenzierenden, reflektierenden Bemerkungen an. Im Umfeld des hier wiedergegebenen Traumes weist er auf ein Charakteristikum seiner Träume mit prophetischem Inhalt: „Ich selber habe viele Erfahrungen sammeln können, wie Gott durch Träume prophetische Offenbarungen schenkt. Dabei ist mir sehr wichtig, dass nicht die Träume an sich schon eine Aussage haben, sondern ich erlebe es zumeist so, dass nach einer Traumszene oder direkt im Traum eine Stimme in die Situation hineinspricht. Dabei kann ich nicht ausmachen, ob es die Stimme eines Boten Gottes ist oder die Stimme des Herrn selber oder auch die eigene Stimme des Gewissens."[158] Rust erlebt also in seinen Träumen mit prophetischem Inhalt öfter eine Art von deutendem Wort. Er lässt offen, woher genau dieses Wort kommt, auch wenn er es für gewiss hält, dass es sich um ein Reden Gottes handelt. Selbst wenn es, wie er selbst erwägt, die „Stimme des Gewissens" wäre, ist er gewiss, dass ihm durch sie der Wille Gottes zukommt.

Wenn wir diesen Hinweis mit dem zuvor wiedergegebenen Traum der Berliner Kirchengemeinderatsvorsitzenden in Verbindung bringen, so zeigt sich, dass prophetische Träume individuelle Charakteristika enthalten können. Während Rusts Träume offenbar immer wieder deutende Worte enthalten, erwies sich der Traum der Kirchengemeinderatsvorsitzenden durch seinen treffenden Inhalt als prophetisch.

Betrachte ich Rusts Traum aus der Außenperspektive, so erhebt sich für mich im Hinblick auf seine Deutung noch folgende Frage: Warum hat er den Traum nicht als *seinen* Traum betrachtet, also als Botschaft an ihn selbst? Die Deutung ist nur auf die Gemeinde bezogen, die er besucht hat. Wenn ich aus der Außenperspektive diesen Traum betrachte, so stelle ich fest, dass es in der Traumszene ja um ihn selbst geht; er geht bei dem Festmahl leer aus. Wäre es nicht angemessen, zur Erschließung der Botschaft dieses Traumes auch die Frage zu bedenken: Könnte das Traumbild nicht ein Hinweis auf sein, H.C. Rusts, Befinden sein und einen Hinweis darauf geben, wie er sich in seinem familiären oder gemeindlichen Umfeld fühlt? Wie gesagt, das ist eine Frage, die sich aus der Außenperspektive ergeben kann. Damit stelle ich in keinerWeise infrage, dass Rust durch seinen Traum ein Reden Gottes in die Situation der besuchten Gemeinde hinein erlebt hat.

Das folgende Traumbeispiel zeigt, dass ein prophetischer Traum für den Träumer ein Ruf zur Umkehr werden kann. Ute Horn und Winfried Hahn führen diesen Traum in ihrem Buch „Worüber man nicht spricht. Tabus in Seelsorge und Gemeinde" [159] an. Den Traum hat der Arzt Stojan Adasevic empfangen. Er hat folgenden biografischen Hintergrund:

„Geboren 1933 in Jugoslawien überlebt er eine von den Eltern versuchte Abtreibung und wird später einer der besten Abtreibungsärzte Belgrads. Durchschnittlich treibt er täglich

zwischen 10-35 Kinder ab. Im Ganzen löscht er die Einwohner-
zahl einer mittleren Stadt aus. Es mögen zwischen 40 000 und
62 000 über einen Zeitraum von 26 Jahren gewesen sein. Als
er einem Priester stolz erzählt, dass der Eingriff für die Frauen
schmerzfrei sei, fragt der Geistliche, ob das Kind auch keinen
Schmerz verspüren würde. Adasevic ist überrascht, da er bis
zu diesem Zeitpunkt glaubte, dass er nur Zellgewebe entfer-
nen würde, aber keine Kinder. Als die Ultraschallgeräte immer
besser werden, kommen ihm erste Zweifel an seiner Theorie
und er begreift erstmals, dass er Kinder tötet. Doch die Wende
kommt, als er Nacht für Nacht den gleichen Traum erlebt, der
sich in den folgenden Nächten fortsetzt." Adasevic berichtet
seinen Traum folgendermaßen:

*„Ich träumte, dass ich auf einer sonnigen Wiese ging. Rings
um mich herum blühten schöne Blumen und bunte Schmetterlin-
ge flogen durch die Luft. Alles war warm und angenehm. Trotzdem quälte mich ein Gefühl der Unruhe. Auf einmal füllte sich
die Wiese mit Kindern, die herumsprangen. Alle spielten, lach-
ten. ,Nicht die Blumen zertreten!', rief ich ihnen zu. Als sie mich
erblickten, als sähen sie mich erst jetzt, flohen sie mit Furcht in
den Augen. Es gelang mir, ein Kind zu fangen, doch es schrie
voll Panik: ,Hilfe! Der Mörder! Rettet mich vorm Mörder!' Ein
schwarz gekleideter Mann stellte sich als Thomas von Aquin vor
und erklärte mir, dass das alles Kinder seien, die ich abgetrieben
hätte. Auf meinen Einwand, dass ich nie große Kinder getötet
hätte, wurde mir erklärt, dass die Kinder im Jenseits wachsen
würden. Die Kinder waren verschiedenen Alters, die Jüngsten
drei bis vier Jahre, die Ältesten um die 20 Jahre. Die Gesichter
eines Jungen und zweier Mädchen kamen mir ungewöhnlich bekannt vor. Auf einmal begriff ich, dass ich einem Freund vor 20
Jahren ,geholfen' hatte. Und die Gesichter der Mädchen kannte
ich, weil sie Züge meiner Cousine hatten."*

Ute Horn und Winfried Hahn berichten weiter: „Nach dieser Serie von Albträumen beschließt er (Adasevic), nie wieder ein Kind abzutreiben. Doch ein Cousin überredet ihn am anderen Morgen. Als er das noch pulsierende Herz des Kindes in seiner Hand spürt, begreift er endgültig, dass er die Instrumente weglegen muss. Herr Adasevic wird Christ und setzt sich heute gegen Abtreibungen ein."

Betrachten wir diesen Traum und das Umfeld aus der Außenperspektive: Der Arzt Stojan Adasevic war zum Zeitpunkt seines Traumes noch nicht bewusster Christ. Aber die Frage der ethischen Angemessenheit seines Handelns bewegte ihn bereits; er war im Gespräch mit einem Priester, der Anfragen an die ärztliche Abtreibungspraxis stellte. Aber er schien sich zunächst noch nicht von seinen abortiven Interventionen abhalten zu lassen.

Der Traum hatte wohl nicht der Vorstellungswelt des Arztes entsprochen: Er rechnete nicht mit einem Leben der abgetriebenen Kinder nach der vollzogenen Abtreibung. Im Traum zeigten sie sich als lebendig. Das Kind, das Adasevic im Traum gefangen hatte, bezeichnete den Träumer als „Mörder". Die Kinder lebten zwar im Traum, aber Adasevic wird von ihnen trotzdem als Mörder angesprochen. Der Dominikaner, Theologe und Philosoph Thomas von Aquin (1225–1274), der in der römisch-katholischen Kirche eine wichtige Lehrautorität darstellt, begegnet ihm im Traum und weist ihn darauf hin, dass die ihm im Traum begegnenden Kinder von ihm abgetrieben worden seien. Es ist nichts darüber gesagt, ob Adasevic bereits vor diesem Traum eine Jenseitsvorstellung hatte und wenn ja, welcher Art sie war. Außerdem ist auch nicht bekannt, was Adasevic vor diesem Traum über Thomas von Aquin wusste. Von daher kann nicht gesagt werden, worauf das Unbewusste des Träumers zurückgreifen konnte.

In jedem Fall gelten für diesen Traum die drei Komponenten: Der Adressat ist klar; der Traum richtete sich konkret an den Träumer selbst. Der Träumer erkannte in ihm einen Anruf Gottes, dem er mit einer verbindlichen Antwort entsprechen wollte; er beendete seine Abtreibungspraxis. Die Frage nach dem Kairos ist bei diesem Traum schwer zu beantworten: Warum kam er erst zu einem Zeitpunkt, an dem der Arzt bereits 40 000 bis 60 000 Kinder abgetrieben hatte? Warum stellt sich dieser Traum nicht früher ein? Diese Fragen sind nicht zu beantworten. In jedem Fall traf der Traum zu diesem Zeitpunkt Adasevic, als bei ihm sich offenbar ein beunruhigtes Gewissen zu melden begann. Der Traum traf bei ihm sozusagen ins Schwarze.

Am Ende des Abschnitts über prophetische Träume will ich noch zwei Bemerkungen anführen. Die eine betrifft den Umgang mit prophetischen Träumen, die andere betrifft die Beziehung zwischen der prophetischen Dimension von Träumen und der Heiligung, zu der Träume häufig Impulse geben:
– Blicken wir auf die Beispielträume für prophetische Träume zurück, so wird deutlich, dass es keine eindeutige Sicherheit gibt, sie als prophetisch qualifizieren zu könnte. Was für den Glauben insgesamt gilt, trifft auch für die Träume zu, die man als prophetisch bezeichnen kann: Es gibt nur Glaubensgewissheit. Dieser Hintergrund erklärt, warum die Deutung von prophetischen Träumen immer etwas Tastendes an sich hat. Das gilt auch für den ersten, zur Einführung in diesen Abschnitt erwähnten Traum von Bruder Yun. Bei ihm gab es zwar nicht viel zu interpretieren, weil der Trauminhalt weniger symbolischer Art war; er hatte eher einen informativen Charakter. Aber Gewissheit im Hinblick auf den Inhalt seines Traumes erhielt Bruder Yun erst durch die Erfüllung des Verheißenen. Das Tastende im Umgang mit prophetischen Träumen zeigte sich

auch bei H.C. Rust: „Zurückhaltend" erzählte er von seinem Eindruck, dass sein Traum der von ihm als Referent besuchten Gemeinde gelten könnte. Rust deutet damit die mögliche Gefahr an, Träume durch einen prophetischen Anspruch zu überhöhen. Die tastende Herangehensweise gilt auch für solche Träume, die, wie es bei der Kirchengemeinderatsvorsitzenden der Fall war, den Aspekt einer prophetischen Führung haben. Auch da bedarf es des prüfenden, zur Klärung führenden Hinhörens auf den Traum.

Das Wort des Apostels Paulus aus 2. Korinther 4,7, das sich ursprünglich auf das Leben des Christen bezieht, gilt auch für sogenannte prophetische Träume: „Wir haben solchen Schatz in irdenen Gefäßen, damit die überschwängliche Kraft von Gott sei und nicht von uns." Unter dem Vorzeichen dieses Wortes kann festgehalten werden, dass Gott durch den Heiligen Geist im Traum „einbrechen" und sich zu Wort melden kann. Ebenso gilt, dass Träume an der Zweideutigkeit oder Verborgenheit alles Göttlichen in dieser Welt Anteil haben. Besonnen bemerkt Anselm Grün in dieser Richtung: „Wir müssen die Träume immer wieder konfrontieren mit der Realität unseres Lebens und mit dem Wort Gottes in der Bibel." [160] So treibt das Hören auf Gottes Reden in Träumen den Träumer und diejenigen, die mit ihm auf Gottes Stimme in den Träumen zu hören bereit sind, ins Gebet. Es bedarf der Hilfe Gottes durch seinen Heiligen Geist, die prophetische Dimension in den Träumen deutend zu erkennen.

– Am Ende des Abschnitts über prophetische Träume bzw. die prophetische Dimension in Träumen empfiehlt sich der Versuch, das hier Erwähnte mit dem Abschnitt über die Heiligung in Verbindung zu bringen: Eine Abgrenzung zwischen beiden Betrachtungsweisen erwies sich in der Praxis immer wieder als schwierig. Es ist nicht immer eindeutig, ob ein Traum der Kategorie Heiligung oder der Kategorie prophetischer Traum zuzuordnen ist. Der Traum von einem übergroßen Mann, der, als das Licht angeschaltet wurde, zu einem kleinen Mann zusammenschrumpfte, kann beispielsweise auch ein prophetischer Traum sein. Und umgekehrt könnte der Traum, in dem die Träumerin im Dunkeln über einen Friedhof mit offenen Gräbern geht, ebenso gut der Kategorie Heiligung zugeordnet werden. Diese beidseitigen Zuordnungsmöglichkeiten haben einen theologisch sachlichen Grund: Beide Betrachtungsweisen sind auf den dreieinigen Gott bezogen. Bei beiden geht es um das Reden Gottes. Um Gottes Willen in der Heiligung zu erkennen, bedarf es ebenso des Heiligen Geistes wie zum Erkennen seines Willens in Träumen mit einer prophetischen Dimension.

Ein möglicher Unterschied lässt sich darin erkennen, dass der Traum, der im Kontext der Heiligung begriffen wird, zumeist ein Reden Gottes an den Träumer selbst ist. Prophetische Träume können dagegen auch einen größeren Adressatenkreis betreffen. Aber eine sichere Abgrenzung zwischen diesen beiden Betrachtungsweisen von Träumen ist auch mit dieser Unterscheidung nicht möglich.

7.7 Mögliche konkrete Schritte einer geistlichen Traumdeutung

Im Abschnitt 5.7 haben wir uns mögliche konkrete Schritte der Traumdeutung vor Augen geführt. Sie gelten unabhängig von einem religiösen Erschließen von Träumen und können im Gesamtrahmen des christlichen Glaubens zur Anwendung kommen. Werden jedoch die Träume unter den Aspekt des Glaubens gestellt, wird ihr psychologisches Verständnis ergänzt, erweitert und vertieft.

Was über mögliche Schritte der psychologischen Deutung gesagt wurde, gilt auch im Hinblick auf eine geistliche Deutung: Die folgenden Schritte sind nicht lehrplanmäßig als die schematische Abfolge eines Interpretationsweges zu verstehen, sondern als Anregungen, geistliche Gesichtspunkte in die Betrachtung von Träumen einzubeziehen. Diese geistlichen Gesichtspunkte wollen mit einer verantwortlichen Intuition eingebracht werden. „Verantwortlich" meint in diesem Zusammenhang transparent und, wenn der Traum zusammen mit einem seelsorglichen Begleiter betrachtet wird, im Modus eines mitvollziehbaren Angebotes. – Eine seelsorglich ausgerichtete Traumdeutung wird auch psychologisch begründete Überlegungen zu Träumen unter das Gebet stellen. Dabei ist es untergeordnet und von der Situation und Prägung des Ratsuchenden abhängig, ob zu Beginn eines Traumgespräches bewusst ein einleitendes Gebet gesprochen wird oder ob dieses Gespräch von einer grundsätzlichen in der Stille betenden Offenheit gegenüber dem dreieinigen Gott geprägt ist. Hilfreich empfiehlt Anselm Grün: „Zunächst sollen wir uns in die Bilder hinein spüren. ... Dieses Sprechen und Hineinhorchen kann auch zum Gebet werden. Ich spreche dann mit Gott über meine Träume. Gott möge mir sagen, was er bedeutet, worauf der Traum mich aufmerksam machen möchte." [161] Im Gebet öffnet sich der Träumer oder Begleiter dem Gott, von dem Josef sagte: „Traumdeutung steht bei Gott" (1. Mose 40,8).

– Zur Erschließung der religiösen Bedeutung eines Traumes kann es sinnvoll sein, die in ihm enthaltenen religiösen Symbole, Gegenstände oder Gestalten bewusst in den Blick zu nehmen. Auf der einen Seite kann dann gefragt werden, was der Träumer zu diesen Objekten in seiner religiösen Sozialisation gelehrt bekommen hat. Zum andern kann er seine Assoziationen in den Blick nehmen.

– Der Träumer kann sich fragen, welche biblischen Bezüge ihm zu seinem Traum einfallen. Diese Bezüge können entweder die Traumszene unterstreichen oder ihr auch widersprechen. So kann die Traumbotschaft den Träumer bestätigend unterstützen oder ihn korrigierend weiterführen.

– Folgende Fragen können zu einem religiösen Inhalt eines Traumes führen: Welche Wirkung hat der Traum gehabt? Oder: Welchen aktuellen Glaubensbezug tangiert der Traum? Auf diesem Weg kann eine religiöse Fragestellung, die den Träumer beschäftigt, ins Bewusstsein gehoben werden.

– Hilfreich kann auch die Frage sein: Welchen Bezug hat der Traum zum aktuellen Glaubensleben des Träumers? Auch hierbei kann es entweder um Bestätigung oder um Korrektur gehen. Klärend kann in diesem Zusammenhang auch die Frage sein: Welche Zweifel oder Ängste im Glauben bzw. welche Glaubensgewissheit des Träumers spricht der Traum an?

– Eine religiöse Interpretation wird sehr wahrscheinlich mit folgender Frage in den Blick kommen: Welche Lebenseinstellung, welche Einstellung zu sich selbst oder zu anderen zeigt sich im Traum? Durch eine solche Fragestellung wird der Träumer eingeladen, seine grundlegende Lebensorientierung offenzulegen.

Bei Träumen, die religiöse Motive enthalten, kann folgende Frage fruchtbar sein: Welches Gottesbild zeigt sich im Traum? Gerade bei christlich geprägten Ratsuchenden geben Träume immer wieder hilfreiche Hinweise, wie ihr Gottesbild geprägt ist; so können unbewusste Diskrepanzen zwischen dem, was der Verstand denkt und mit Worten bekennt, und dem, was in der Tiefe des Unbewussten vorhanden ist, für den Träumer zugänglich werden.

– Immer wieder bringt der Traum ans Licht, was das Unbewusste prägt. Folgende Frage kann in dieser Richtung klärend wirken: Was sagt mir der Traum über mein wahres Wesen?

– Träume sprechen immer wieder Fragen der Lebensorientierung an. Dabei ist der Träumer häufig herausgefordert, mit seinem Leben eine Antwort zu geben. Um diese konkret werden zu lassen, kann folgende Frage weiterführen: Welche Entscheidung aus dem Glauben heraus legt der Traum nahe? Wo fordert mich mein Traum zu neuen Schritten aus dem Glauben heraus auf?

– Nicht selten zeigen sich in Träumen ungeliebte Seiten der eigenen Persönlichkeit, die sogenannten Schattenseiten. Oder es zeigen sich Haltungen, die der Veränderung bedürfen. Aus dem Vertrauen zu Gott heraus ist bei solchen Zusammenhängen immer wieder eine Klärung angesagt, was zur Integration bzw. zur Distanzierung von Fehlhaltungen ruft. Sie wollen unter dem Gesichtspunkt des Willens Gottes für das Leben des Träumers geklärt werden. Hier können folgende Fragen zur Herausforderung des Glaubens werden: Wie gehe ich mit meinen dunklen Seiten um, die mir mein Traum gezeigt hat? Was bedarf der Integration und was bedarf der Distanzierung?

Grundsätzlich ist es empfehlenswert, den eigenen Traum einem geistlichen Begleiter zu erzählen. Auch hierzu gibt Anselm Grün einen weisen Rat: „Der Zuhörer wirkt wie ein Spiegel, in dem sich der Erzähler selbst objektiver erkennen kann als durch Selbstbetrachtung." [162] Der Träumer ist seinem Traum so nahe, dass er dem Betrachter eines großen Bildes gleicht, der dieses aus zu geringem Abstand betrachtet. Ein seelsorglicher Begleiter kann zu einem gesunden Abstand verhelfen. Er kann den Träumer darin unterstützen, seinen Traum mit Gott als seinem Lebensgrund in Verbindung zu bringen.

8.

Wieso also auf Träume achten?

Am Ende soll noch einmal die Frage stehen, die bereits zu Beginn dieses Buches gestellt wurde. Sie soll Anstoß sein, die Chancen, die ein seelsorglicher Umgang mit Träumen birgt, und das Geschenk, das uns mit ihm zukommen kann, abschließend zu bündeln. Diese Chancen und Geschenke fasse ich in den beiden Bereichen zusammen, die die Gestaltung des ganzen Buches prägen, der Psychologie und der Theologie, die im seelsorglichen Umgang mit Träumen ständig im Gespräch miteinander sind.

Die Psychologie hat uns dafür sensibilisiert, dass Träume zu uns genauso gehören wie unsere Gedanken und Gefühle. Was sollte uns daran hindern, uns vor dem Hintergrund dieser Tatsache bewusst mit den Träumen zu befassen? Ich hoffe, dass die Überlegungen dieses Buches Mut dazu gemacht haben, sich – vielleicht mit etwas Neugier – der Deutung von Träumen zuzuwenden. Die Beschäftigung mit den nächtlichen Gebilden lässt uns zu einer Art von kognitivem und emotionalem Selbstgespräch kommen. Es wäre kurzschlüssig, würde man das Selbstgespräch, zu dem der Traum anregt, in einen ausschließenden Gegensatz zum Gespräch mit Gott setzen. Wer sich diesem vom Traum angeregten Selbstgespräch prinzipiell entzöge, würde die Beziehung zu sich selbst in einer Weise verlieren, dass er sich auch nicht mehr – *mit* seinen Gedanken und Gefühlen – Gott hingeben könnte. Selbstumkreisung entstände erst dort, wo der mit sich selbst Sprechende sich dem Gespräch mit dem lebendigen Gott im Hören auf das Wort der Heiligen Schrift verschlösse.

Hoffentlich wurde in den zurückliegenden Ausführungen deutlich, dass Traumarbeit eine lohnende Arbeit ist. Sie ist immer wieder ebenso spannend wie überraschungsreich. Das Wort „Arbeit" klingt in diesem Zusammenhang möglicherweise zu verbissen, als ginge es dabei um Leistung und verkrampftes psychologisches Problematisieren. In der Praxis kann Traumarbeit sehr wohl spielerische Elemente umfassen: Das beginnt mit der Intuition, mit der Traumsymbole angeschaut und erfasst werden, geht über das Gespräch über Träume, in dem die Traumbotschaft mit Interesse entdeckt wird, bis hin zu kreativen Interpretationswegen der Stuhlarbeit, des Malens von Träumen oder der Traumaufstellung. Das Moment der Arbeit steht bei dem allem in einer fruchtbaren Spannung und Beziehung zur spielerischen Erschließung der Traumbotschaft.

Manchmal begegnet einem folgender Einwand: Wird das Leben mit der Beachtung von Träumen nicht unnötig anstrengend? In den zurückliegenden Ausführungen wurde hoffentlich deutlich: Träume produzieren nicht Probleme, die wir ohne sie nicht hätten. Es gilt viel eher die entgegengesetzte Feststellung – Träume weisen immer wieder auf Probleme hin, die wir bereits haben. Es ist ja nicht so, dass Traumlosigkeit ein problemloses Leben bedeutete. Man kann eher das Gegenteil feststellen: Wenn die Hinweise in Träumen auf bereits bestehende, aber dem Träumer im Bewusstsein noch verborgene Probleme rechtzeitig Beachtung fänden, könnte die eine oder andere Problemeskalation im Wachleben vermieden werden.

Ferner stimmt es zwar, dass manche Träume uns ängstigen. Aber es gilt auch: Manche der nächtlichen Gebilde beflügeln und inspirieren uns. Wenn Träume unbeachtet blieben, würde auch das in ihnen angedeutete Potenzial ungenutzt bleiben, denn Träume bringen uns immer wieder mit diesem Potenzial in Verbindung. Unter diesem Gesichtspunkt ist eine ab und zu anzutreffende Haltung „Träume beachten? Ich bin doch kein psychotherapeutischer Fall!" eine Form von seelischer Selbstverarmung. Freilich kann und darf niemand zur Beachtung seiner Träume gezwungen werden; das wäre unsinnig. Aber Träume und ihre Botschaften sind ein zu kostbares Gut, um sie nur therapeutischer Bearbeitung zu überlassen. Die Überwindung der Angst vor dem Fremden im Traum wird immer wieder belohnt.

Manchmal wird die Frage gestellt: Ist es nicht gefährlich, sich auf die eigenen Tiefen des Unbewussten im Traum einzulassen? Die Antwort darauf umfasst zwei Aspekte. Auf der einen Seite gilt: Ja, ein unweiser Umgang mit Träumen kann Menschen überfordern. Ich hoffe, dass dieses Buch zu einem weisen Umgang angeregt hat. Auf der anderen Seite muss gesagt werden: Es kann auf längere Sicht gefährlicher sein, sich den Tiefen des Unbewussten im Traum zu verschließen. Denn dann sind diese Tiefen nicht verarbeitet oder befriedet. Sie wirken dann in den Umgang des Träumers mit sich selbst und in seine Beziehungen, in denen er lebt, häufig unberechenbar hinein. Ein wohlwollendes Hören auf das, was die Träume zu sagen haben, kann zu einer lebensfördernden Gestaltung der Beziehung zu sich selbst, zu anderen und auch zu Gott führen.

Freilich bedarf es dazu der Geduld im Verstehen von Träumen. In dieser Richtung stellen Träume immer wieder eine Herausforderung dar. Manchmal gehört zu dieser Herausforderung die Einladung, mit Träumen, die einem zunächst schwer zugänglich erscheinen, schwanger zu gehen. Dabei ist es nicht nur legitim, sondern auch empfehlenswert, Träume einem Gegenüber zu erzählen: Es wäre erfreulich, wenn die Ausführungen in diesem Buch den einen oder die andere dazu ermutigen würden, sich einen Gesprächspartner für den Austausch über die eigenen

Träume zu suchen. Es wäre mehr als schön, wenn Trauminhalte durch das Gespräch deutlichere Konturen erhielten und eine Beziehung zu den mit ihnen verbundenen Gefühlen entstünde und sie dadurch konkreter mit dem Wachleben verknüpft würden.

Vielleicht meldet sich bei Christen am Ende der Lektüre dieses Buches noch einmal die Frage: Soll das Leben als Christ in Zukunft noch komplizierter werden? Dann wären die Anregungen auf den zurückliegenden Seiten falsch verstanden. Gerade der zweite Teil dieses Buches wollte nahebringen: Träume sind *eine* Gabe Gottes innerhalb des Ganzen eines geistlichen Weges. Aus dem christlichen Glauben heraus sind wir eingeladen, unseren Träumen ebenso Bedeutung beizumessen wie unseren Gedanken, Gefühlen und unserem Leib. Gott hat uns mit der Fähigkeit zu träumen ein ebenso zartes wie kraftvolles Geschenk gemacht, das unseren Lebensweg begleiten will. Er wollte damit unser Leben und unseren Glauben als die Beziehung zu ihm bereichern. Freilich: Ein Geschenk ist auf eine freiwillige Annahme angewiesen – gerade auch da, wo mit ihm Herausforderungen in der Verarbeitung verbunden sind.

Hoffentlich ist bei der Behandlung des Themas deutlich geworden, dass unsere Fähigkeit zu träumen keinen Anlass zu einem Kult um Träume oder Traumdeutung gibt. Aber zugleich sollte einsichtig werden, dass der Traum *ein* Ort der Gottesbegegnung unter verschiedenen anderen ist. Das vorliegende Buch will dazu einladen, diesen Ort wahrzunehmen und ihn fruchtbar zu machen.

Im Vordergrund des Interesses an den Traumbildern steht nicht ein selbstzweckhaftes psychologisches Interesse, sondern das zutiefst geistlich begründete Verlangen, alle Bereiche des Lebens Gott zu öffnen, sie mit ihm zu teilen und ihm den ersten Platz einzuräumen. Und dazu gehört auch unser Seelenleben mit dem Unbewussten.

Es war für mich selbst eine spannende Entdeckung, wie unter dem Aspekt der Heiligung zentral eine Bezogenheit der Träume auf Gott hin erkennbar wurde. Wenn der Blick sich für geistliche Zusammenhänge im Traum öffnet, lässt das den Träumer mehr und mehr für das Wirken Gottes im eigenen Leben sensibel werden. Wir haben gesehen, dass uns Träume helfen können, unsere Lebensmotive und Lebensorientierungen zu klären. Sie betreffen immer wieder unsere Lebensgestaltung und Lebensbewältigung. Das Hören auf die eigenen Träume kann ebenso helfen, mit sich selbst und mit Gott tiefer in Kontakt zu kommen. Insofern „lohnt" sich das Hören auf Träume auch im Hinblick auf die Beziehung des Träumers zu Gott. Ein seelsorglicher Umgang mit Träumen ruft immer wieder nach der Betrachtung der Träume und ihrer Botschaft von Christus her und auf ihn hin.

Während meines Studium der Theologie habe ich in Vorlesungen und Veröffentlichungen nie etwas über den seelsorglichen Umgang mit Träumen gehört, obwohl ich im Bereich der Poimenik (= Lehre von der Seelsorge) einen Schwerpunkt gesetzt hatte. Mir scheint dieser Mangel ein Abbild der seelsorglichen Praxis zu sein. Dabei könnte die Verbindung von seelsorglicher Begleitung und Traumdeutung eine Vertiefung der seelsorglichen Praxis mit sich bringen. Freilich würde so etwas im Hinblick auf die Pfarrerschaft und sonstige in der Seelsorge tätigen Begleiter bedeuten, dass sie selbst sich der Botschaft ihrer eigenen Träume stellten. Dann könnten sie im existenziellen Verständnis der Seelenaktivität in ihren eigenen Träumen wachsen und sensibel für den Umgang mit Träumen auch bei ihren Ratsuchenden werden.

Mir sind Traumgespräche in der Einzelbegleitung für mich selbst und für andere sowie in unseren Seelsorgegruppen kostbar geworden. Häufig habe ich dabei den Eindruck, dass die

Seelen von Menschen sich im Seelsorgeprozess vertieft zu öffnen beginnen, wenn sie sich an ihre Träume erinnern. Natürlich hängt eine seelsorgliche Begleitung nicht vom Vorhandensein von Träumen ab, aber sie erweisen sich immer wieder als Möglichkeit der Vertiefung im Seelsorgeprozess. Träume sind tatsächlich eine wertvolle Gabe Gottes, der wir uns vertrauensvoll öffnen können. Der Heilige Geist wirkt auch in die Tiefen des Unbewussten hinein, sodass es auch unter diesem Gesichtspunkt gewinnbringend ist, sich mit der Sprache der Träume zu befassen.

Endnoten

Abschnitt 0
1. Wuppertal 2012[8]

Abschnitt 1
2. Reinhold Ruthe, Lydia Ruthe-Preiss, Traumbotschaften. Deutungshilfen für die Seelsorge, Wuppertal und Zürich 1994 S. 7
3. Ulrich Kühn, Träume. Die vergessene Sprache Gottes, Berlin 2003 S. 60
4. Klaus-Uwe Adam, Therapeutisches Arbeiten mit Träumen. Theorie und Praxis der Traumarbeit, Berlin Heidelberg 2006[2] S. 2
5. A. a. O. S. 87
6. Ortrud Grön, Ich habe einen Traum. Was hat er zu bedeuten? München 2009[5] S. 28
7. Klaus-Uwe Adam (a. a. O. S. 11) vergleicht das Ich-Bewusstsein mit einer Insel und das Unbewusste mit dem Meer.
8. A. a. O. S. 101 f.

Abschnitt 2
9. Für einen detaillierteren Einblick seien zur neurobiologischen Fragestellung unter dem Gesichtspunkt der Allgemeinverständlichkeit empfohlen: Klaus-Uwe Adam, a. a. O. S. 79-86; Michael Ermann, Träume und Träumen, Stuttgart 2005 S. 52-69; Ulrich Kühn, a. a. O. S. 48-58; Michael Schredl, Träume. Unser nächtliches Kopfkino, Berlin Heidelberg 2013[2] S. 3-19; 307-326; Felix de Mendelssohn, Der Mann, der sein Leben einem Traum verdankte. Ein Traumforscher erzählt, Salzburg 2014 S. 260-270.283-289
10. A. a. O. S. 59 f. dem ich hier folge.
11. M. Spitzer, Lernen. Gehirnforschung und die Schule des Lebens, Heidelberg Berlin 2002 S. 125; zitiert bei Adam, a. a. O. S. 83

Abschnitt 3

12. Zu Sigmund Freud: Felix de Mendelssohn, a. a. O. S. 84-98; Michael Ermann, a. a. O. S. 1-17; Ulrich Kühn, a. a. O. S. 115-118; Leon Altmann, Praxis der Traumarbeit, Gießen 2002 passim; Sigmund Freud Traumtheorie: http://traeumen.org/traumforschung/sigmund-freuds-traumtheorie (aufgerufen am 11.1.2019)

13. Der Traum. Fragmente zur Theorie und Technik der Traumdeutung, Gießen 2004 S. 147

14. Ulrich Kühn, a. a. O. S. 118-120; Reinhold Ruthe, Lydia Ruthe-Preiss, a. a. O. passim; Alfred Adler in Wikipedia https://de.wikipedia.org/wiki/Alfred_Adler#Aufbau_der_Individualpsychologie_%E2%80%93_Theoretische_Grundlagen (aufgerufen am 13.1.2019)

15. Zur Traumtheorie von Carl Gustav Jung siehe: Michael Ermann, a. a. O. S. 38-44; Brigitte Holzinger, Anleitung zum Träumen. Träume kreativ nutzen, Stuttgart 2007 S. 59-68; Klaus-Uwe Adam, a. a. O. passim; Ulrich Kühn, a. a. O. S. 120-126; Verena Kast, Träume. Die geheimnisvolle Sprache des Unbewussten, Düsseldorf 2009[5] passim; Felix de Mendelssohn, a. a. O. S. 98-111; Carl Gustav Jung Wikipedia https://de.wikipedia.org/wiki/Carl_Gustav_Jung#Begriffe_und_Theorien (aufgerufen am 14.1.2019)

16. Zur Traumdeutung in der Gestalttherapie vgl. Ulrich Kühn, a. a. O. S. 129-132; Brigitte Holzinger, a. a. O. S. 81-93; Fitz Perls Wikipedia https://de.wikipedia.org/wiki/Fritz_Perls#Position (aufgerufen am 16.1.2019)

17. A. a. O. S. 85

18. Deine Träume – Schlüssel zur Selbsterkenntnis. Ein psychologischer Ratgeber, Frankfurt am Main 1985 S. 13 f.

Abschnitt 4

19. Zum Symbolverständnis vgl. Ulrich Kühn, a. a. O. S. 61ff.; Verena Kast, a. a. O. S. 73ff.; Klaus-Uwe Adam, a. a. O. S. 99 ff.; Hans Dieckmann, Träume als Sprache der Seele. Einführung in die Traumdeutung der Analytischen Psychologie, Fellbach 1978[3] S. 31-50; Helmut Hark, Der Traum als Gottes vergessene Sprache. Symbolpsychologische Deutung biblischer und heutiger Träume, Freiburg - Basel - Wien, 1993 S. 23 ff.

20. Träume. Die geheimnisvolle Sprache des Unbewussten, Düsseldorf 2009[5] S. 78

21. Leon L. Altmann, Praxis der Traumdeutung, Gießen 2002 S. 30. Auf S. 35 fährt Altmann fort: „Darüber hinaus werden Frauen durch eine Fülle von Symbolen dargestellt, die mit *Material* zu tun haben: Papier, Holz, Stoff und Dingen, die daraus hergestellt werden."

22. A. a. O. S. 70

23. „Aggression" kommt etymologisch vom lateinischen *aggredi*, was „herangehen, zugehen, sich einem anderen nähern, in Beziehung treten" bedeutet. Unter „gesunden Aggressionen" verstehe ich das Potenzial eines Menschen, auf andere in Offenheit und Klarheit zuzugehen, sich kraftvoll für den Schutz persönlicher Grenzen einzusetzen (das können eigene oder die anderer sein) und für die Erfüllung berechtigter Bedürfnisse zu sorgen. Fehlgeleitete Aggressionen können zu verschiedenen Formen von Gewalt gegenüber sich selbst oder gegenüber anderen führen. Zum Thema Aggression vgl. Verena Kast, Vom Sinn des Ärgers. Anreiz zu Selbstbehauptung und Selbstentfaltung, Stuttgart 2005; Aggression stiftet Beziehung. Wie aus destruktiven Kräften lebensfördernde werden können, Mainz 1999; Willy Weber, Kraftquelle Aggression. Aggressionen – wie sie entstehen und wie wir sie positiv nutzen können, Wuppertal 2007; Jesper Juuhl, Aggressionen. Warum sie für uns und unsere Kinder notwendig ist, Frankfurt a. M. 2013[2]

24. Vgl. zu diesem Thema: Erika J. Chopich, Margaret Paul, Aussöhnung mit dem inneren Kind, Freiburg im Breisgau 2011[27]; Stefanie Stahl, Das Kind in dir muss Heimat finden, München 2015[6]; John Bradshaw, Das Kind in uns. Wie finde ich zu mir selbst? München 2000; Willy Herbold, Ulrich Sachsse (Hrsg.), Das so genannte Innere Kind. Vom Inneren Kind zum Selbst, Stuttgart 2011[2]; W. Hugh Missildine, In dir lebt das Kind, das du warst. Vorschläge zur Bewältigung des Alltags, Stuttgart 1979[2]; Willy Weber, Entdecke das Kind in dir und werde erwachsen. Schritte zu einer reifen Persönlichkeit, Holzgerlingen 2013[2]; zum Kind im Traum: Renate Daniel, Albträume verstehen und bewältigen. Der Nacht den Schrecken nehmen. Ostfildern S. 101-106

25. Träume auf dem geistlichen Weg, Münsterschwarzach 1989 S. 47

26. Zur Subjekt- und Objektstufe vgl. Hans Dieckmann, a. a. O. S. 195-217; Verena Kast, a. a. O. S. 79-82; Michael Schredl, a. a. O. S. 353-356; Klaus-Uwe Adam, a. a. O. S. 135-164

27. A. a. O. S. 217

28. Träume deuten, Träume verstehen. Ein biblisches Handbuch, um Gottes Stimme zu hören, Berlin 2011[2] S. 17

29. in: Michael Schneider, Joachim Süss, Nebelkinder. Kriegsenkel treten aus dem Traumaschatten der Geschichte, Berlin. München. Wien 2015 S. 50f. Ein Beispiel aus ihrem eigenen Traumerleben bringt die Fachärztin für Psychiatrie und Psychosomatische Medizin Katharina Drexler, Ererbte Wunden heilen. Therapie der transgenerationalen Traumatisierung, Stuttgart 2017 S. 12-15; ferner: Anja Reumschüssel, Das Erbe in unseren Genen. Epigenetik, in: National Geographic 5/2018 S. 58

30. Ego-States – Theorie und Therapie. Ein Handbuch, Heidelberg 2012[3] passim

31. Jochen Peichl, Rote Karte für den inneren Kritiker. Wie aus dem ewigen Miesmacher ein Verbündeter wird, München 2014 passim

32. Vgl. dazu Klaus-Uwe Adam, a. a. O. S. 46-48; Pamela Ball, 10 000 Träume. Traumsymbole und ihre Bedeutung von A bis Z, München 2007[4] S. 32-35; Helmut Hark, Die Heilkraft der Träume. Die Kreativität des Unbewussten nutzen, München 2000 S. 73 ff., 315 f.; Animus und Anima in Wikipedia https://de.wikipedia.org/wiki/ Animus_und_Anima (aufgerufen am 2.2.2019)

33. A. a. O. S. 159. Vgl. zum Schatten auch John A. Sanford, Träume – Gottes vergessene Sprache, Zürich Stuttgart 1966 S. 11-31; Klaus Uwe Adam, a. a. O. S. 25-27; Pamela Ball, a. a. O. S. 30-32

34. Renate Daniel, Albträume verstehen und bewältigen. Der Nacht den Schrecken nehmen. Ostfildern S. 77

35. Brigitte Holzinger, Anleitung zum Träumen. Träume kreativ nutzen, Stuttgart 2007 S. 125. Vgl. zum Thema Alpträume ebd. S. 125-130; Verena Kast, a. a. O. S. 150-156; Ulrich Kühn, a. a. O. S. 20-23; Renate Daniel, a. a. O. passim; Felix de Mendelssohn, a. a. O. S. 188-193; Ortrud Grön, a. a. O. S. 45-75

36. Brigitte Holzinger, a. a. O. S. 127 f.

37. Siehe dazu Renate Daniel, a. a. O. S. 54 und Ulrich Kühn, a. a. O. S. 20

38. Maria Riebl, Biblische Träume heute erfahren, Innsbruck 2012 S. 33

39. Gaetano Benedetti, Botschaft der Träume, Göttingen 1998 S. 64 f.

40. Brigitte Holzinger, a. a. O. S. 128

41. Hans Dieckmann, a. a. O. S. 92-110; Renate Daniel, a. a. O. S. 32-35; Verena Kast, a. a. O. S. 97-101; Klaus Uwe Adam, a. a. O. S. 126-133

42. Mit dem „ersten Beispiel" meint Dieckmann die unter Ziffer 1 angesprochene Verhältnisbestimmung zwischen Bewusstsein und Unbewusstem.

43. A. a. O. S. 20 f.

44. Zur Kausalität und Finalität von Träumen vgl. Verena Kast, a. a. O. S. 102-109; Klaus Uwe Adam, a. a. O. S. 166-183

45. Klaus-Uwe Adam, a. a. O. S. 186

Abschnitt 5

46. Leon L. Altmann, Praxis der Traumdeutung, Gießen 2002 S. 88
47. Kraftvolle Seelsorge. Die wichtigsten Wege, um Gott zu erfahren und Menschen zu begleiten, Basel 2014 S. 197
48. Ulrich Kühn, a. a. O. S. 73 f.
49. A. a. O. S. 113
50. Ego-States – Theorie und Therapie. Ein Handbuch, Heidelberg 2012[3]
51. Versöhnt mit gestern. Familienstellen auf biblischer Grundlage, Lüdenscheid 2016[2] S. 96-98
52. Uwe Böschemeyer, Die Sprache der Träume, Hamburg 2002 a. a. O. S. 40 ff. Hilfreiche Anregungen zum Umgang mit Träumen finden sich auch bei Brigitte Holzinger, a. a. O. S. 20-29; Ulrich Kühn, a. a. O. S. 80-89; Reinhold Ruthe, Lydia Ruthe-Preiss, a. a. O. S. 136-145; Ann Faraday, a. a. O. S. 67 f. David Benner, a. a. O. S. 199-223; Helmut Hark, Gottes vergessene Sprache S. 201-212

Abschnitt 6

53. Traum und Traumdeutung, München 1982[10] S. 7. Renate Daniel (a. a. O.) bezieht sich auf eine andere Umfrage: „Eine 1984 durchgeführte repräsentative Umfrage bei 1000 Schweizer Bürgerinnen und Bürgern ergab, dass lediglich 6 % sich nie an ihre Träume erinnerten. Im Gegensatz dazu erinnern 14 Prozent der Befragten – also jede siebte Person – die eigenen Träume jeden Morgen. Umfragen in anderen Ländern zeigen ähnliche Ergebnisse."
54. Vgl. zur Thematik der Oneirolysis: Uwe Böschemeyer, Die Sprache der Träume, Hamburg 2002 S. 34 f.; Verena Kast, a. a. O. S. 36 ff.
55. Vgl. dazu Verena Kast, a. a. O. S. 39; Michael Schredl, Die nächtliche Traumwelt. Eine Einführung in die psychologische Traumforschung, Stuttgart 1999 S. 32
56. A. a. O. S. 38. Zu Anregungen, die Traumerinnerungsfähigkeit zu steigern, vgl. ebd. S. 46-50; Uwe Böschemeyer, a. a. O. S. 36 f.; Ulrich Kühn, a. a. O. S. 74-76
57. Helmut Hark (Heilkraft S. 148) empfiehlt folgende drei Leitsätze, um die Erinnerung an Träume zu unterstützen: „1. Ich wende meine liebevolle Aufmerksamkeit den Träumen zu. 2. Ich will meinen Traum im Gedächtnis behalten. 3. Ich bin bereit, meinen Traum gleich nach dem Träumen aufzuschreiben (oder auf ein Diktiergerät zu sprechen)."
58. Brigitte Holzinger, a. a. O. S. 111 f. Zu luziden Träumen vgl. auch Michael Schredl, a. a. O. S. 239-272; Felix de Mendelssohn, a. a. O. 208-218

59. Beispiele s. a. a. O. S. 114 ff.
60. A. a. O. S. 67
61. A. a. O. S. 122
62. Klaus-Uwe Adam, a. a. O. S. 282 f.
63. Ebd. S. 123

Abschnitt 7

64. Für eine ausführlichere Beschäftigung mit diesem Thema sei auf Brigitte Holzinger verwiesen, a. a. O. S. 30-47; Pedro Meseguer, Das Geheimnis der Träume, Innsbruck 1963 S. 11-43
65. Gaetano Benedetti, Botschaft der Träume, Göttingen 1998 S. 77 f.
66. John A. Sanford, Gottes vergessene Sprache, Zürich 1966 S. 77
67. Zur Unterscheidung zwischen Offenbarungsträumen und Symbolträumen vgl. Ulrich Kühn, a. a. O. S. 91 f.
68. Ebd. S. 99
69. A. a. O. S. 104 ff.
70. Zitiert in: John A. Sanford, a. a. O. S. 164
71. Gerhard Wehr, C.G. Jung. Leben, Werk, Wirkung, Zürich 1988 S. 400
72. Ebd. S. 225+228
73. Ebd. S. 47
74. Ebd. S. 270
75. Ebd. S. 347
76. Ebd. S. 320
77. Ebd. S. 352
78. Gerhard Wehr, a. a. O. S. 232 Auf den Transzendenzverlust im jungschen Gottesbild weist auch David Benner, a. a. O. S. 87 f.
79. Maria Riebl, Biblische Träume heute erfahren, Innsbruck 2012 S. 78 f.
80. Gerhard Wehr, a. a. O. S. 233
81. Ebd. S. 52
82. Vgl. dazu ausführlicher Gerhard Wehr, a. a. O. S. 67-73
83. Ebd. S. 103
84. Ebd. S. 211
85. Ebd. S. 51; s. ebd. auch die Formulierung der spirituellen Kirche.
86. Ebd. S. 263
87. Ebd. 1988 S. 437 f.
88. John A. Sanford, Gottes vergessene Sprache, Zürich 1966 S. 138
89. Ebd. S. 144
90. Ebd. S. 169
91. Ebd. S. 170

92. Ebd. S. 143
93. Ebd. S. 175
94. Ebd. S. 162
95. Ebd. S. 158 f.
96. Ebd. S. 172
97. Ebd. S. 93
98. Ebd. S. 172
99. Ebd. S. 162
100. Ebd. S. 158 f. Viele der Anfragen, die an die theologische Ausrichtung Sanfords zu stellen sind, erheben sich auch gegenüber Helmut Hark (Heilkraft S. 229 ff.), der sich als Theologe und Psychologe in der Schule C.G. Jungs ebenfalls intensiv mit Träumen befasst hat.
101. Innsbruck Wien 2012
102. Ebd. S. 9
103. Ebd. S. 13
104. Ebd. S. 78 f.
105. Ebd. S. 71
106. Ebd. S. 73
107. Ebd. S. 66
108. Ebd. S. 98 und 100. Auch bei Helmut Hark (Gottes vergessene Sprache S. 101) findet sich eine Psychologisierung der Geburtsgeschichte des Matthäus, wenn er Josefs Hören auf seine Träume als ein Hören „auf die leise Stimme seiner Psyche" bezeichnet.
109. Ebd. S. 127
110. John A. Sanford, Gottes vergessene Sprache, Zürich 1966 S. 92
111. Ulrich Kühn, Träume. Die vergessene Sprache Gottes, Berlin 2003 S. 92 f.
112. Stuttgart 1997
113. Ebd. S. 123 ff.
114. München 2009[5]
115. Bergisch Gladbach 2010[2]
116. Ortrud Grön, „Ich habe einen Traum." Was hat er zu bedeuten? München 2009[5] S. 157
117. Ebd. S. 173 f.
118. Ebd. S. 169
119. Ebd. S. 159 f.
120. Ortrud Grön, Pflück dir den Traum vom Baum der Erkenntnis. Träume im Spiegel von Naturgesetzen, Bergisch Gladbach 2010[2] S. 56
121. Ebd. S. 22
122. Ortrud Grön, „Ich habe einen Traum." Was hat er zu bedeuten? München 2009[5] S. 182

123. Psychologisches Grundwissen für Theologen. Ein Handbuch, München 1988 S. 227
124. Anselm Grün, Träume auf dem geistlichen Weg, Münsterschwarzach 1989 S. 60
125. Berlin 2011[2]
126. Ira Milligan, a. a. O. S. 7
127. Ebd. S. 7
128. Ebd. S. 18
129. Ebd. S. 35
130. Ebd. S. 148
131. Ebd. S. 148
132. Ebd. S. 43
133. Ebd. S. 50 (kursiv im Original)
134. Ebd. S. 120
135. Ebd. S. 268
136. Ebd. S. 95
137. Ebd. S. 20
138. Ebd. S. 88
139. Seelsorge zwischen Bibel und Psychotherapie. Die Entwicklung der evangelischen Seelsorge in der Gegenwart, Stuttgart 1995 S. 180-192
140. A. a. O. S. 52
141. Ebd. S. 7. Evagrius Ponticus lebte 345–399 n. Chr., war Mönch (Wüstenvater) und Schriftsteller.
142. A. a. O. S. 193
143. A. a. O. S. 63
144. Ebd. S. 50
145. Petro Meseguer SJ, Das Geheimnis der Träume, Innsbruck Wien München 1963 S. 249
146. Paul Hattaway (Hrsg.), Bruder Yun: Christus hat uns doch befreit! Heavenly Man – seine herausfordernde Botschaft, Gießen 2011[2] S. 255
147. Petro Meseguer SJ, Das Geheimnis der Träume, Innsbruck Wien München 1963 S. 238
148. Carl Gustav Jung: Allgemeine Gesichtspunkte. In: GW 8, § 493 (zitiert bei Verena Kast, a. a. O. S. 107)
149. A. a. O. S. 122
150. A. a. O. S. 33 f.
151. Siehe zum Hintergrund in Wikipedia https://de.wikipedia.org/wiki/Germanwings-Flug_9525 (aufgerufen am 23. April 2019)
152. A. a. O. S. 21

153. Heinrich Christian Rust, Prophetisch leben – prophetisch dienen. Die Entdeckung einer vergessenen Gabe, Holzgerlingen 2018[2] S. 107
154. Ebd. S. 107
155. Ebd. S. 108
156. Ira Milligan, Träume deuten, Träume verstehen. Ein biblisches Handbuch, um Gottes Stimme zu hören, Berlin 2011[2] S. 18
157. A. a. O. S. 109 f.
158. Ebd. S. 109
159. Holzgerlingen 2010 S. 50 (sie zitieren dort aus: „Dr. Stojan Adasevic. Tausende abgetrieben – ein Arzt legt seine Instrumente nieder." Lydia 4/2006 S. 44-47)
160. Anselm Grün, Träume auf dem geistlichen Weg, Münsterschwarzach 1989 S. 10
161. A. a. O. S. 55
162. A. a. O. S. 58

Literaturverzeichnis

Adam, Klaus-Uwe, Therapeutisches Arbeiten mit Träumen. Theorie und Praxis der Traumarbeit, Berlin – Heidelberg – New York 2006[2]

Altmann, Leon, Praxis der Traumdeutung, Bibliothek der Psychoanalyse, Gießen 2002[2]

Ball, Pamela, 10000 Träume. Traumsymbole und ihre Bedeutung von A bis Z, München 2007[4]

Benedetti, Gaetano, Botschaft der Träume, Göttingen 1998

Benner, David, G., Kraftvolle Seelsorge. Die wichtigsten Wege, um Gott zu erfahren und Menschen zu begleiten, Basel 2014

Bradshaw, John, Das Kind in uns. Wie finde ich zu mir selbst? München 1992

Bürki, Hans, Träume sehen tiefer und weiter, in: ders., Ganz Mensch werden. Wachstum, Widerstand, Reife, Moers 1993

Daniel, Renate, Der Nacht den Schrecken nehmen. Albträume verstehen und bewältigen, Ostfildern 2013

Dieckmann, Hans, Träume als Sprache der Seele. Einführung in die Traumdeutung der Analytischen Psychologie C.G. Jungs, Fellbach 1980[3]

Doucet, Friedrich W., Traum und Traumdeutung. Träume, nach den neuesten psychologischen Erkenntnissen gedeutet und erklärt, München 1982[10]

Drexler, Katharina, Ererbte Wunden heilen. Therapie der transgenerationalen Traumatisierung, Stuttgart 2017

Ermann, Michael, Träume und Träumen, Stuttgart 2005

Faraday, Ann, Deine Träume – Schlüssel zur Selbsterkenntnis. Ein psychologischer Ratgeber, Frankfurt a. M. 1985

Frielingsdorf, Karl, Aggression stiftet Beziehung. Wie aus destruktiven Kräften lebensfördernde werden können, Mainz 1999

Gersdorf, Rolf, Versöhnt mit gestern. Familienstellen auf biblischer Grundlage, Lüdenscheid 2016[2]

Grön, Ortrud, „Ich habe einen Traum." Was hat er zu bedeuten? München 2009[5]

Grön, Ortrud, Pflück dir den Traum vom Baum der Erkenntnis. Träume im Spiegel von Naturgesetzen. Ein Lehrbuch für die Arbeit mit Träumen, Bergisch Gladbach 2010[2]

Grün, Anselm, Träume auf dem geistlichen Weg, Münsterschwarzach (Münsterschwarzacher Kleinschiftenbd. 52) 1994[6]

Hark, Helmut, Der Traum als Gottes vergessene Sprache. Symbolpsychologische Deutung biblischer und heutiger Träume, Freiburg – Basel – Wien, 1993

Ders., Die Heilkraft der Träume: Die Kreativität des Unbewussten nutzen, München 2000

Hattaway, Paul (Hrsg.), Bruder Yun: Christus hat uns doch befreit! Heavenly Man – seine herausfordernde Botschaft, Gießen 2011[2]

Herbold, Willy; Sachsse, Ulrich (Hrsg.); Das so genannte Innere Kind. Vom Inneren Kind zum Selbst, Stuttgart 2011[2]

Holzinger, Brigitte, Anleitung zum Träumen. Träume kreativ nutzen, Stuttgart 2007

Horn, Ute; Hahn, Winfried; Worüber man nicht spricht. Tabus in Seelsorge und Gemeinde, Holzgerlingen 2010

Juuhl, Jesper, Aggression. Warum sie für uns und unsere Kinder notwendig ist, Frankfurt a. M. 2013[2]

Kast, Verena, Träume. Die geheimnisvolle Sprache des Unbewussten, Düsseldorf 2009[5]

Dies., Vom Sinn des Ärgers. Anreiz zu Selbstbehauptung und Selbstentfaltung, Stuttgart 2005

Kühn, Ulrich, Träume – die vergessene Sprache Gottes, Berlin 2003

Mendelssohn, Felix de, Der Mann, der sein Leben einem Traum verdankte. Ein Traumforscher erzählt, Salzburg 2014

Meseguer, Pedro, Das Geheimnis der Träume, Innsbruck – Wien – München 1963

Milligan, Ira, Träume verstehen. Ein biblisches Handbuch, um Gottes Stimme zu hören, Berlin 2011[2]

Missildine, W. Hugh, In dir lebt das Kind, das du warst. Vorschläge zur Bewältigung des Alltags, Stuttgart 1979[2]

Morgenthaler, Fritz, Der Traum. Fragmente zur Theorie und Technik der Traumdeutung, Bibliothek der Psychoanalyse, Gießen 2004

Jochen Peichl, Rote Karte für den inneren Kritiker. Wie aus dem ewigen Miesmacher ein Verbündeter wird, München 2014

Rebell, Walter, Psychologisches Grundwissen für Theologen. Ein Handbuch, München 1988

Riebl, Maria, Biblische Träume heute erfahren, Innsbruck Wien 2012

Riedel, Ingrid, Träume – Wegweiser in neue Lebensphasen, Stuttgart 1997

Reumschüssel, Anja, Das Erbe in unseren Genen. Epigenetik, in: National Geographic 5/2018 S. 42–61

Rust, Heinrich Christian, Prophetisch leben – prophetisch dienen. Die Entdeckung einer vergessenen Gabe, Holzgerlingen 2018[2]

Ruthe, Reinhold; Ruthe-Preiss, Lydia; Traumbotschaften. Deutungshilfen für die Seelsorge, Wuppertal – Zürich 1994

Sanford, John A., Gottes vergessene Sprache, Zürich und Stuttgart 1966

Schredl, Michael, Träume – unser nächtliches Kopfkino, Berlin – Heidelberg 2013[2]

Schredl, Michael, Die nächtliche Traumwelt: Eine Einführung in die psychologische Traumforschung, Stuttgart 1999

Stahl, Stefanie, Das Kind in Dir muss Heimat finden, München 2015[6]

Vollmar, Klausbernd, Handbuch der Traum-Symbole. Die Bildsprache der Träume verstehen und nutzen, München 2007[3]

Watkins, John und Helen, Ego-States – Theorie und Therapie. Ein Handbuch, Heidelberg 2012[3]

Weber, Willy, Kraftquelle Aggression. Aggressionen – wie sie entstehen und wie wir sie positiv nutzen können, Wuppertal 2007

Ders., Entdecke das Kind in dir und werde erwachsen. Schritte zu einer reifen Persönlichkeit, Holzgerlingen 2013[2]

Wehr, Gerhard, C.G. Jung. Leben, Werk, Wirkung, Zürich 1988

Wenzelmann, Gottfried, Die Tiefen der Seele ernst nehmen, in: Kommunikation und Seminar 2013 Heft 2 S. 42–45

Ders., Fenster zur Seele. Fünf Hilfen zum Umgang mit Träumen, in: P&S 3.2015 S. 24–27

Ders., Innere Heilung. Theologische Basis und seelsorgerliche Praxis, Wuppertal 2012[8]

Internetverweise:

Adler, Alfred
https://de.wikipedia.org/wiki/Alfred_Adler#Aufbau_der_Individu-
alpsychologie_%E2%80%93_Theoretische_Grundlagen (aufgerufen
am 13.1.2019)
Animus und Anima in Wikipedia
https://de.wikipedia.org/wiki/Animus_und_Anima (aufgerufen am
2.2.2019)
Freud, Sigmund Traumtheorie
http://traeumen.org/traumforschung/sigmund-freuds-traumtheo-
rie (aufgerufen am 11.1.2019)
Jung, Carl Gustav
https://de.wikipedia.org/wiki/Carl_Gustav_Jung#Begriffe_und_
Theorien (aufgerufen am 14.1.2019)
Perls, Fritz Wikipedia
https://de.wikipedia.org/wiki/Fritz_Perls#Position (aufgerufen am
16.1.2019)
Germanwings Flug 9525
https://de.wikipedia.org/wiki/Germanwings-Flug_9525 (aufgerufen
am 23.4.2019)

Danksagung

Ich danke den vielen Menschen, die mir
in Seelsorgegruppen oder in der Einzelbegleitung
ihre Träume erzählt haben: Das ist immer wieder
ein Akt des Vertrauens. Sie zeigten große Bereitschaft,
ihre Träume in diesem Buch öffentlich zu machen.

Angelika Wunderlich hat den ersten Anstoß
für dieses Buch gegeben: danke dafür!
Herzlich danke ich auch Katja Gustafsson und meiner
Frau Anne für alle detaillierte Korrekturarbeit,
ferner den Mitarbeitenden vom Fontis- und Asaph-Verlag,
Dominik Klenk, Angela Ludwig und Dorothea Appel
für alle wertvolle Hilfe auf dem Weg zur Veröffentlichung.